KB116964

크레셴도로 살아라

크레셴도로 살아라

1판 1쇄 인쇄 2024. 6. 21.
1판 1쇄 발행 2024. 6. 28.

지은이 스티븐 코비·신시아 코비 할러
옮긴이 이윤정

발행인 박강휘
편집 박완희   디자인 정윤수   마케팅 백선미   홍보 강원모
발행처 김영사
등록 1979년 5월 17일 (제406-2003-036호)
주소 경기도 파주시 문발로 197(문발동) 우편번호 10881
전화 마케팅부 031)955-3100, 편집부 031)955-3200 | 팩스 031)955-3111

값은 뒤표지에 있습니다.
ISBN 978-89-349-0566-0 03320

홈페이지 www.gimmyoung.com   블로그 blog.naver.com/gybook
인스타그램 instagram.com/gimmyoung 이메일 bestbook@gimmyoung.com

좋은 독자가 좋은 책을 만듭니다.
김영사는 독자 여러분의 의견에 항상 귀 기울이고 있습니다.

크레센도로 살아라 *Live Life in Crescendo*

스티븐 코비

신시아 코비 할러

점점 크게 성장하고

이윤정 옮김

지혜롭게

나이 드는 법

김영사

www.franklincovey.com

crescendo(cres-cen-do)

〔명사〕점점 크게/세게 연주하도록 지시하는 기호.

**아버지는 우리 시야에서 사라졌지만,
그의 유산은 크레셴도로 계속될 것이다.**

_ 신시아 코비 할러

스티븐 코비의 생애 말년 이야기와 사후 10여 년 동안 공개되지 않았던 마지막 원고가 장녀 신시아 코비 할러의 정리와 보완을 거쳐 마침내 책으로 완성되었다.

원하는 목표를 이미 다 이룬 사람은 앞으로 무엇을 위해 일해야 할까? 은퇴와 사별 등 일상을 뒤흔드는 사건에 어떻게 대처하면 좋을까? 신체적·정신적 노화를 의연하게 받아들일 수 있을까? 마지막 숨을 내쉬는 순간까지 자존감과 존엄성을 지키려면 어떤 습관을 익혀야 할까? 중년 이후 직면하는 난제들에 대한 답을 코비는 오선지 위에서 찾았다. 바로 '크레셴도'로 사는 삶이다.

음표와 쉼표가 연결되어 음악이 전개되듯이 인생도 갖가지 일과 생각이 연결되어 펼쳐진다. '크레셴도 정신'은 시간, 재능, 자원, 돈, 영향력 등 자기가 가진 모든 것을 활용하여 자신뿐 아니라 가족, 이웃, 지역 사회, 나아가서 전 세계 사람들의 삶을 풍요롭게 만들자는 아이디어다. 나부터 세상으로, 오늘부터 내일로 삶을 점점 크게 연주하는 것이다.

그의 자녀에 의해 완성된 이 책은 글로벌 베스트셀러 작가 스티븐 코비의 마지막 강의라고 할 수 있다. 나를 포함해 성장과 성공을 거친 이들은 화려했던 과거만을 회상하기 쉽다. 그러나 이 책은 독자가 중년이든, 성공의 절정에 있든, 인생의 후반부에 있든 크레센도로 살라고 권한다. 크레센도의 삶이란 인생의 가장 큰 성취, 공헌, 행복이 지나간 날이 아니라 내 앞에 있다고 여기는 것이다. 여전히 계속 선한 영향력을 확장해나갈 수 있음을 말한다. 이 책을 읽으면 세계적 구루인 스티븐 코비가 바로 내 옆에서 질문하는 듯하다. "리더는 추종자를 만드는 것이 아니라 더 많은 리더를 만든다" "인생의 목적은 기여하는 데 있다. 세상에 기여할 수 있다면 당신은 무엇을 할 것인가?" 그의 코칭은 자연스럽게 나를 크레센도의 삶으로 이끈다.

신수정
《커넥팅》 저자 · KT 부문장

스티븐 코비는 초보 강사 시절부터 나를 이끌어주었던 평생의 멘토다. 그의 역작인 《성공하는 사람들의 7가지 습관》은 자기계발 강사로서 철학의 기본기를 다져주었고 수많은 영감을 주었다. 그의 마지막 유작인 이 책에서도 스티븐 코비는 화려한 성공에 가려진 삶의 본질을 짚어내고 진정한 행복을 얻는 방법에 대해 다정한 조언을 아끼지 않는다. 나이가 들수록 '후회하지 않는 삶'을 살고 싶다면 이 책을 일독해보길 권한다.

김미경
《김미경의 마흔 수업》 저자 · MKYU 대표

성공하는 사람들의 습관 중 하나는 상승 궤도에 있는 미래를 상상하는 것이다. 스티븐 코비가 딸 신시아와 함께 만든 멋진 마지막 선물은 당신이 대담한 꿈을 꾸도록 영감을 줄 것이다.

애덤 그랜트
《기브앤테이크》《싱크 어게인》 저자

스티븐 코비는 크레셴도로 살았고 다른 사람들도 그렇게 할 수 있도록 끊임없이 영감을 주었다. 비행기에서 우연히 함께 앉게 되었을 때 그는 내가 미식축구 경력과 인생의 궤적을 바꾸는 데 도움을 주었다. 그 비행기 안에서 나는 영감과 활력을 얻었다. 이 책에 실린 원칙들을 공유하는 그에게서 나는 위대함을 느꼈고, 그 원칙들은 내 앞에 놓인 엄청난 기회들을 보여주었다. 그의 유산은 이 책과 가족의 삶을 통해 빛을 발하고 있다.

스티브 영
NFL 명예의 전당에 헌액된 쿼터백

나는 "돈을 버는 것도 행복일 수 있지만, 다른 사람을 행복하게 하는 것이야말로 최고의 행복"이라는 격언을 알리고 있다. 간단히 말해, 재정적 성공 외에도 다양한 행복의 요인이 있다. 도움이 필요한 사람들에게 가진 것을 나누고 봉사할 때 훨씬 더 깊고 충만한, 진정한 기쁨을 경험하게 된다. 《크레셴도로 살아라》는 보다 큰 선이라는 목적을 위해 온 마음으로 사회에 환원함으로써 목적과 의미가 있는 삶, 기여하는 삶을 사는 방법을 가르쳐준다. 크레셴도로 살면서 이 아름답고 영감을 주는 중요한 책을 남긴 스티븐과 신시아에게 감사하다.

무하마드 유누스
2006년 노벨 평화상 수상자

스티븐 코비는 그의 딸 신시아가 완성한 자신의 마지막 리더십 책《크레센도로 살아라》에서 직장이나 경력에서 은퇴하더라도 주변에 공헌하는 일에서까지 은퇴할 필요는 없다며, 은퇴에 대한 패러다임을 전환할 것을 제안한다. 새로운 통찰과 영감을 주는 사례가 담긴 이 책은 우리가 성공적으로 경력을 쌓을 때와 같은 열정으로 섬기는 삶을 사는 데 집중하도록 도와준다.

아리아나 허핑턴
《제3의 성공》 저자

은퇴는 끝이 아니라 진정한 시작이다. 은퇴 후에는 관계를 강화하고 지역 사회에 기여하고 환원할 시간이 더 많아진다. 영감을 주는 이 아름다운 책은 우리보다 훨씬 더 오래 살아남을 유산을 만드는 데 필요한 사례와 이야기, 지혜를 제공한다. 이 책은 스티븐 코비와 그의 유산에 대한 경의의 표시다. 경이로운 책을 써준 스티븐과 신시아에게 고맙다.

인드라 누이
前 펩시코 CEO

나는《크레센도로 살아라》를 좋아한다. 이 책은 삶의 질을 높이려는 모든 사람에게 도움이 될 것이다. 재미있고 현명하고 훌륭한 이야기로 가득하며 마치 코비 박사가 나와 함께 있는 것 같다.《성공하는 사람들의 7가지 습관》은 젊은 의사인 나에게 중요한 책이었다. 딸 신시아와 함께 쓴 그의 새 책은 나이에 상관없이 우리가 가능하다고 생각한 것보다 더 멀리 나아갈 수 있도록 인도하는 훨씬 더 중요한 책이다.

다니엘 G. 에이멘
《마음이 아니라 뇌가 불안한 겁니다》 저자

당신이 이미 성공했든, 역경을 만났든, 정체기에 있든 상관없이 최고의 시간은 아직 당신 앞에 있다. 스티븐 코비는 이 유쾌하고 희망이 넘치는 책에서 특유의 지혜와 따뜻함으로 삶이 어떻게 계속 더 좋아질 수 있는지 보여준다.

다니엘 H. 핑크
《후회의 재발견》 저자

최선을 다했다고 믿고 싶은 유혹이 크다. 이미 정점을 찍었다고 믿고 싶은 유혹. 쇠약해지고 있다고 믿고 싶은 유혹. 영광의 나날은 지나갔다고 믿고 싶은 유혹. 그래서 스티븐 코비와 신시아 코비 할러가 저술한 이 책을 읽는 것은 신선한 공기를 들이마시는 것과 같다.

스티븐이 세상을 떠난 지 10년이 지나고 나서 출간된 이 책은 우리가 처한 상황을 바라보는 관점을 완전히 뒤집는다. 그리고 세상에 기여할 가장 큰 기회가 우리 앞에 놓여 있음을 믿으라고 강조한다. 신시아는 아버지가 창안한 정신을 매우 충실하게 포착하고 자신만의 목소리도 추가했다. 이 책을 읽는 것은 내게 큰 축복이었고 다른 독자들에게도 마찬가지일 것이다. 자신의 삶을 새로운 시각으로 보게 될 것이다.

그렉 맥커운
《에센셜리즘》《최소 노력의 법칙》 저자

우리 세대 대부분과 마찬가지로 우리 부부 역시 부모에서 조부모로 멋지게 바뀌었고 이런 역할 전환에 따라 우리의 글도 바뀌었다. 우리가 인생의 제4분기에서 누리는 삶의 기쁨에 관한 책을 쓰려고 할 무렵, 오랜 친구인 스티븐이 죽기 전에 이미 그런 책을 썼다는 사실을 알게 되었다. 처음부터 그와 함께 작업했던 장녀 신시아가 지휘봉을 들고 책을 완성했다. 그 결과가 바로《크레셴도로 살아라》다. 정말 엄청난 책이다!

리처드 에어 · 린다 에어
〈뉴욕타임스〉 선정 베스트셀러 작가

스티븐 코비의 책이 내 삶과 리더십을 만들었다. 그의 사명 선언문에 기반한《크레셴도로 살아라》는 인생의 모든 단계에서 적극적이고 충만한 삶으로 초대한다. 삶을 성장과 영향력 확장의 기회로 보는 사람이라면 반드시 읽어야 하는 책 중 하나다. 당신은 누구나 세상에 놀라운 공헌을 할 수 있다는 증거를 찾게 될 것이다.

셀레스트 머겐스
데이스 포 걸스 설립자

신시아 코비 할러는 위대한 스티븐 코비의 유고를 기반으로 영감을 주는 책을 만들었다. 《크레셴도로 살아라》를 읽는 사람은 누구든 처음부터 끝까지 생산적이고 의미 있는 삶을 살기를 희망하게 된다.

아서 C. 브룩스
《인생의 오후를 즐기는 최소한의 지혜》 저자

《크레셴도로 살아라》는 누구나 사연이 있고, 마음의 상처와 트라우마를 안고 있지만, 궁극적으로 우리 안에는 다시 일어나 앞으로 나아갈 힘이 있으며, 종종 불가능하다고 느끼는 일을 견뎌내고 다시 행복해질 수 있다는 것을 상기시킨다. 격려와 애정이 담겨 있다. 내 이야기가 실려 영광이다.

엘리자베스 스마트
납치 사건 생존자

신시아 코비 할러는 아버지의 충실한 해설자로서 크레셴도로 사는 삶이 진정으로 의미하는 바를 너무나 아름답게 묘사했다. 페이지를 넘길 때마다 코비 박사의 목소리가 들린다. 이 책은 우리에게 가장 중요한 일은 항상 우리 앞에 놓여 있다는 것을 알고, 봉사하고 사랑하고 공헌하는 목적 있는 삶, 매 순간을 즐기는 삶을 살도록 영감을 불어넣는다.

뮤리엘 서머스
前 A. B. 콤스 리더십 마그넷 초등학교 교장

평생 '크레셴도로 사는 삶'을 몸소 실천하신
나의 부모님 스티븐 코비와 샌드라 코비,
그리고 풍부한 유머와 한결같은 안정감, 조건 없는 사랑을 준
내 평생의 사랑이자 훌륭한 남편 캐머런에게

**차
례**

일러두기

- 서론과 본론(1~4부)은 스티븐 코비가 직접 집필했으며, 나머지 부분
  (인트로, 결론, 아웃트로, 감사의 말)은 신시아 코비 할러가 스티븐
  코비 사후에 작성했습니다.
- 옮긴이 주는 [ ]로 묶어 표기했습니다.

최고의 미래를 창조하라

CREATING YOUR BEST FUTURE

우리가 남기는 건 돌이 아닌 다른 이의 삶에 새겨진다.

_ 페리클레스

"미래를 예측하는 가장 좋은 방법은 미래를 창조하는 것"이라고 말씀했던 아버지는 생전에 영원히 살 것처럼 일하고 이바지할 계획을 세웠다. 자녀와 지인들에게 자신의 사전에 은퇴라는 단어는 없다고 분명히 말했다. 양심 없이 나이를 속이기도 하고 누군가가 당신의 나이를 '황금기'라고 표현하면 움찔하고는 했다.

"오늘을 즐기라"라는 뜻의 카르페 디엠carpe diem을 실천했고 아홉 명의 자녀에게 자신과 같은 삶을 살라고 가르쳤다. 기회가 있을 때마다 "삶의 정수를 맛보라"라는 소로의 권고를 즐겨 인용했다. 이러한 관점 덕분에 아버지는 젊게 살았고 항상 무언가를 배웠다. 우리는 아버지가 자신의 삶을 즐기면서 타인의 삶을 변화시킬 기회를 놓치지 않는다는 것을 알고 있었다.

스물다섯에 하버드경영대학원을 졸업한 아버지에게 형인 존이 무엇을 할 것이냐고 물었다고 한다. 아버지의 대답은 간결했다. "사람들의 잠재력을 끌어내는 일을 하고 싶어." 아버지는 이후 55년간 **원칙 중심의 리더십**을 핵심 내용으로 하는 영감을 주는 책과 역동적인 강연으로 전 세계에서 자신의 목표를 좇았다. 아버지가 세운 회사의 상징인 나침반은 시간이 지나도 삶의 방향은 변함없이 **진북**True North을 향하는 것이 중요하다는 것을 의미했다. 아버지는 시대를 초월한 보편적 원리가 개인과 조직을 극적으로 변화시키고 영향력을 지속할 수 있다고 믿었다. 아버지는 훌륭한 아이디어와 이상을 지닌 선구자였다.

아버지는 자신이 만나는 모든 사람에게 그들의 삶과 직업, 가족, 신념, 열정에 관해 묻고 배우는 것을 좋아했다. 그렇게 해서 종종 색다른 관점을 얻고는 했다. 사람들의 의견에 귀를 기울이고 그들이 해당 분야의 전문가인 것처럼 대하고 질문했다. 교사, 택시 운전사, 의사, CEO, 웨이트리스, 정치인, 기업가, 부모, 이웃, 블루칼라 노동자, 전문직, 국가원수의 말을 똑같은 관심과 호기심을 갖고 들었다. 이런 태도가 마음에 들지 않았던 어머니는 눈을 흘기며 아버지에게 말하고는 했다. "스티븐, 대체 왜 당신은 다른 사람들하고 이야기할 때 아무것도 모르는 척하는 거예요?" 그러면 아버지는 뻔하다는 듯 답했다. "샌드라, 내가 이미 아는 건 내가 알고 있는 것이잖아. 나는 다른 사람들이 알고 있는 것을 알고 싶어!"

아홉 자녀 중 맏이인 나는 아버지가 가정에서 그리고 전 세계의 청중 앞에서 강연을 통해 이야기하는 원칙 중심의 아이디어를 들으며 자랐다. 내가 가장 좋아했던 원칙은 아버지가 저술한 책의 제목이자 **7가지 습관** 중 하나인 "소중한 것을 먼저 하라First Things First"다. 아버지는 자신이 가르치는 대로 살기 위해 열심히 노력했고 가족 관계를 최우선 순위로 두었다. 자식이 아홉이나 되었지만, 모든 자녀가 자신이 가족의 중요한 구성원이라고 느꼈고 부모와 좋은 관계를 유지했다.

내가 가장 좋아하는 어린 시절 추억은 열두 살이 되었을 때 아버지가 며칠 동안 샌프란시스코로 출장을 가면서 나를 초대한 일이다. 나는 신이 나서 강연이 끝나고 아버지와 무엇을 할지 신중히 계획했다.

우리는 첫날 밤에 유명한 전차를 타고 도시를 한 바퀴 돈 다음 멋진 상점에서 옷을 사기로 했다. 둘 다 중국 음식을 좋아하니 차이나타운에 들러 식사를 하고 수영장 문이 닫히기 전에 호텔로 돌아와 수영할 계획을 세웠다. 그런 다음 룸서비스(핫 퍼지 선디)로 둘만의 밤을 마무리할 예정이었다.

마침내 그날 밤이 되었고 나는 강연장 뒤에서 초조하게 아버지를 기다리고 있었다. 아버지가 내게 다가오기 직전에 아버지의 오랜 대학 친구 한 명이 반갑게 인사를 건넸다. 두 사람이 포옹하자, 예전에 친구와 함께 위대한 모험을 하고 즐겁게 시간을 보냈던 아버지의 이야기가 떠올랐다. "스티븐," 친구의 말소리가 들렸다. "10년 만이네. 나와 로이스는 자네와 함께 저녁 식사를 하고 싶은데. 그동안의 소식도 듣고 옛날이야기도 하고." 친구는 딸과 함께 왔다는 아버지의 말에 나를 흘끔 쳐다보고는 말했다. "물론이지. 자네 딸도 함께하면 좋지. 부두에 있는 식당에 가세."

아버지와 나, 둘만의 특별한 밤을 위해 세운 거창한 계획이 무너지고 있었다. 타지 못한 전차가 선로를 따라 지나가고 중국 음식이 내가 싫어하는 해산물로 대체되고 있었다. 배신감이 들었다. 하지만 아버지도 밤새 열두 살 꼬마와 함께 있는 것보다 친구와 함께하는 것이 좋을 터였다.

아버지는 친구의 어깨를 다정하게 팔로 감쌌다. "밥, 다시 보니 너무 반갑네. 저녁 식사 좋지…. 그런데, 오늘 밤은 안 되겠네. 신시아와 특별한 밤을 계획했거든, 그렇지?" 아버지가 내게 눈을 찡긋하자 전차가 다시 시야로 들어왔다. 미소를 거둘 수 없었다.

나는 믿을 수 없었고 아버지의 친구 역시 그런 것 같았다. 우리는 기다리지 않고 문밖으로 향했다.

"와, 아빠," 나는 조심스럽게 말문을 떼었다. "정말 괜찮으세요?"

"당연하지, 신시아와 함께하는 특별한 밤을 놓칠 수는 없지. 게다가 어차피 중국 음식이 낫지 않니? 자, 전차 타러 가자!"

어린 시절 사소해 보였던 이 경험은 아버지의 성품을 보여주는 대표적인 사건이다. 그날 이후로 나는 아버지를 신뢰하게 되었다. 아버지는 "관계에서는 작은 것이 큰 것"이라고 말씀하며 늘 모범을 보였고, 우리 형제자매 모두 내가 샌프란시스코에서 한 경험과 비슷한 경험을 통해 스스로 중요하고 가치 있는 사람이라고 생각하게 되었다. 이렇게 쌓인 사랑과 신뢰가 우리의 자존감을 지탱하고 우리가 성장하는 동안 큰 변화를 불러일으켰다.

아버지는 육체적, 정신적, 사회적, 영적으로 균형 잡힌 '전인적인 사람'이 되어야 하고, 각 영역이 인간적 성취의 기본이라고 믿었다. 아버지는 매일 모든 영역을 발전시켜 균형 잡힌 삶을 살기 위해 의식적으로 노력했고, 다른 사람들에게도 그렇게 하라고 가르쳤다. 그는 이렇게 썼다.

> 큰 나무를 지탱하는 뿌리처럼, 다른 사람들 눈에는 잘 보이지 않는 자신의 인성에 가장 먼저 에너지를 써야 한다. 뿌리를 가꿔야 열매를 볼 수 있다.

아버지도 다른 사람들처럼 불완전함과 씨름했지만, 내가 아는 그 누구보다 끊임없이 자기계발과 결점 개선을 위해 노력하는 분이었다. 아버지는 직업적으로 뛰어난 전문가였고, 가족으로서 본 아버지의 사생활은 더욱 훌륭했다. 수십 년 동안 어머니와 함께 적극적으로 풍요로운 가족 문화를 만들었고, 직업을 통해 다른 사람들의 잠재력을 끌어낸 것처럼 우리의 잠재력도 최대한 끌어내려고 노력했다. 우리 가족은 아버지가 능동적으로 살지 못하는 날이 올 것이라고는 상상도 하지 못했다.

2012년 4월, 일흔아홉의 나이에 아버지는 자전거 사고를 당했다. 헬멧을 쓰고 있었지만, 너무 헐렁하게 쓰고 있던 탓에 뇌출혈이 발생하고 말았다. 몇 주 동안 병원에 입원했다가 집으로 돌아온 아버지는 예전 같지 않았다. 결국 아버지는 다시 시작된 출혈로 목숨을 잃었다.

아버지가 돌아가시고 우리는 깊은 슬픔에 잠겼다. 그렇지만 아버지는 삶에서 일어나는 모든 일에 하느님의 목적이 있다고 말한 영적인 분이었기 때문에 그가 예상보다 빨리 떠난 데에는 이유가 있을 것이라고 믿었다. 우리 가족은 훌륭한 아버지를 둔 것을 축복이라고 생각하고 아버지께 받은 조건 없는 사랑과 통찰력 있는 가르침에 감사하고 있다. 코비 가족의 가장 역할을 하다가 최근 우리 곁을 떠난 사랑하는 어머니께도 똑같이 감사하다.

아버지는 돌아가시기 몇 해 전 내게 새 책을 만드는 일을 도와줄 수 있는지 물었는데, 그의 마지막 아이디어가 된 '거대한 아이디어'를 주된 내용으로 하는 책이었다. 아버지는 이 책을 쓰는 일에 책임감을 느꼈다. 아버지는 여러 책과 프로젝트를 동시에 작업할 때가 많았는데, 나는 이 새로운 아이디어에 남다른 흥미와 열정을 느꼈고 관여하고 싶었다.

아버지는 이 책이 평생의 계획인 것처럼 수년 전부터 '크레센도로 살아라: 가장 중요한 일은 언제나 당신 앞에 놓여 있다Live Life in Crescendo: Your Most Important Work Is Always Ahead of You'라는 제목까지 구상해둔 상태였다. 아버지는 크레센도 정신으로 살기만 하면, 몇 살이든 인생의 어느 단계에 있든 앞을 내다보고 전진할 수 있다고 믿었다. 그는 크레센도 정신을 열정적으로 설파했고, 현재 삶에 만족하지 못하거나 과거의 도전이나 실패로 낙담한 사람들에게 미래에 성취하고 기여할 수 있는 것들에 대해 능동적으로 생각하고 행동하라고 격려했다. 아버지는 타인의 삶을 축복하기 위해 계속 의미 있는 기여를 하는 것이 최고의 목표(그의 저서《성공하는 사람들의 7가지 습관》에 나온 습관 중 하나)이고, 궁극적으로 이러한 사고방식이 진정한 행복의 문을 여는 열쇠라고 생각했다.

그는 강연에서 자신이 가르친 모든 것과 마찬가지로 크레셴도 정신을 믿었다. 크레셴도 정신을 책으로 쓰기 전에 강연에서 소개했고 이후에는 개인적인 사명으로 삼았다. 아버지는 크레셴도 정신에 열정적이었고, 이 개념을 삶에서 실행하면 전 세계에 큰 영향을 미칠 수 있으리라고 진심으로 믿었다.

우리는 3년 동안 함께 열심히 책을 썼다. 정기적으로 만나 아버지의 아이디어와 생각을 기록했다. 내가 쓰기로 한 부분 때문에 책이 늦어지자 아버지는 나를 격려하기도 하고 압박하기도 했는데, 아이들을 돌보는 것을 비롯한 다른 일로 시간적 제약이 있음을 이해해주었다. 나는 크레셴도 정신에 대한 그의 열정에 깊이 공감했고, 관련 자료를 수집했으며, 틈나는 대로 글을 썼다. 하지만 그가 예기치 않게 우리 곁을 떠났을 때 내가 담당한 부분은 여전히 미완성 상태였다.

지난 몇 년 동안 나는 아버지가 요청한 대로 다른 사람들의 사연과 사례, 논평을 작성했다. 어떤 내용은 아버지가 살아 계실 때 쓴 것처럼 보이는데, 의도적으로 그렇게 한 것이다. 수년 전에 아버지가 내게 준 자료 대부분은 당시 아버지의 생각, 경험, 통찰력을 반영한다. 아버지의 글, 강연, 사적 대화에서 가져온 내용도 있다. 크레셴도로 산다는 아이디어는 내가 아닌 아버지의 고유한 아이디어이기 때문에 아버지의 목소리로 이 책을 쓰기로 정했다. 책에는 아버지가 일하면서 만난 다양한 사람들에게서 들은 의견과 관찰 결과뿐 아니라 아버지의 실제 이야기와 경험도 실었는데, 이 부분은 내 관점과 목소리로 서술했다.

그는 책의 서론을 통해 크레셴도로 산다는 새로운 아이디어를 전 세계에 소개하고 싶어 했다. 우리 가족은 이 책이 아버지의 마지막 공헌, 즉 마지막 강의이자 마지막 작품이라고 생각한다. 빅토르 위고는 "때를 만난 아이디어보다 더 강력한 것은 없다"라고 말했다. 아버지는 원칙 중심의 책을 여러 권 저술했지만, 이 책에 실린 아이디어 역시 특별하고 오늘날에 매우 필요한 아이디어라고 믿는다. 아버지는 크레셴도 정신이 희망과 낙관을 품고 미래를 내다볼 수 있게 격려하고, 삶의 모든 단계에서 늘 성장하고 배우고 봉사하고 기여할 수 있으며 가장 위대하고 중요한 업적을 이룰 기회가 언제나 우리 앞에 놓여 있다는 믿음을 강화해주리라고 생각했다.

이 책은 크레셴도로 산다는 원칙을 중심으로 삶의 각 단계, 다양한 연령대에서 크레셴도로 사는 사례를 이해하기 쉽게 소개한다. 4부에 걸쳐 인생의 각 단계에서 크레셴도 정신을 구현하는 실용적인 방법을 제공한다. 아버지와 나는 이 아이디어를 강조하기 위해 유명한 사람들과 "평범한" 사람들의 영감을 주는 사례를 모두 실었다. 이들의 경험을 통해 자신의 영향력 범위 내에서 타인의 삶에 영향을 미치고 긍정적으로 기여할 수 있다는 믿음을 갖게 되기를 바란다.

아버지가 돌아가시고 나서 며칠 뒤에 나와 여동생 제니는 아버지가 없었다면 우리의 인생이 어떻게 달라졌을지 이야기했다. "아버지는 여기 계시지 않지만, 사라진 게 아니야. 우리 안에 살아 계셔. 자식들, 손주들, 아버지가 가르친 원칙에 따라 생활하고자 하는 사람들. 이 모두가 아버지의 유산이야." 제니의 말에 진실은 불현듯 강력한 모습을 드러냈다.

랠프 왈도 에머슨은 "우리가 자녀와 다음 세대의 마음속에 살아 있다면, 우리의 죽음은 끝이 아니다. 그들이 바로 우리이기 때문이다"라고 말한 바 있다.

짐 콜린스는 《성공하는 사람들의 7가지 습관》 25주년 기념판의 서문에서 이를 인용했다.

> 영원히 사는 사람은 없지만, 책과 아이디어는 영원할 수 있다. 이 책을 읽다 보면 영향력이 절정에 이른 스티븐 코비를 만날 수 있을 것이다. 글 속에서 그가 당신에게 말하는 것을 느끼게 될 것이다.
> "나는 정말로 믿습니다. 당신을 도와드리겠습니다. 나는 당신이 이것을 이해하고, 배우고, 성장하고, 더 나은 사람이 되고, 더 많이 기여하고, 의미 있는 삶을 살기를 바랍니다."
> 그의 삶은 끝났지만, 그의 일은 끝나지 않았다.

아버지는 "사람들에게 그들의 가치와 잠재력을 분명히 알려주어 스스로 알아볼 수 있게 하라"라고 즐겨 말했는데, 이 책은 아버지의 말처럼 사람들을 이끌어줄 것이다.

아버지는 이 책이 (궁극적으로 자신의 유산이 될) 최고의 미래를 창조하려고 노력하는 사람들에게 강력한 영향력과 영감을 선사할 것이라고 굳게 믿었다. 그의 살아 있는 위대한 유산인 이 책이 당신의 잠재력을 끌어내주기를 바란다.

아버지는 우리 시야에서 사라졌지만, 그의 유산은 크레셴도로 계속
될 것이다.

서론

삶이 음악이라면

INTRODUCTION BY STEPHEN

점점 크게, 크레셴도로 살아라
THE CRESCENDO MENTALITY

내가 숲으로 간 것은 신중하게 살고 삶의 본질을 마주하고
인생이 가르쳐주는 것을 내가 배울 수 있는지 확인하고 싶었고,
죽을 때가 되어서야 제대로 산 적이 없다는 사실을
깨닫고 싶지 않았기 때문이다. 산다는 것은 매우 소중한 것이므로
나는 살아 있지 않은 인생을 살고 싶지는 않았다.
깊이 있는 삶을 살고 삶의 정수를 맛보고 싶었다.

_ 헨리 데이비드 소로

당신이 거쳐온 삶의 단계와 세월을 당신은 어떻게 보고 있는가? 당신만의 고유한 삶의 여정에 당신은 어떻게 반응할 것인가? 나는 침체기, 성공, 예상치 못한 문제, 큰 변화 등 인생의 기복에 어떻게 대응할지 계획을 세우는 것이 중요하다고 믿는다. 미래가 펼쳐지기 전에 최고의 미래를 스스로 창조하는 것은 가장 중요한 일이다.

이 책은 삶의 어느 단계에 있든 **크레셴도 정신**으로 사는 방법을 소개한다. 크레셴도로 사는 것은 사고방식이자 행동 원칙이다. 타인에게 기여하고 성취해야 할 일을 내다보는 방식으로 인생에 접근하는 독특한 관점이다. 크레셴도 정신은 사회가 정의한 일반적인 성공의 기준과는 다른 기준으로 성공을 정의한다. 크레셴도 정신을 추구한다면, 자기 자신과 주변 사람들의 인생뿐 아니라 전 세계에 엄청난 변화를 일

으킬 수 있다고 믿는다.

음악에서 크레셴도는 점점 크고 웅장하게 소리의 에너지, 크기, 활력을 증가시키라는 뜻이다. 크레셴도 기호(◁)는 소리가 점점 커지고 무한히 확대되는 것을 나타낸다. 디미누엔도는 정확히 반대다. 음악의 크기와 힘은 줄어들고 에너지는 낮아지고 뒤로 물러난다. 기호의 모양(▷)처럼 소리는 작아지고 잦아들다가 결국 끝난다. 디미누엔도로 산다는 것은 더 이상 영향력을 확장하고 성장하고 배우려 하지 않는 것을 의미한다. 이미 성취한 바에 만족하고 생산하고 기여하기를 중단한다.

악보에서 크레셴도가 나오면 소리만 커지는 것이 아니다. 곡이나 퍼포먼스가 성장하고 강화되고 확장하는 느낌이 리듬, 하모니, 멜로디를 통해 종합적으로 표현된다. 음높이와 리듬이라는 기본 요소와 음의 강약이 곡이나 퍼포먼스의 시간적 흐름과 결합하면서 나타나는 것이다.

마찬가지로 크레셴도로 사는 것은 삶의 모든 단계에서 우리를 이끄는 기본 원칙을 토대로 하는 열정과 관심, 관계, 신념, 가치로 표현된다.

크레셴도로 사는 것은 공헌과 배움, 영향력을 확장해나가는 것을 의미한다. "가장 중요한 일은 항상 내 앞에 놓여 있다"라는 사고방식은 과거에 어떤 일이 일어났든 당신이 인생의 어느 단계에 있든 상관없이 항상 공헌할 수 있다는 낙관적이고 진보적인 정신이다. 당신의 가장 큰 공헌, 성취, 행복은 이미 지나간 것이 아니라 **항상 당신 앞에 있다**는 관점을 가지면 삶이 어떻게 바뀌게 될지 상상해보라! 방금 연주된 음들을 바탕으로 전개되지만 그다음 나오는 음과 화음을 기대하게 되는

삶이 음악이라면

음악처럼, 우리의 인생 역시 과거에 기초하지만 미래에 펼쳐진다.

크레셴도 정신은 한 번 효과를 발휘하고 버려지는 일회용이 아니다. 평생에 걸쳐 당신이 풍요롭고 적극적으로 살도록 돕는다. 크레셴도 정신은 당신이 가진 시간, 재능, 기술, 자원, 능력, 열정, 돈, 영향력으로 주변 사람, 가족, 이웃, 지역 공동체, 나아가서 전 세계 사람들의 삶을 풍요롭게 만들라고 격려한다.

> **인생의 의미는 자신의 재능을 찾는 데 있고,**
> **인생의 목적은 그 재능을 나누는 데 있다.**
> _ 파블로 피카소

피카소가 한 말은 이 책의 사명과도 같다. 인생의 기복을 통해 배우고 성장하는 데 집중하는 미래 지향적 사고방식을 선택하면서, 동시에 주변 사람들을 돕는 방법을 지속적으로 찾을 수 있다.

이런 사고방식의 그리스어 버전은 먼저 "너 자신을 알고", 그다음 "너 자신을 통제하고", 마지막으로 "너 자신을 내어주라"다. 그리스인들은 그 순서의 중요성과 힘을 강조했다. 자신의 고유한 사명에 대한 목적의식을 가지고 생활하고 좋은 선택을 통해 자신의 삶을 통제하면, 타인을 섬길 수 있고 타인이 목적과 사명을 찾는 것을 도울 수 있다. 그렇게 하면 다른 사람들에게 성취감과 기쁨을 안길 뿐 아니라 자기 자신도 성취감과 기쁨을 느끼게 된다.

이 책은 인생의 중요한 단계를 나타내는 4부로 구성되어 있다. 당신은 각 단계에서 크레셴도로 최선을 다하는 삶을 선택할 수도 있고, 디미누엔도로 물러나면서 결국 영향력을 잃는 삶을 선택할 수도 있다. 작곡가와 연주자가 아무리 복잡한 곡이라도 항상 음악의 기본적인 요소를 사용해 자신을 표현하는 것처럼, 우리는 모두 인간 행동과 상호작용의 기본 원칙을 구현하는 방식으로 살고 있다.

1부. 페르마타, 중년의 몸부림

이 단계는 자신이 원하는 위치와 비교하여 현재 어디에 있는지에 관한 내용이다. 중년이 되면 허탈한 느낌이 들고 자신이 추구한 가치를 거의 실현하지 못했다는 생각이 들지도 모른다. 더 이상 기회가 없다고 여기고 뭔가를 성취하려는 시도조차 하지 않을 수도 있다. 그러나 실제로 당신이 성취한 중요한 것들은 당신이 생각하는 것보다 많을 수도 있다. 삶을 개선할 필요가 있다고 느낀다면, 사회에 기여하고 진정한 성공을 추구하는 삶으로 바꾸고 재창조하면 된다.

2부. 포르테, 성공의 절정 너머

삶의 일부 영역에서 위대한 성공을 이루어낸 경험이 있다면, 이제 느긋하게 앉아 그 성과를 즐기고 싶을 것이다. "이미 해봐서 다 안다"라는 태도로 최선을 다했다고 느낄지도 모른다. 그러나 크레셴도로 산다는 것은 백미러로 과거의 성공(또는 실패)을 돌아보지 않고 다음 목표나 할 일을 찾아 앞을 내다보는 것을 의미한다. 당신의 가장 위대한 업적이 될 일은 이 흥미진진한 인생 단계에 아직 남아 있을지도 모른다.

3부. 스타카토, 인생을 뒤바꾸는 사건들

사고가 발생하거나, 건강에 심각한 문제가 생기거나, 직장에서 해고되거나, 불치병 진단을 받거나, 가까운 사람이 죽는 등 인생에서 큰 좌절을 경험하는 순간은 너무나 많다. 이런 순간에는 자연스럽게 자신의 삶과 목표, 우선순위를 재평가하게 된다. 이런 순간에 당신은 손을 떼고 뒤로 물러나는가? 이런 경험들이 당신의 삶을 규정하도록 그냥 놔둘 것인가? 아니면 문제를 직시하고 어떻게 대응할지 의식적으로 선택하고, 삶의 방향을 바꾸고, 전진하고, 계속 사회에 기여할 것인가?

4부. 라르고와 아첼레란도, 인생의 후반부

전통적인 은퇴 연령이나 사회가 휴식을 취할 시기라고 정한 나이가되면 남는 시간에 무엇을 할지 선택해야 한다. 이 인생 단계는 단순히 지나가길 기다리거나 견뎌야 하는 매우 이기적이고 단조롭고 불만족스러운 시기가 될 수도 있다. 반대로 생산적으로 사는 것을 선택하고, 자신의 영향력이 미치는 범위 안팎에 있는 사람들에게 크게 기여할수도 있다. 당신이 해야 할 중요한 일이 당신 앞에 있다는 것을 믿는지, 안 믿는지에 따라 당신의 잠재력은 활용될 수도 있고 낭비될 수도있다.

크레센도 정신은 다음과 같은 핵심 원칙들을 통해 인생의 네 단계를설명한다.

- 삶은 경력이 아니라 사명이다

- 사랑하고 섬기라

- 사람이 사물보다 중요하다

- 리더십은 가치와 잠재력을 알리는 것이다

- 영향력의 범위를 확장하기 위해 노력하라

- 디미누엔도가 아닌 크레셴도로 사는 삶을 선택하라

- 일에서 기여로 전환하라

- 의미 있는 추억을 만들라

- 목적을 찾으라

우리는 문화적 차이와 오해, 기회·배경·경험의 격차 등으로 구분될 수 있지만, 인류로서 우리는 우리가 이해하는 것보다 훨씬 중요한 공통점을 공유하고 있다. 여행을 하며 전 세계 사람들을 만나본 적이 있다면 부유하든 가난하든, 유명하든 유명하지 않은 사람은 기본적으로 행복과 가치 있는 것을 얻으려 노력하고 희망과 두려움, 꿈을 가지고 있다는 사실을 알아차렸을 것이다. 사람들은 대부분 가족에게 강한 유대감을 느끼며 이해받고, 사랑받고, 인정받고 싶어 한다.

나는 조지 버나드 쇼의 명언으로 알려진 "두 가지가 당신을 정의한다. 가진 게 없을 때 당신의 인내심과 모든 것을 가졌을 때 당신의 태도다"라는 말에 동의한다.[1] 인생에서 극단의 상황은 도전이자 기회인데, 이에 대처하는 방법에 관해서는 뒤에서 더 설명할 것이다.

나는 인간에 대해 낙관적인 사람이다. 인류 사회에 대한 냉소적인

삶이 음악이라면

견해를 믿지 않는다. 인간 세계의 문제가 많고 또 증가하고 있지만, 사람들 대부분이 선하고 품위 있고 관대하며 가족과 지역 사회에 헌신하고 지략이 풍부하며 독창성과 비범한 정신, 투지, 결단력을 지니고 있다고 믿는다. 자라나는 세대에게서도 큰 희망과 가능성을 본다. 당신에게는 당신이 생각하는 것보다 훨씬 큰 잠재력이 있다.

1부

페르마타,
중년의 몸부림

THE MIDLIFE STRUGGLE

fermata(fer-ma-ta)

〔명사〕지정되지 않은 길이 동안 일시 중지하도록 지시하는 기호.

인생의 행복을 위한 세 가지 필수 요소는
해야 할 것이 있고, 사랑할 것이 있고, 바라는 것이 있는 상태다.

_ 조지 워싱턴 버냅

자신에 대해 올바른 비전을 가지고 있지 않은 사람은 자신이 성취할 수 있는 것을 과소평가한다. 같은 방식으로 같은 일을 하는 데 갇힌 사람은 스스로 만든 꼬리표와 타인의 시선에서 "벗어나지 못한다." 이들은 자신이 변화를 만들지 못하는 평범한 사람이라고 믿고 할 수 있는 일과 성취할 수 있는 일에 대한 기대치가 낮아 자신의 예언을 실현하지 못하고 생산적으로 살지 못한다. 사람들은 사회에 기여하는 삶이 의미 있는 삶이라는 것을 알면서도 자기 자신의 가치와 행복을 낮게 평가하고 자신을 평범한 사람으로 여긴다.

그러나 무언가를 하고 싶고 무언가가 되고 싶은 열망은 여전히 존재한다. 만약 당신이 그러한 감정을 느낀다면 감사해야 한다! 우리 마음속 깊은 곳에는 위대한 삶을 살고 중요한 일에 기여하고 진정한 변화를 불러일으키고 싶다는 열망이 자리한다. 우리는 가정, 직장, 지역 사회에서 평범하다고 생각하는 삶을 뒤로하고 위대한 삶을 구현하겠다고 의식적으로 결정할 수 있다.

1

삶은 경력이 아니라 사명이다

LIFE IS A MISSION, NOT A CAREER

당신이 주거나 받을 수 있는 선물 중
소명을 다하는 것보다 큰 선물은 없다.
그것은 당신이 태어난 이유이며
진정으로 살아 있음을 느끼는 방법이다.

_ 오프라 윈프리

크리스마스 영화의 고전 〈멋진 인생It's a Wonderful Life〉은 자신의 삶이 진정 가치 있는 삶인지 고민해본 적 있는 모든 이에게 중요한 이야기를 들려준다. 기억날지 모르겠지만, 조지 베일리는 자신의 꿈을 포기하고 작은 고향 마을 베드퍼드폴스에 머물면서 아버지가 모은 돈과 대출을 관리하는 의리 있는 남자다. 저임금 근로자로 생을 마감할 운명인 듯 보였던 그는 자신이 저지르지 않은 잘못으로 재정 위기가 닥치자 절망한다. 아무런 희망이 없다고 생각한 그는 다리에서 뛰어내릴까 고민한다.

조지 베일리처럼 당신의 인생이 완전히 흘러가버렸고 꿈과 열망은 사라졌다고 느낀 적이 있는가? 당신은 지금 당신이 원했던 그 자리에 있는가, 아니면 다른 뭔가를 원하는가? 이력서는 얇고 실적에는 별다

삶은 경력이 아니라 사명이다

른 진전이 없는가? 당신이 실질적으로 성취할 수 있는 현실에 환멸과 회의를 느끼고 자신감이 떨어져 삶에 대한 열정을 잃어가고 있는가? 조지 베일리처럼 당신이 하는 일이 누구에게도 전혀 도움이 되지 않으리라는 생각에 뛰어내릴 다리를 찾고 있는가?

사회는 이러한 고통에 "중년의 위기"라는 이름을 붙였다. 중년의 위기가 주는 고통은 현재 자신이 기대했던 위치에 있지 않거나 되고 싶었던 사람이 되지 못했다는 사실을 깨달은 40~60세의 남성과 여성에게 상당히 압도적으로 다가올 수 있다. 이들은 종종 자신의 삶이 순조롭고 '성공적'으로 보이는 주변 사람들의 삶에 미치지 못한다고 느낀다.

이 중대한 인생 단계에서 사람들은 여러 어려움에 직면한다.

- 고용주는 내 업무 능력과 실력을 인정하지도 보상하지도 않는다.
- 업무는 많은데 인정도 못 받는 데다 이 일이 가치 있는 일인지 의심마저 든다.
- 일이 지루하고 성취감도 없어 선택의 폭이 좁은 진로에 갇힌 느낌이다.
- 부부 관계 또는 다른 중요한 관계에서 어려움을 겪고 있다.
- 개인적으로 충족감이나 진정한 행복을 느끼지 못하는 것 같고, 처음부터 다시 시작해야 하는 게 아닌가 하는 생각이 든다.
- 내가 이런 상황을 직면했다는 사실을 믿을 수 없다. 지금 내가 있는 곳보다 성공에 훨씬 가까운 길에 있으리라고 생각했다.

중년의 위기를 겪는 사람은 다음과 같은 징후를 보인다.

- 우울증, 무관심, 극도의 피로감.
- 진정한 목적이나 의욕의 부재.
- 장기적인 비전의 부재.
- 자기중심적으로 행동하며, 자신과 가장 가까운 이들의 필요에 대해 전혀 신경 쓰지 않음.
- 인위적인 자극이나 외부 자극을 찾음.

중년의 위기가 닥치면 공황 상태에 빠진 사람들은 (성공한 사람처럼 보이기 위해) 호화스럽고 값비싼 차를 사고, 안정적인 직장을 그만두고 리스크가 큰 새로운 일을 시작하고, 10대처럼 옷을 입고 행동하고, 심지어 무모하고 위험한 일에 뛰어드는 등 평소라면 전혀 하지 않을 일을 벌인다.

최악의 경우 다른 환경이나 새로운 시작 또는 새로운 관계가 젊음을 되찾아주고 정체된 자신의 모습을 개선해주기를 바라면서 배우자나 가족을 두고 도망치기도 한다.

내 친구의 아버지는 40대가 되면서 전형적인 중년의 위기를 겪었다. 친구가 대화 중 아버지에 대한 이야기를 공유해주었는데, 친구의 말을 그대로 옮겨보겠다.

마흔셋에 아빠가 다른 도시로 전근하는 바람에 엄마와 나, 동생들은 오랫동안 살던 동네를 떠났는데, 나는 고 3을 앞두고 정들었던 학교를 떠나야 했어. 우리는 새로운 곳에서 최선을 다해보려 했지. 그런데 몇 달 뒤 아빠가 새로운 기회를 잡겠다고 수년 동안 다니던 은행을 그만둬서 또 이사를 했어. 이사한 지 불과 수개월 만에 아빠가 엄마를 앉혀놓고는 자기 비서와 눈이 맞아 우리를 떠나겠다고 말했는데, 비서는 아빠보다 열일곱 살이나 어렸어.

몇 달 뒤, 우리는 아빠가 자신이 저지른 일을 상처받은 엄마 혼자 수습하게 놔두고 새 아내(전 비서)와 남캘리포니아로 이사를 한 사실을 알게 됐지. 고통은 '끔찍했다'라는 표현이 적절할 정도로 이루 말할 수 없었어. 22년간의 결혼 생활은 끝났고, 10대 자녀 셋은 불확실하고 이해할 수 없는 상황에 직면했지. 버림받았고, 집에 아빠는 없는데, 이에 대한 설명은 거의 듣지 못하는 상황이었어. 모두 정서적으로 혼란스러워하고 있는데, 아빠라는 사람은 새 트로피인 와이프와 골프를 치며 샌디에이고를 누비고 다녔어.

아빠의 중년의 위기가 남긴 여파는 38년이 지난 지금까지도 여전히 계속되고 있어. 엄마는 평생 정서적으로 불안해하시면서 30년 동안 독신으로 살다가 일찍 세상을 떠나셨어. 나와 동생들은 스스로에 대해 의심을 품게 됐고, 자신감을 잃어버렸고, 잠재력을 발휘하지 못했고, 사랑을 믿지 못했고, 결손가정 자녀가 흔히 겪는 경험을 하면서 이혼까지 하게 됐어. 이뿐이 아니야. 물론, 수십 년 동안 줄곧 잊어버리라는 조언을 들었지만, 그렇게 간단한 문제가 아니야.[1]

　　　　　페르마타, 중년의 몸부림

현재 삶이 만족스럽지 않다면 보통은 문제로부터 달아나는 게 아니라 문제를 정면으로 마주해야 돌파구를 찾을 수 있다. 가족을 떠난다고 문제가 해결되는 경우는 거의 없으며, 남겨진 이들에게 큰 상처만 남기게 된다. 맞은편에 있는 잔디가 실제로 더 푸르지는 않기 때문에 내 잔디밭에 물을 주는 편이 낫다. 자신의 자리에서 문제를 바로잡을 이유를 찾고, 지금까지 큰 노력을 투자해 가꿔온 사랑하는 사람들과의 관계를 지키는 쪽이 현명한 것이다.

이 시점에서 조지 베일리에게 무슨 일이 있었는지 생각해볼 만하다. 영화 속 클라렌스 오드바디(아직 날개를 얻지 못한 수호천사)는 조지 베일리가 다리에서 뛰어내리지 못하도록 막는 임무를 부여받았다. 조지가 아예 태어나지 않았으면 좋았겠다고 말하자 클라렌스가 그의 소원을 들어주고 그가 존재하지 않는 베드퍼드폴스 사람들의 삶이 어떻게 다른지 보여준다.

그가 없고 그의 영향이 미치지 않는 베드퍼드폴스는 어둡고 불쾌한 '포터스빌Pottersville(포터의 마을)'로 변해 있었다. 그가 벗어나려 했던 작고 멋진 마을은 그의 부재 속에서 탐욕과 권력욕에 사로잡힌 은행원 헨리 포터에게 괴롭힘을 당한 사람들이 모인 다툼의 소굴이 되어버린 것이다.

충격을 받은 조지는 전에는 소중하게 생각하지 않았던 자신의 삶을 다시 한번 살아볼 기회를 달라고 간절히 기도한다. 소원이 이뤄지자 그는 자신에게 중요한 사람들을 보기 위해 집으로 달려가지만, 여전히 금융 사기로 체포될 위기에 처해 있다. 그러나 그를 파멸에서 구하기 위해 모인 가족과 친구들이 수년 동안 그가 치른 희생에 보답한다.

"이상해요. 그렇죠?" 클라렌스가 조지에게 말한다. "한 인간의 삶이 이렇게나 많은 사람의 삶에 영향을 미치다니 말입니다. 당신이 없으니 끔찍한 구멍이 생기네요. 그렇지 않나요? 조지, 당신은 정말 멋진 삶을 살았어요."[2]

인식하지는 못하더라도 당신도 조지 베일리처럼 많은 부분에서 매우 성공적인 삶을 살아왔을지도 모른다. 겉으로 보이거나 다른 사람들이 축하하는 성공만이 진정한 성공이 아니다. 다른 사람들의 기대에 못 미칠 수도 있지만, 당신의 삶에서 중요한 역할을 성공적으로 수행하고 있다면 정말로 중요한 성공을 거둔 것이다.

일은 자기 자신과 가족을 부양하는 데 필수적이지만 일생의 사명은 아니다. 크레셴도 정신에서 중요한 것은 세상 사람들의 눈에 성공하지 못한 것으로 보일까 염려하지 않는 것이다. 그 대신 성공의 의미를 재정의하고 세상에 선한 영향력을 발휘하는 사람이 되고자 노력해야 한다.

스스로 미래를 창조하라

미래를 예측할 수는 없지만, 창조할 수는 있다.
_ 피터 드러커

나는 강연을 할 때 종종 사람들에게 자신의 부고를 써보라고 한다. 이상하게 들릴지도 모르지만, 이 과정은 자신이 어떻게 기억되고 싶은

페르마타, 중년의 몸부림

지 생각해보고 그것을 현실로 만드는 데 도움이 된다. 자기 자신에게 최고인 미래를 창조하라. 사람들이 내 장례식에서 나에 대해 어떻게 말하기를 원하는지 곰곰이 생각해보면, 성공에 대해 나만의 정의를 내릴 수 있을 것이다.

다음 질문에 답하는 시간을 가져보면 부고를 작성하는 데 도움이 된다.

- 사람들이 내 장례식에서 나에 대해 어떻게 말하기를 바라는가?
- 무엇으로 알려지고 싶은가?
- 내가 이룬 가장 큰 성취는 무엇인가?
- 인생을 돌아볼 때 내게 가장 큰 기쁨과 만족을 가져다준 것은 무엇인가?
- 어떤 유산을 남기고 싶은가?

이제 직접 쓴 부고를 중년인 현재 내가 하고 있는 일과 비교해보라. 현재 나의 삶이 내가 원하는 삶의 마지막과 일치하는가? 내가 진짜 중요하게 생각하는 것으로 기억될 수 있을까? 이 중요한 질문을 마음에 새기는 것을 시작으로 미래의 삶을 창조할 수 있다. 계획을 세우고 목표를 정하고 수정한 다음 실현하기 위해 노력하라.

중년이라는 중요한 시기에 내가 어디에 있는지 스스로 점검하고 크레센도 정신의 두 가지 원칙을 마음에 새겨라.

첫째, 다른 사람과 비교하지 말고 진정한 성공이 무엇인지 있는 그대로 바라보며 자신에게 가장 중요한 역할을 성공적으로 수행하기 위해 부지런히 노력하라.

둘째, 내 삶에서 개선해야 할 부분을 찾고 용기를 가지고 적극적으로 긍정적인 변화를 일으켜라. 현실을 바꾸기 위해 주도적으로 노력하라.

올바른 기준을 선택하라

당신이 어떻게 느끼든 혹은 무엇을 믿든지 간에 당신에게는 당신이 처한 환경에 어떻게 대응할지 선택할 힘이 있다. 무능한 사람은 타인이나 환경을 탓하면서 외부에 있는 무언가나 누군가로 인해 자신이 성공하지 못한 것이라고 책임을 떠넘긴다. 이러한 유형의 내적 대화는 상황을 개선하는 데는 아무런 도움이 되지 않는다.

적극적인 사람들은 이렇게 말한다. 내 안에 이미 정해진 각본이 있다는 걸 알지만, 그 각본이 곧 내 자신인 것은 아니다. 각본은 내가 다시 쓰면 된다. 조건이나 조건반사의 희생자가 될 필요는 없다. 주어진 상황에 어떻게 대응할지는 내가 선택하면 된다. 내 행동은 내가 내린 결정을 수행하는 것이다.

앞에서 말한 친구의 사연은 의도적으로 삶을 개선하여 긍정적인 변화를 일으킨 사례다. 그는 가족을 버린다는 아버지의 형편없는 선택 앞에서 아무것도 할 수 없었지만, 자신에게 일어난 일에서 배움을 얻고 자기 가정을 꾸렸을 때 다른 선택을 했다. 그는 자신에게 일어난 일에 반응하기보다 행동하는 쪽을 택했다. 30여 년 후, 그는 궁극적으로 이런 선택을 했다.

절망에서 파괴적인 행동으로 이어지는 악순환을 멈췄다. 그는 자신의 행동은 자신이 처한 상황이 아니라 자신이 내린 결정에 의한 결과임을 깨달았고 '과도기적 인물(여기에 대해서는 나중에 자세히 설명하겠다)'이 되려고 노력했다. 자기가 꾸린 가정에서 끔찍한 시나리오를 똑같이 반복하지 않고 사랑과 성실, 책임을 유산으로 남기겠다고 결심했다. 고통스러운 사연으로 마음속에 앙금이 남아 있는 게 당연했겠지만, 자제와 의식적인 노력을 통해 그 앙금이 현재를 규정짓지 못하게 하는 쪽을 선택했다. 결과적으로 그는 아내와 함께 성공적으로 아름다운 새 가족 문화를 창조했다.

친구는 자신이 바라던 만큼 성공적인 커리어를 쌓지 못했다고 생각했다. 하지만 옆에서 지켜본 그의 삶은 믿기 힘들 만큼 놀라운 성공 스토리였다. 그는 힘들었던 과거를 극복하고 사랑이 넘치는 결혼을 했고 여섯 명의 아이와 함께 탄탄한 가족 문화를 만들어 아이들에게 자신이 받은 것과는 다른 유산을 남겨주었다. 이보다 더 성공적인 이야기가 어디 있을까?

만약 당신이 중년의 위기에 갇혀 꼼짝 못하거나 페르마타 상태를 경험하고 있다면, 당황해서 도망치거나 달아나지 마라. 자의식이라는 재능을 이용해 자기 자신과 거리를 두고 자신이 처한 상황을 관찰하라. 미래에 당신이 만족할 만한 길을 스스로 선택할 수 있음을 인식하라.

당신은 당신이 되기로 결정한 사람이 될 운명이다.

_ 랠프 왈도 에머슨

어떻게 대응할지 선택할 수 있는 자유 속에 성장하고 행복을 느끼고 자신만의 길을 창조할 힘이 있다.

저명한 지도자 앞에서 자신을 소개하라는 요청을 받고 다소 당황했던 한 남성의 이야기를 들은 적이 있다. 그는 이렇게 말했다.

남들 눈에 아주 성공적이라고 할 정도는 아니지만, 행복한 가정을 꾸리고 있습니다. 항상 괜찮은 직장에 다녔지만, 업계에서 알아주는 경력을 쌓거나 돈을 많이 벌지는 못했고요. 평범한 가정에서 보통의 삶을 살았고, 가까운 사람들을 제외하면 이름이 알려진 사람도 전혀 아닙니다.

50년 가까이 함께한 멋진 아내와 제가 매우 자랑스러워하는 제 아이들이 제 삶의 가장 큰 기쁨입니다. 막내인 다섯째가 최근 결혼을 했고, 아이들 모두 책임감 있고 독립적이고 배려심 있는 성인으로 자라주어 축복받았다고 생각합니다. 자기 자식들을 사랑하고 건전한 가치관을 가르치고 있습니다. 이렇게 멋진 가족이 있어 감사할 따름이지요. 하지만 경력이나 다른 것과 관련해서 뛰어난 무언가가 있느냐고 묻는다면, 성공이라는 것은 해본 적이 없고 내가 뭔가를 바꾼 적이 있기나 한지 잘 모르겠습니다.

페르마타, 중년의 몸부림

남자의 말에 상당히 놀란 지도자는 이렇게 대답했다.

"어째서요? 제가 지금껏 들어본 이야기 중에서도 아주 위대한 성공 스토리인데요! 이런 이야기는 들어본 적이 별로 없네요!"

'마지막에 물을 발견한 물고기'처럼 자기 세상에 지나치게 몰입한 남성은 이를 전혀 의식하지 못했다. 그는 실제로 '진정한 성공'을 이뤘고, 가장 중요한 일을 잘해내고 있었지만, 자신은 알아차리지 못했다. 우리 사회에서 성공이란 보통 부, 지위, 화려한 경력을 의미하고 이런 기준으로 보면 남자는 성공한 것이 아니다. 그러나 여기서 정의하는 성공의 척도는 사뭇 다르다.

필 바사르의 노래 〈삶을 놓치지 마Don't Miss Your Life〉는 우리가 어디에 시간을 쓰고 있으며 무엇이 가장 중요한지 이야기한다. 다음은 가사의 일부다.

서부 해안으로 가는 비행기 안, 트레이 위에는 노트북,

자리에는 흩어진 서류, 지켜야 할 중요한 마감일이.

옆자리에 앉은 노인이 내게 말했네.

방해해서 미안하네만, 30년 전 나도 자네와 같았다네.

많은 돈을 벌고 사다리를 올랐지.

맞아, 난 슈퍼맨이었어, 이제 그게 무슨 소용이 있나?

딸아이의 첫걸음마를 놓치고

아들이 〈피터 팬〉에서 후크 선장을 맡았을 때

나는 뉴욕에서 이렇게 말했어.

미안하다, 아들아. 아빠는 일을 해야 해.

딸아이와 춤을 출 기회를 놓치고

아들의 첫 홈런을 놓쳤다네, 두 번의 기회는 없어.

아들이 홈 플레이트를 밟을 때 그곳에서 함께할

그 순간은 지나갔네, 이젠 너무 늦었어.

부와 명예에는 무거운 대가가 따르지.

젊은이, 삶을 놓치지 마.[3]

이 얼마나 가슴 아픈 조언인가? 인생에서 가장 중요한 역할 중 하나인 부모의 역할을 상기시킨다. 사랑하는 이들과 시간을 보내며 기쁨을 누리는 진짜 삶을 놓치지 말라.

가정에 안정과 기회를 제공하는 일이 중요하지 않다는 말이 아니다. 결국에는 별로 중요하지 않을 지나가는 것들을 위해 중요한 관계나 사랑하는 사람과 함께하는 소중한 경험을 희생하지 않는 것이 크레셴도로 사는 삶이라는 사실을 인식하는 게 중요하다.

생명을 위협하는 심각한 질병에 걸린 사람은 사랑하는 사람들과 더 많은 시간을 보내지 못한 것을 가장 후회한다. 실험 삼아 누군가와 대화할 때 그들의 가족에 관해 물어보고 그들이 얼마나 빨리 상냥해지는지 살펴보라. 나는 이 반응이 보편적이라는 사실을 발견했다.

존경받는 하버드경영대학원 교수이자 내 친구인 클레이턴 크리스텐슨은 '당신의 인생을 어떻게 평가할 것인가How Will You Measure Your

Life'라는 성찰적인 질문을 제목으로 책을 썼다[이 책은 《하버드 인생학 특강》이라는 제목으로 국내 출간되었다]. 그가 1979년 하버드경영대학원을 졸업했을 때, 그의 동기들은 삶의 모든 영역에서 성공하겠다는 큰 꿈을 안고 각자의 길을 갔다고 한다. 그는 5년 만에 참석한 동창회에서 동기들이 대부분 결혼을 하고 아이를 낳고 사업을 시작하고 막 돈을 벌기 시작했다는 사실을 알게 되었다. 졸업한 지 10년에서 15년 뒤에 많은 동기가 매우 성공적인 커리어를 쌓고 엄청나게 부유해졌다.

그러나 한편으로는 많은 동기가 벌써 이혼을 했으며 자기 삶에 만족하지 못한다는 사실에 충격을 받았다. 시간이 지나면서 동기들은 전국으로 흩어졌다. 자녀와 함께 생활하지 못하게 되면서 자녀와의 관계가 소원해지는 친구가 많아졌다. 비즈니스 세계에서의 성공이 반드시 여정을 함께 시작했던 가족과 행복하게 사는 결말로 이어지지는 않는다는 사실이 놀라웠다.

단언컨대, 이혼을 하고 멀어지게 될 자녀를 키우겠다는 계획을 세우고 졸업한 친구는 단 한 명도 없습니다. 그런데 충격적일 만큼 많은 동기가 그렇게 살았죠. 이유요? 자신의 시간과 재능, 에너지를 어떻게 사용할지 결정할 때 삶의 목적을 최우선으로 두지 않았기 때문이죠.

클레이턴은 인생을 어떻게 평가할지 결정할 때 '올바른 기준을 선택하는 것'이 중요하다고 믿는다. 그는 이렇게 말했다.

자기가 잘하는 것을 성공적으로 해내는 것은 실제로 매우 중요합니다만, 그것이 삶을 평가하는 기준이 되는 것은 아닙니다. (…) 경력상의 발전으로 인생의 성공을 가늠하는 경우가 지나치게 많아요. 그런데 그 과정에서 인간으로서 우리의 가치관을 지키려면 어떻게 해야 할까요?[4]

우리 할아버지인 스티븐 L. 리처드는 공적 영역만큼 사적 영역에서도 성공을 거두었다. 아마 할아버지가 내게 가르쳐준 것 중에서 다음 원칙보다 더 강력한 것은 없을 것이다. "삶은 경력이 아니라 사명이다."

우리는 우리가 가지고 있고 우리 자체이기도 한 우리의 기술, 신념, 재능, 열정, 능력, 시간, 자원을 발견하고 활용하는 과정에서 궁극적으로 자신의 고유한 사명을 발견하게 된다. 더 자주 귀를 기울이고 양심을 따를 때 누구를 돕고 무엇을 해야 하는지 분별하는 능력은 더욱 강화된다. 우리는 답을 찾을 것이다.

이것은 소셜 미디어, 연예인, 이웃, 친구, 정육점 주인, 빵집 주인, 촛대 만드는 사람, 미용사 등 온갖 사람들이 당신의 성공을 정의하도록 허용하지 말아야 함을 의미한다. 성공의 정의는 사람마다 다르다. 당신이 내린 성공의 정의는 당신의 가치관과 일치해야 한다. 내가 누구인지 본연의 모습을 드러내라.

사람들 사이에서 일반적으로 알려져 있고 받아들여지며 문화와 지역을 초월하는 보편 원칙이 있다. 정직, 공정, 품위, 성실, 존중, 배려, 진정성 등이다. 이 원칙들은 주관적이고 내적인 가치가 아니다. 진북을 가리키는 나침반처럼 자연법칙을 반영하는 객관적이고 외적인 가치다.

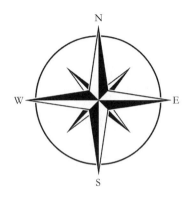

나침반은 방향, 목적, 비전, 관점, 균형을 제공한다. 우리의 가치가 이 올바른 원칙들과 일치할수록 이 원칙들은 더 정확하고 유용해질 것이다. 또 지도를 읽는 방법을 알고 있다면 충돌하는 목소리와 가치 때문에 길을 잃거나 혼란을 느끼거나 속지 않을 것이다.

자신의 가족, 직업, 자신이 속한 공동체, 자신이 맡은 역할이 무엇이든 이와 관련한 목적과 사명을 발견하는 것이 중요하다. 그리고 그 목적에 따라 살아야 한다. 인생의 기복을 겪을 때, 특히 중년에 내면의 도덕적 나침반이 우리를 이끌고 안내하게 해야 한다.

크레셴도 정신으로 산다는 것은 긍정적인 선택을 하고, 힘들고 정체된 중년에서 확장되고 충만한 삶으로 패러다임을 전환할 수 있다는 믿음에 기반해 상황을 개선하거나 바꿈으로써 자신에게 일어나는 일을 통제하고 이에 대응하는 것을 의미한다.

인생에서 중요한 것은
자신을 '찾는' 것이 아니라 '창조하는' 것이다.
_ 조지 버나드 쇼

"당신에게 가장 중요한 일은 언제나 당신 앞에 놓여 있다"라는 사실을 진심으로 믿으면 끊임없이 시도하고 배우고 바꾸고 새로운 도전과 일시적인 좌절에 적응할 동기를 얻게 될 것이다. 믿음을 가지고 적극적으로 대응하면 인생이라는 배의 키가 다시 당신의 손에 놓인다. 당신이 몇 살이든, 중년이든 아니든, 흥미진진한 자기만의 길을 개척할 힘이 생길 것이다.

만약 당신이 중년의 위기를 겪고 있다면 이 패러다임을 채택하는 것이 중요하다. 나는 삶에서 작은 변화를 일으키려면 태도를 고쳐야 한다는 사실을 배웠다. **그러나 크고 핵심적인 변화를 불러일으키고 싶다면 패러다임을 바꿔야 한다.** 우리는 안경을 쓰듯 패러다임이라는 렌즈를 통해 삶을 바라본다. 당신이 선택하는 렌즈는 당신이 세상을 바라보는 방식에 영향을 미친다.

소중한 것을 먼저 하라

나는 종종 자신이 오르고 있는 성공의 사다리가 잘못된 벽에 걸쳐져 있다는 사실을 삶의 막바지에야 깨닫는 우를 범하지 말라고 가르쳤다.

책임감 있게 주도적으로 자신에게 가치 있는 것이 무엇인지 결정하고 가장 중요한 것, 즉 장기적인 관점에서 진정으로 중요한 것 위주로 우선순위를 정해야 한다. '소중한 것을 먼저 하라'는 《성공하는 사람들의 7가지 습관》에 나온 세 번째 습관으로 중년의 위기에 적용해야 하는 중요한 원칙이다. 이는 행동과 힘의 원칙이다.

크레셴도 정신은 나이나 시기에 상관없이 시작하기에 늦은 때는 없으며, 전에 성공해본 적이 없어도 괜찮다고 격려한다. 중년이라는 전장에서 고군분투하면서 지고 있다는 기분이 들겠지만, 변화를 부르는 힘은 전적으로 당신에게 있다. 망가진 가족 관계를 회복하고 사랑하는 사람들과 더 많은 시간을 보내고 우선순위를 조정하는 데 너무 늦은 때란 없다.

중요한 관계를 회복하기로 선택하고 결정하는 것은 온전히 당신 몫이다. 관계 회복을 위해 과거의 행동에 대해(심지어 당신이 하지 않은 행동에 대해서까지) 사과하거나 손해를 일부 감수할 필요가 있더라도 말이다. 용기를 내 비전을 세우고 실현하라. 당신이 내리게 될 최고의 결정 중 하나이자 후회 없는 결정이 될 것이다. 당신의 삶에서 가장 중요한 역할과 관계에서 성공을 거두는 것이 진정한 성공이자 행복이다.

다그 함마르셸드 전 유엔 사무총장은 "한 사람에게 온전히 헌신하는 것은 대중의 구원을 위해 열심히 일하는 것보다 고귀한 일"이라고 했다. 임원으로서 자신이 하는 일과 교회, 지역 사회 프로젝트에는 적극적으로 참여하고 헌신하면서 배우자와는 깊고 의미 있는 관계를 맺지 못하고 있을 수도 있다. 배우자와의 관계를 발전시키는 데는 많은 사람을 위해 지속적이고 헌신적으로 봉사하는 것보다 더욱 고상한 성품과 겸손, 인내가 필요하다.

우리는 종종 한 사람을 소홀히 하는 것을 정당화하는데, 이는 부분적으로 '대중'에게서 많은 존경과 감사를 받기 때문이다. 그러나 시간을 내서 한 사람 한 사람에게 자신을 내어주는 일은 중요하다. 특히 아이들은 당신과 함께 시간을 보내고 자기가 진정으로 이해받고 보살핌을 받는다고 느낄 때 마음을 연다.

어느 여름에 역사적 의미가 있는 명소에 가는 등 가족과 함께 휴가를 보낸 아빠의 이야기를 들었다. 그는 여름이 끝나갈 무렵 10대인 아들에게 가장 즐거웠던 경험을 물었다. 아이는 함께 갔던 명소 이야기는 하지 않고 "이번 여름에는 아빠랑 잔디밭에 누워서 별을 보며 이야기했던 날 밤이 제일 좋았어요!"라고 말했다.

무엇을 하는가보다 그것을 할 때 무엇을 느끼는지가 더 중요하다는 사실을 알았을 때 그는 얼마나 거대한 패러다임의 전환을 경험했을까? 아들에게 값진 무언가를 주기 위해서 그는 자신의 집 뒷마당을 떠날 필요조차 없었다. 게다가 돈 한 푼 들지 않았다!

> 별로 중요하지 않은 것들이
> 가장 중요한 것들을 좌지우지하게 둬서는 안 된다.
> _ 괴테의 명언으로 알려짐

그렇다면 이 모든 것이 크레셴도로 사는 것, 특히 종종 투쟁, 때로는 전투와도 같은 중년의 위기가 다가왔을 때 크레셴도로 사는 것과 어떤 관련이 있을까? 많은 사람이 이 시기에 사방으로 끌려다니는 듯한 기분을 느끼는데, 이때 자신이 중요하게 생각하는 우선순위를 지키기 위해 싸워야 한다. 탁월한 경력을 쌓고 세상이 인정하는 '성공'을 이루고 특정한 나이 또는 시기에 이 모든 걸 끝내야 한다는 압박감이 너무나 큰 나머지 인생에서 진짜 중요한 것들은 (왜곡되고) 밀려난다. 남들과 똑같이 살려고 애쓰며 사회적 규범에 굴복하는 경향과 싸우며 나와 내 것을 지키는 전투를 계속해야 한다.

안락한 가정, 교육 기회, 교통수단, 여가 등 개인이나 가족에게 중요한 것이 많지만, 이들에게 가장 필요한 것은 시간과 사랑, 그리고 관심이다.

가장 중요한 역할을
성공적으로 수행하려 노력하라

모든 가족의 사정은 다르고, 한 사람이 가정 내에서 맡은 역할이 여러 개일 수도 있다. 부모는 아니지만, 건강 문제가 있는 연로한 부모에게 아들이나 딸로서 축복인 존재가 될 수 있다. 나는 당뇨병과 심장 질환을 앓는 어머니와 함께 사는 한 독신 여성을 알고 있다. 이 여성은 개인적으로 희생하고 친구들과 만나는 약속을 줄여가며 딸로서 부모님을 돌보는 역할에 진지하게 임하고 있다. 도시 외곽에 사는 자매가

1년에 두 차례 방문할 때 며칠 동안 쉬는 게 전부다. 그러나 어머니와 함께할 시간이 얼마 남지 않았다는 사실을 알고 있는 그녀는 어머니가 가장 행복하게 지낼 수 있는 어머니의 집에서 어머니를 정성껏 보살피는 삶에 만족한다.[5]

잘못된 길로 간 형제나 자매가 있으면 격려나 조언, 도움을 줄 수 있다. 자녀가 없어도 이모나 삼촌으로서 조카가 하는 축구 경기나 연극을 보러 가거나 음악 수업에 데려가거나 학교 과제를 도와주는 등 조카에게 관심을 가지고 영향을 미칠 수 있다.

혼자 사는 자신의 누나 제니에게 든든한 버팀목 역할을 하는 남동생이 있다. 연로하신 부모님은 네 시간 거리에 살고 있고 건강 문제도 있기 때문에 딸을 챙길 여력이 없다. 제니는 다른 형제에게 종종 생각 없이 심한 말을 하고 금전적 이득을 취하기도 해서 사이가 멀어졌다.

그러나 남동생 블레이크는 매주 누나인 제니에게 전화나 문자를 하고 그녀가 일자리를 찾거나 건강에 문제가 있을 때 도우며 안부를 확인한다. 블레이크의 아내도 똑같이 제니를 도와주고 휴가나 특별한 날 가족 행사가 있을 때 제니를 챙긴다. 덕분에 제니는 편하게 가족 모임에 참여하고 조카들과도 좋은 관계를 유지하고 있다.

최근 블레이크는 제니가 제일 좋아하는 레스토랑에서 가족과 함께 생일을 보낼 수 있도록 자리를 마련했고, 제니는 블레이크의 계획이 없었다면 집에서 홀로 생일을 보냈을 거라고 털어놓았다. 블레이크가 동생 역할을 중요하게 생각하지 않고 소중한 가족으로 연결된 제니의 삶에 관여하려고 노력하지 않았다면 제니의 삶은 어떻게 달라졌을까?[6]

나는 늘 삶에서 사람들이 하는 가장 중요한 일이 가정 내에서 이루어지며, 궁극적으로는 그 일에서 가장 오래 지속되는 행복감과 성취감을 맛보게 될 것이라 믿고 가르쳤다.

> 의사, 변호사 또는 비즈니스 리더로서의 의무도 중요하지만
> 여러분은 그 이전에 인간입니다.
> 배우자, 자녀, 친구와의 관계는 여러분에게
> 가장 중요한 투자가 될 것입니다.
> 삶의 끝자락에서 시험에 통과하지 못한 것,
> 재판에 이기지 못한 것, 거래를 성사시키지 못한 것 따위를
> 후회하지는 않을 겁니다.
> 남편이나 친구, 자녀나 부모와 함께하지 못한 시간을
> 후회하게 될 겁니다.
> 우리 사회의 성공은 백악관에서 일어나는 일이 아니라
> 여러분 가정에서의 일에 달려 있습니다. [7]
> _ 바버라 부시, 웰즐리대학교 졸업생들에게

당신에게 중요하고 의미 있는 역할이 무엇이든 가정 내 역할, 멘토로서의 역할, 믿을 수 있는 친구라는 역할, 직장이나 직업과 관련된 역할, 공동체의 일원이라는 역할, 가치 있는 일을 위해 봉사하는 역할은 모두 훌륭한 성공의 척도다. 그렇다면 성공은 사회가 정의하거나 타인과 비교하여 평가되는 게 아니라 당신이 무엇에 가치를 부여하고 어떻게 대응하느냐에 따라 결정되는 것이다. 삶에서 중요한 역할을 성공적으로 수행할 때 자신의 가치관과 일치하는 성공을 정의할 수 있다.

내 가치관에 충실한 삶을 살 때, 내 본연의 모습을 보여줄 수 있다.

에티오피아에서 진료소를 운영하는 릭 호드 박사는 라이트 박스가 없어 엑스레이 사진을 따가운 햇빛에 비춰 본다. 나름대로 효과가 있어서 매일 많은 사람을 무료로 진료해줄 수 있다. 에티오피아는 인구 4만 명당 의사가 한 명뿐일 정도로 어려운 실정이다. 많은 환자가 진료를 받으러 외딴 마을에서 아디스아바바에 자리한 테레사 수녀 선교회의 방한 칸짜리 진료소까지 때로는 트럭을 타고 수백 마일을 오기도 한다. 릭은 환자를 살펴보고 진단을 내린 다음 사람들의 지원을 받거나 무료로 수술을 해주는 의사들의 도움을 받아 창의적인 방법으로 환자에게 필요한 약을 구하고 수술을 하고 집중 관리한다. 자신이 환자의 목숨을 살리는 데 유일한 희망임을 알기 때문에 최선을 다한다.

롱비치 출신인 릭은 1984년 에티오피아 대기근 당시 구조 요원으로 처음 에티오피아에 오게 되었다. 인도주의적 활동이 절실히 필요한 상황을 직접 목격하자마자 에티오피아에 끌렸고 테레사 수녀 선교회를 알게 된 후부터는 도움을 주기 위해 계속 재방문하다가 결국 머무르게 되었다. 2001년, 중년의 독신 남성이었던 릭은 자신의 보험으로 수술을 받을 수 있도록 두 명의 고아를 입양하기로 결정했다. 그는 두 아이를 생각하면서 기도하는데, "하느님이 이 아이들을 도울 기회를 주셨으니 싫다고 하지 말라"라는 응답이 왔다고 회상했다.

릭은 암, 심장 질환, 척추 질환 전문의였다. 그는 미국 의사들이 무료로 구개열과 기타 안면 기형, 각종 질병 관련 수술을 해줄 수 있도록 주선했다. 아디스아바바에 있는 소박한 집에서 약 20명의 아이와 함께 살고 있는 그는 언제나 자신의 집을 기꺼이 공유한다. 그는 다섯 아이를 입양했는데, 이는 에티오피아에서 입양이 허용되는 최대 인원이다. 그는 "매트리스의 반 정도 되는 공간이 생길 때마다 새로운 사람을 데려왔다"라고 했다.

당시 뉴욕대학교 의과대학 학장이었던 소아신경학 박사 어빙 피시는 릭이 일하던 선교회를 방문했을 때 그의 완전한 이타심과 어려운 의학적 문제를 해결하는 비상한 능력에 깊은 인상을 받았다. 피시는 "릭은 미국에서도 의사로 아주 잘할 수 있었는데도 훨씬 더 힘든 일을 하기로 결정했다"라고 말했다.

"나는 릭과 비슷한 사람을 본 적이 없어요. 릭은 예리한 의사예요. 릭의 청진기, 두뇌, 심장 이 모두가 그 자체로 진단기랍니다."

대부분의 미국인에게 뜨거운 물과 안정적으로 공급되는 전기는 당연한 존재이지만 릭은 이러한 안락함 없이 살고 있다. 그는 자신이 살고 봉사하는 지역 전체의 보건에 막대한 기여를 했고 그가 하는 일은 영화 제작자, 작가, 언론에 영감을 주었다. 그가 가장 좋아하는 탈무드 구절에서 따온 그의 개인적인 주문mantra을 보면 그가 무엇에 우선순위를 두는지 이해할 수 있다. "한 생명을 구하는 것은 전 세계를 구하는 것이다."[8]

중년의 시기에 릭은 자신이 가치 있게 여기는 것, 즉 소외된 지역 사회를 위해 봉사하는 일에 충실했으며, 가장 중요한 이 역할에서 엄청난 성공을 거두었다. 그에게 삶이란 경력 관리가 아니라 사명임이 분명하다.

주도권을 가지고 행동하라

수년 전, 나는 말 그대로 내 삶을 뒤바꾸고 지금까지 내 사고방식에 영향을 미치고 있는 강력한 아이디어를 우연히 발견했다. 출처나 저자를 알아내지 못했지만, 그 아이디어는 본질적으로 다음과 같다.

> 자극과 반응 사이에는 공간이 있다. 그 공간 안에는 반응을 선택할 수 있는 자유와 힘이 있다. 그 선택에 우리의 성장과 행복이 달려 있다.

중년의 시기를 크레셴도 정신으로 사는 것의 두 번째 관점은 명확하다. 만약 당신이 중년의 위기와 싸우고 있다면 파괴적인 행동을 그만두고 개선하라. 자신이나 인간관계 또는 직업을 바꿔 쳇바퀴 같은 삶에서 벗어나고 싶다면 주도권을 확보하고 긍정적인 변화를 부르는 행동을 하라.

중학교 교장이었던 어니 닉스는 몸무게가 180킬로그램 나갈 당시 복도를 걷기만 해도 기진맥진했다. 그의 콜레스테롤 수치는 440이었고, 혈압은 [정상 수치인] 110을 훨씬 넘는 220이었으며, 의사는 그가 5~6년 내에 매우 고통스럽게 죽음을 맞을 것이라고 했다.[9]

"제가 누군가에게 쓸모 있는 사람이 되려면, 올바른 방향으로 학교를 이끌려면 지도자인 내가 바뀌어야 했습니다." 닉스가 인정했다. "180킬로그램이나 나가는 몸으로 계속할 방법이 없었어요."

어니는 자신의 삶에 엄청난 변화를 줌으로써 자신의 건강, 궁극적으로는 자신의 미래를 책임지고 주도적으로 관리하기로 결심했다. 그는 매일 아침 4시 30분에 일어나 오전 5시부터 6시까지 걸었다. 바쁜 일정 속에서 중요한 생활방식을 바꿀 수 있는 유일한 시간이었다. 규칙적인 운동을 하는 것 외에도 교육과 지원을 받기 위해 웨이트워처스Weight Watchers['체중 감시자'라는 뜻의 다이어트 커뮤니티 겸 기업]에 합류했으며 식습관을 완전히 바꿨다. 그의 아내도 건강이 좋지 않았기 때문에 그와 함께 새롭고 건강한 생활양식을 실천하는 데 합류했다.

매우 지난한 과정이었고 많은 훈련이 필요했지만 어니는 결국 성과를 거두었다. 첫해에 78킬로그램을 감량했는데, 이에 자극받은 교감과 비서, 관리인, 상담 교사와 일부 교사가 그의 뒤를 따랐고, 모두 상당한 체중을 감소하는 데 성공했다. 좋은 본보기가 되고 싶었던 그는 학생들에게 더 건강한 점심 식사를 제공했고 체육 시간을 보다 경쟁력 있고 재미있게 만들었다. 그의 가장 큰 보상 중 하나는 오랫동안 그를 보지 못했던 학생이 가던 길을 멈추고 함박웃음을 지으며 "닉스 선생님!"이라고 외친 것이었다.

68킬로그램을 감량한 뒤 달리기를 시작한 어니는 결국 마라톤까지 뛰고 〈러너스 월드Runner's World〉라는 잡지에 실렸다. 2년 뒤, 총 99킬로그램을 감량한(그의 아내는 45킬로그램을 감량했다) 그에게는 학생들과 학교 행정을 위해 쏟을 에너지와 열정이 훨씬 더 많이 솟아났다. 그는 몇 년 만에 처음으로 몸 상태가 좋다고 느꼈고 행복했다.

어니는 자극과 반응 사이의 '공간'을 이용해 잠시 멈춘 뒤 자신의 습관을 바꾸고 궁극적으로는 스스로의 목숨을 구했으며, 주변 사람들까지 고무했다. "나는 불행해지지 않기로 선택했습니다. 이건 선택의 문제예요."[10] 어니가 말했다.

중년의 시기에 정체를 느끼는 경우, 좋은 소식은 할 수 있는 게 많다는 것이다. 선회할 수 있고 바꿀 수 있고 개선할 수 있다. 어니 닉스가 배웠듯이 당신의 행동은 당신의 조건이 아니라 당신의 결정에 달려 있다. 스스로 변화하여 인생 최고의 날을 맞이할 힘은 당신에게 있다.

때때로 성공적으로 경력을 쌓다가 중간에 예상치 못한 일이 발생하여 방향을 완전히 틀어야 하는 상황이 오기도 한다.

사업가인 스티브는 20년 전 자신이 세운 회사에서 동업자들에 의해 갑자기 쫓겨나는 신세가 되었다. 그는 마흔여섯에 낙담하고 실직한 상태였으며, 딸린 식구가 네 명이나 되어 미래에 대한 두려움에 사로잡혀 있었다. 심사숙고 끝에 그는 직업을 바꾸겠다고 결심하고 47세에 법학 전문 대학원에 입학했는데, 반에서 나이가 가장 많았다.

대학원에 다닌 지 몇 달이 지났을 때 스티브는 어느 암울한 겨울날 아침 오전 5시에 텅 빈 학교 주차장에 차를 세웠다. 칠흑같이 어둡고 얼음처럼 차가운 날씨에 "내가 무슨 짓을 한 거지?"라는 무서운 생각이 어두운 구름처럼 그를 덮쳤다. 수년간의 학교생활이 남아 있는 상황에서 늦은 나이에 학교에 입학한 그는 의심과 불안감을 떨칠 수 없었다. 하지만 실패에 대한 두려움으로 마비가 될 지경에서 스티브는 두려움을 이겨내고 앞으로 험난한 길이 펼쳐지더라도 이겨내겠다는 의지를 재확인했다. 새로운 미래를 내다보는 일에만 전념하기로 마음

먹고 용기를 가지고 낙관적으로 앞으로 나아갔다.

1년 내내 열심히 공부한 그는 2년 반 만에 졸업하고 마흔아홉에 법률사무소를 차렸다. 그의 법률사무소는 몇 년 지나지 않아 번창했고 일은 차고 넘쳤으며, 새 직업은 만족스러웠다.[11]

계속 전진하라

중년에 예상치 못한 '페르마타(일시 중지)'가 발생할 수 있지만 낙담하거나 포기하거나 도망치지 마라. 당신이 새로 발견한 크레셴도 정신이라는 패러다임으로 보면, 작곡하고 연주해야 할 교향곡이 아직도 많다는 사실을 알 수 있다. 인생의 길을 항상 선택할 수 있는 것은 아니지만, 당신이 통제할 수 있는 것에 집중하고, 미래를 낙관적으로 바라보고, 열심히 일하고 인내하며, 결국 상황이 개선되리라는 믿음을 가질수는 있다. 자극과 반응 사이의 공간을 이용해 뒤로 물러서서 검토하고 재설정하고 현명하게 선택하라.

많은 사람이 한창 경력을 쌓다가 새로운 관행이나 방법, 교육 또는 기술을 따라가지 못할 때 일에 불만을 느낀다. 지루함이나 성취감 부족이 정체된 것 같은 기분을 느끼거나 직업을 바꾸고 싶게 만드는 유일한 이유는 아니다. 자신이 선택한 분야에서 최신 동향을 습득하고 경쟁력을 유지하는 데 큰 노력을 쏟지 않아서 그러는 경우가 많다.

학교로 돌아가서 열정이 있거나 자연스럽게 끌리는 것을 연구하며 스스로 변화하고 진로 수정이라는 중대한 변화를 수행하는 데 도움을 줄 사람들과 네트워크를 형성해야 할 수도 있다. 시대에 뒤떨어지지 않으려면 끊임없이 발전해야 한다.

오늘이 영원하지 않다는 걸 기억하라! 위기를 넘기고 나면 그 과정에서 배운 것들이 인생이라는 여정에서 가장 가치 있는 부분이었다는 사실을 알게 될 것이다.

> 인간에게 의식적인 노력을 통해 자신의 삶을 고양할 능력이
> 분명히 있다는 사실보다 더 고무적인 사실을 나는 알지 못한다.
> _소로

당시에는 '중년의 위기'라고 생각하지 않았지만, 나 역시 그 시기에 개인적인 투쟁을 겪었다. MBA를 취득하고 나서 가르치는 일에 열정과 능력이 있다는 사실을 깨달아, 관심도 없던 가족 호텔 사업에 뛰어들지 않고 사립대학교에서 교직을 맡았다. 나는 학생들에게 인생과 미래의 직업에 개인적으로 적용할 수 있는 새로운 개념과 아이디어를 가르치는 것을 좋아했다. 나는 20년 넘게 다양한 비즈니스 과목과 조직 행동론을 가르쳤다. 약 10년 뒤, 박사 학위를 취득하며 인간 개발 분야로 시야를 넓힐 수 있었다.

1970년대와 1980년대 초반에 나는 미국 전역의 다양한 지도자와 조직에 비즈니스 컨설팅 서비스를 제공하기 시작했다. 교실에서 개발한 원칙을 컨설팅 의뢰를 받은 회사에 직접 적용하는 것이 좋았다. 이 무

렵, 조직 행동론을 가르치던 대학에서 정교수로 추천받아 매우 영광이 었고 기뻤다. 그러나 정교수로 승진하기에는 연구 성과나 출판 경력이 충분하지 않다는 이유로 학과장이 반대표를 던지고 위원회에 영향을 주어 정교수로 임용되지는 못했다.

내 진정한 열정과 사명이 연구가 아닌 교육에 있다고 느꼈던 나는 크게 실망했다. 나는 내 분야에서 끊임없이 읽고 쓰고 있었고, 나중에 《성공하는 사람들의 7가지 습관》을 탄생시킨 탐구를 시작했지만, 논문을 출판하는 데는 관심이 별로 없었다. 게다가 다른 교수 대부분이 매주 6~9시간 강의를 할 때 나는 12~15시간이라는 빡빡한 일정을 감당해야 했다. 그러나 연구와 논문 출판이 대학에서 성공하는 데 결정적이라는 사실을 알았기에 선택지를 진지하게 재고해야 했다.

컨설팅 업무가 늘어나자 아내 샌드라와 가정을 꾸리면서 가르치는 일과 출장을 병행하는 것이 어려워졌다. 하지만 내 리더십 아이디어를 직원과 조직에 직접 적용할 수 있는 기업 임원들에게 '원칙 중심의 리더십principle-centered leadership'을 교육하는 일은 짜릿했다. 20년 동안 강의를 해오면서 경력상 다소 정체된 느낌을 받고 있었기에 변화가 필요한 시점이었다.

샌드라와 나는 한동안 어떤 결정을 내려야 좋을지 몰라 씨름했지만, 결국 비즈니스 세계에 발을 들여놓는 큰 믿음의 도약을 하기로 했다. 51세의 나이에 정기적이고 안정적인 급여를 포기하는 것은 위험한 행동이었지만, 내 컨설팅 회사를 차리고 싶었다. 우리는 집과 오두막을 담보로 대출을 받아 스티븐코비사Stephen R. Covey & Associates라는 회사를 시작하기로 결정했다. 샌드라는 공동 파트너로서 내가 성공할 수 있다고 확신하고 이 엄청난 변화를 이루는 데 필요한 모든 것을 지원해주었다. 자녀 중 일부는 집에서 생활하고 일부는 대학에 다니던 때라 허리띠를 졸라매고 많은 희생을 감수해야 한다는 사실을 알고 있었다. 그러나 우리 둘 다 적절한 타이밍이라고 생각했다.

그것은 좋은 결정으로 판명되었다. 비즈니스 컨설팅에만 집중하면서 이전에 경험한 것과는 다른 방식으로 내 기술과 역량을 확장했다.

내가 10년 만에 집필을 마치자 사이먼 앤드 슈스터Simon & Schuster 출판사는 무명 작가에게 모험을 걸고 1989년에 《성공하는 사람들의 7가지 습관》을 출판했다. 그때부터 일이 진전되기 시작했다. 내가 모든 문화권과 사람의 내면에 존재한다고 믿었던 핵심 원칙이 전 세계에 알려졌다. 꿈은 이루어졌다.

대학을 떠나지 않았더라면 이렇게 많은 사람에게 다가갈 기회가 없었겠지만, 나는 늘 마음속으로 내가 교사라고 생각했다. 중년기에 컨설턴트와 작가로서 (크레셴도로 사는 삶을) 다시 시작할 발판을 마련해준 수년간의 교직 생활에 늘 감사한 마음을 가지고 있다.

자신의 열정, 재능 또는 인생의 사명이 어디에 있는지 찾는 것은 쉬운 일은 아니며, 자기가 잘하는 것과 하고 싶은 것을 발견하는 데 상당한 노력과 시간이 필요할 수 있음을 보여주기 위해 여기에 내 개인적인 경험을 공유한다.

하지만 정체된 삶을 주도적으로 관리하고 적극적이고 과감하게 행동하면, 긍정적인 변화가 찾아온다. 크레셴도 기호(◁)처럼, 중년기에도 당신은 계속해서 발전하고 성장하고, 영향력의 범위를 넓히고, 새로운 것을 배우고 성취하기를 기대하며, 다음에 찾아올 흥미진진한 기회를 잡을 준비를 해야 한다.

2

사랑하고 섬기라
LOVE TO SERVE

큰 일을 찾지 말고 위대한 사랑으로 작은 일을 하라.

_ 테레사 수녀

남을 섬기는 사랑은 크레셴도로 사는 삶의 핵심적인 특징이다. 삶의 어느 단계에 있든 남을 섬기는 사람은 자신을 넘어 밖을 바라보고 자신이 충족시켜줄 수 있는 니즈를 본다. 일상적이고 중요하지 않은 듯 느껴지는 우리의 작은 선행이 누군가에게는 가치 있는 일이 될 수도 있다.

작은 섬김의 행위는 겨자씨를 심는 것과도 같다. 겨자씨는 너무 작아서 잘 보이지 않지만, 심어서 키우면 아주 뛰어난 약초가 된다. 그리고 결국 새들이 가지에 둥지를 틀 만큼 거대한 나무가 된다. 섬김의 기회도 마찬가지다. 찾기만 하면 섬김의 기회는 주변에 널려 있고, 작은 섬김의 행위가 모여 엄청난 결과를 낳는다.

감사를 표현하라

당신에게 생기는 모든 좋은 일에
감사하는 습관을 기르고 끊임없이 감사를 표현하라.
모든 일이 당신의 발전에 기여했으니, 모든 일에 감사해야 한다.

_ 랠프 왈도 에머슨

삶이 흘러가버린 것 같은 기분이 들기 시작할 때, 역설적으로 당신이 할 수 있는 최선의 일은 당신이 가진 모든 것을 인정하고 감사하는 것이다. 감사할 일이 별로 없다고 느껴질 때조차 일관되게 감사를 표현하는 것도 크레셴도로 사는 것이다. 사고방식을 자기 연민에서 치유와 변화를 불러오는 객관성과 감사로 전환하는 행동에는 특별한 힘이 있다.

섬기는 사랑은 우리 자신을 넘어 밖을 바라보는 데서 시작된다. 그렇게 하면 중년의 좌절 속에서도 감사할 만한 것들을 찾을 수 있다. 감사를 통해 우리는 자신이 겪는 모든 어려움에 대한 새로운 관점을 얻을 수 있다.

존 크랄릭은 53세에 자신의 삶이 무섭고 끔찍할 정도로 바닥을 쳤다는 사실을 깨달았다. 그가 차린 작은 법률사무소는 망해가고, 자신은 고통스러운 두 번째 이혼을 진행하고 있었다. 두 자녀와의 관계는 소원해졌고, 어린 딸과는 연락이 끊길까 두려웠다. 겨울에는 얼고 여름에는 구워질지도 모르는 작은 아파트에 살고 있었으며, 몸무게는 평균보다 18킬로그램이나 더 나갔고, 여자 친구와는 막 헤어진 상태였다. 그가 평생 가꿔온 꿈들이 영원히 그의 손이 닿지 않는 곳으로 굴러 떨어지는 듯했다.

자신이 준 크리스마스 선물에 고마움을 표시하기 위해 전 여자 친구가 보낸 기분 좋은 소박한 편지에서 영감을 받은 존은 감사 편지를 쓰면 감사함을 느낄 방법을 찾을 수 있을지도 모르겠다는 생각이 들었다. 그는 고마움을 표현하는 것을 멈추지 않기 위해 어떤 어려움이 있어도 내년에는 반드시 365개의 감사 편지를 쓰겠다는 목표를 세웠다.

그는 자신이 받은 선물이나 친절에 대해 매일매일 한 명 한 명에게 감사 편지를 썼는데, 사랑하는 사람과 직장 동료, 함께 사업을 했던 동료, 대학 친구, 의사, 가게 점원, 잡역부, 상대 변호사까지 크든 작든 자신에게 호의를 베풀어준 사람은 누구든 가리지 않았다.

편지를 보내기 시작하고 얼마 지나지 않아 존은 경제적 이익에서 진정한 우정, 체중 감량, 내면의 평화에 이르기까지 의미 있고 놀라운 혜택을 누렸다. 존이 편지를 쓰는 동안 경제는 무너지고 사무실 건너편에 있던 은행은 파산했지만, 감사 편지를 한 장 한 장 쓰면서 존의 인생은 완전히 뒤바뀌었다. 아이러니하게도 그가 바깥을 바라보며 자기 삶을 축복해준 사람들에게 진심 어린 감사를 표하자 그의 내면이 치유되고 그는 다시 낙관적으로 미래를 바라볼 수 있게 되었다.

존 크랄릭은 캘리포니아에서 30년 동안 변호사로 활동하다가 로스앤젤레스 고등법원 판사로 임명되면서 자신의 꿈을 이루었다. 그는 삶이 바닥을 치고 불과 2년 뒤 중년의 위기를 극복한 자신의 이야기를 《감사: 감사는 어떻게 나의 삶을 변화시켰는가A Simple Act of Gratitude:

How Learning to Say Thank You Changed My Life》라는 제목의 책으로 출판했다. 수많은 사람이 진심 어린 손 편지를 통해 다른 사람에게 감사할 이유를 적극적으로 찾아보라는 그의 단순한 메시지에 영감을 받고 그의 행동의 수혜자가 되었다. 고맙다고 말하는 건 어릴 때 배우지만 실제로 감사 편지를 쓰는 건 디지털 시대에 흔하지 않은 의외로 가치 있는 습관이다.[12] 이는 크레셴도 정신이 깃든 사고방식이다. 나의 관심이 내가 아닌 다른 사람에게로 옮겨 가면서 나의 삶과 영향력이 확장되고 존이 그러했듯 인생 최고의 나날을 만들어갈 수 있다.

섬기는 삶을 살았던 테레사 수녀는 감사의 중요성과 베푸는 사람에게 돌아오는 보상에 대해 알고 있었다.

어느 날 한 걸인이 저에게 와서 말했습니다. "수녀님, 모두가 가난한 사람들에게 전해달라고 수녀님께 물건을 주는데, 저도 수녀님께 뭔가 드리고 싶습니다. 그런데 오늘은 10펜스[약 150원]밖에 얻지 못했습니다. 수녀님께 전부 드리고 싶습니다."
저는 속으로 생각했죠. '이걸 받으면, 그는 먹지 못한 채 잠자리에 들겠지. 받지 않으면, 마음의 상처를 받을 거야.' 그래서 받았습니다. 돈이나 음식을 기부한 사람의 얼굴에 그렇게 기쁨이 넘치는 걸 본 적이 없었어요. 그는 자신도 무언가를 줄 수 있다는 사실에 행복해했습니다.[13]

가난한 남성이 내놓은 이 작아 보이는 선물은 그것을 받은 사람보다 그에게 더 축복이었을 것이다. 이는 감사하는 그의 태도에서 분명히 드러났다. 그는 자신보다도 불행한 사람에게 베푸는 진정한 기쁨을 경험했다. 그의 마음은 감사로 가득 차 있었다. 마찬가지로 중년의 위기 속에서도 자신이 가진 것에 감사할 방법을 찾으면 생각지도 못할 정도로 넘치는 기쁨을 발견하고, 자신의 상황을 개선하는 방법에 대한 통찰력도 얻을 것이다.

베풀어라

좋은 사람의 삶은 대부분이
사소하고 알려지지 않고 잊힌 친절과 사랑의 행동으로 채워져 있다.
_ 윌리엄 워즈워스

중년의 시기를 힘겹게 보내면서 좋은 일이 일어나기만을 기다리고 있다면, 잠시 자신과 자신의 문제를 잊고 나가서 누군가를 섬기라. 사소한 방법일지라도 누군가를 돕거나 격려하면 그 사람의 짐을 한결 가볍게 해줄 수 있고 그 사람의 기운을 북돋는 동시에 당신의 기운도 북돋을 수 있다.

한 부부는 작은 모임을 조직해 위축되고 약간의 희망이 필요한 이웃의 집과 마당을 청소했다. 그들은 이웃이 집을 비운 사이 몇 시간 동안 열심히 이웃의 집과 마당을 깨끗하고 환하게 청소했다. 집에 돌아온 이웃은 몹시 놀라고 감사해하며 페이스북에 감동적인 글을 올렸다.

누구든 간에 오늘 우리 집에 찾아와준 '청소 요정들'에게 진심으로 감사드립니다. 우리 집 냉장고는 옮기려면 한 사람보다 많은 사람이 필요했을 거예요! 여러분과 같은 친구들이 있다는 것이 얼마나 감사하고 복된 일인지 말로 다 표현할 수 없습니다. 오늘 밤 현관문을 들어서면서 저는 울었습니다. 가슴 벅찬 사랑을 느꼈어요. 여러분은 섬김의 진정한 의미를 알고 있어요. 제가 얼마나 감사한지 모르실 거예요! 여러분은 저의 짐을 덜어줬습니다. 마음속 깊이 감사합니다![14]

이 사람이 받은 긍정적인 영향뿐 아니라 봉사한 사람들이 받았을 영향도 상상해보라. 가끔 주위를 둘러보면 나보다 더 어려운 상황에 처한 사람이 있다. 이 젊은 부부에게 개인적으로 어떤 문제가 있었는지는 알 수 없지만, 어려움을 겪고 있는 이웃의 짐을 덜어준 이들의 삶에도 기쁨이 찾아왔을 것이다. 이는 돈으로 살 수도 없고 절대 질리지 않는 기쁨이다. 대가를 바라지 않고 남에게 베푸는 행위는 그 자체로 보상이다.

어려운 문제로 힘겨울 때 비슷한 상황에 있는 사람에게 도움의 손길을 내밀면 어떨지 상상해보라. 크레센도로 사는 사고방식 중 하나는 "내게 가장 중요한 일은 내 앞에 있다"라고 실제로 믿는 것이다. 그러므로 다른 사람에게 도움이 필요할 때 적극적으로 돕고, 특히 당신이 도움을 받았다면 더욱 그렇게 하라.

멕시코 치와와에서 자란 호르헤 피에로는 늘 미국에서 사업을 하기를 꿈꿨다. 몇 년 후, 영어를 한마디도 하지 못하는 그는 아주 적은 돈을 가지고 혼자서 국경을 넘었다. 그의 첫 직업은 텍사스 엘패소에서 시간당 1달러에 도랑을 파는 일이었다. 그다음에는 와이오밍에서 양치기로 일했다. 영어를 배우지 않으면 자신이 세운 높은 목표를 달성할 수 없다는 사실을 알고 있었던 그는 매우 열심히 일하고 언젠가 실현될 아메리칸드림을 위해 할 수 있는 모든 일을 했다.

호르헤는 다른 이민자들에게서 솔트레이크시티에 다양한 영어 학습 프로그램이 있다는 이야기를 들었다. 그래서 그는 혼자 유타로 향했다. 처음 도착했을 때 아는 사람이 없어 바로 노숙자 무리에 합류했다. 그러나 그는 곧 자신이 선한 사람으로 이루어진 지역 공동체에 속해 있음을 알게 되었다. 어떻게 해서든 그를 먹여줄 누군가가 항상 있었다. 그는 두 달 동안 구제전도단Rescue Mission에 머물면서 영어를 배웠고, 생계를 위해 최저임금을 받고 설거지를 했다.

어느 날인가 그는 자신이 먹는 음식이 전혀 마음에 들지 않았다. 집이 너무나 그립고 콩과 쌀로 만든 정통 멕시코 요리가 먹고 싶었던 것이다. 그러던 중에 어머니가 해주던 맛있는 핀토 콩 조리법을 기억해낸 호르헤는 자신이 직접 음식을 만들어 시내 농산물 직판장에서 판매하기로 마음먹었다. 자신이 '드 라 올라De La Olla'라고 이름 붙인 정통 멕시코 콩 요리를 먹는 사람들을 보고 용기를 얻은 그는 다시 방문하는 고객을 위해 계속 멕시코 요리를 판매했다. 그는 곧 시장에서 단골손님이 있는 판매자가 되었다. 그리고 자신만의 정통 부리토를 만들어 자신이 좋아하는 다른 멕시코 요리와 함께 팔았다.

호르헤는 다채로운 맛을 지닌 멕시코의 전통 요리를 사람들과 나누고 멕시코 문화와 음식을 알리는 일종의 홍보 대사가 되고 싶은 열망이 컸다. 그는 핀토 콩과 부리토부터 토르티야, 볶음밥, 살사소스, 과카몰리까지 조금씩 사업을 확장해 75가지 이상의 메뉴를 개발했다.

그가 개발한 제품들은 오늘날 리코 브랜드Rico Brand라는 이름으로 그가 사는 지역 사회에서 약 100개의 슈퍼마켓, 커피숍, 레스토랑에 매주 배달되고 있다. 리코는 수년간 번창해 수백만 달러 규모의 기업이 되었다.

몇몇 친구가 전 세계 도시의 굶주린 노숙자들에게 식량을 공급하는 사명 아래 정치나 종교와 무관한 전국적 운동 '부리토 프로젝트The Burrito Project'에 참여하자고 호르헤에게 제안했다. 중년에 접어든 그는 자신의 가장 중요한 역할 중 하나가 섬김이라고 생각했기 때문에 즉시 참여하고 싶어 했다. 노숙 생활을 직접 경험한 사람으로서 언젠가는 다른 사람들에게 자신이 받은 것을 되돌려주겠다는 개인적인 다짐을 한 터였다. "선행을 나누자pay it forward"는 그의 만트라가 되었는데, 그는 영감을 주는 이 아이디어에 충실하겠다는 뜻으로 팔에 문신으로 새겼다. 그는 노숙자들을 도울 완벽한 기회를 받아들여 부리토 프로젝트 SLCBurrito Project SLC를 설립했다.

리코 브랜드의 유통 창고를 본거지로 운영되는 부리토 프로젝트의 자원봉사자들은 2012년 4~12월에 매주 600~1,000개의 쌀과 콩 부리토를 만들어 배급했다. 호르헤의 지시에 따라 현장에서 신선한 토르티야, 쌀, 콩도 준비했다. 그런 다음 자원봉사자들이 부리토를 포일에 말아 보온 가방에 넣었다. 다른 봉사자들은 자동차, 도보 또는 자전거로 하루에 최대 500개의 부리토를 배달했다.

2012년부터 수백 명의 자원봉사자가 이 특별한 인도주의적 프로젝트를 성공시키기 위해 시간과 수고를 아끼지 않았고 "한 번에 하나의 부리토로 굶주림을 끝내기 위해 최선을 다한다"라는 부리토 프로젝트의 사명에 충실하기 위해 최선을 다하고 있다. 부리토 프로젝트 SLC는 2017년부터 솔트레이크시티에서 일주일에 4일(월요일부터 목요일까지) 900~1,400개의 따뜻하고 영양가 있는 부리토를 만들어 배달했는데, 이는 부리토 프로젝트를 진행한 북미의 다른 30개 도시 중 가장 많은 양이었다.

호르헤는 자신의 동기에 대해 이렇게 설명했다. "우리는 우리가 얼마나 축복받은 사람인지 깨닫지 못할 때가 많습니다. 저는 성공한 미국인이 되고 싶었습니다. 저에게 와서 제가 성공할 수 있게 도와준 사람들에게 감사했습니다." 부리토 프로젝트는 누구나 참여할 수 있고 변화를 일으킬 수 있어서 특별한 인도주의적 노력이다. 도움을 주기 위해 부자일 필요는 없고, 시간을 기부하는 것만으로도 충분하다. 호르헤는 이 프로그램이 "무엇보다 음식을 제공한 것 외에도 우리가 그들에게 관심이 있다는 사실을 알렸기 때문에" 노숙자들에게 영향을 미쳤다고 믿는다.[15]

섬김에 참여함으로써 자기 문제보다 도움이 필요한 사람에게 집중한 사람들과 호르헤는 섬김을 받은 사람들만큼이나 복을 받았다. 크레셴도로 사는 것은 내가 처한 상황에 상관없이 도움이 필요한 사람이 있으면 대가 없이 베풀고 나누는 것이다. 이는 중년의 위기를 극복하는 핵심 요소다. 다른 사람에게 베풀기 위해 외부를 살펴보다 보면 자신의 어려움을 극복하는 방법도 찾게 될 것이다.

감사로는 보답할 수 없다.
보답은 삶의 어느 시점에서 '동일한 행동'으로 하는 것이다.
_ 앤 모로 린드버그, 《동양 저 북방 North to the Orient》

브라이언 르스타지는 자신이 열정을 느끼는 과학이란 과목에 대해 학생들에게도 열정을 심어주고 싶어 교편을 잡았다. 그는 8학년 아이들이 몰두할 만한 과학 실험을 가능한 한 많이 고안해내는 것을 좋아했다. 사물이 작동하는 이론과 규칙을 이해하기만 한다면 학생들도 과학을 즐기게 되리라는 것을 그는 알고 있었다.

그는 자신의 철학을 이렇게 설명했다. "저는 중학교 교사로서 학생들을 과학에 푹 빠지게 하는 것이 제 일이라고 생각합니다. 학생들이 과학에 마음을 뺏기도록 흥미롭게 가르쳐야 하죠. 아이들이 수업을 즐기고 있는지 항상 점검하고 열정적으로 가르치려 노력합니다."

매년 그의 학생들은 학교 뒷마당에서 직접 만든 로켓을 쏘고 로켓이 날아간 거리를 측정한 뒤 특정 로켓의 추진력이 더 좋은 이유를 두고 토론하면서 과학에 빠져든다. 학생들은 한 해 최고의 행사에서 로켓을 가장 멀리 날린 사람에게 주는 상을 받기 위해 치열한 경쟁을 벌인다. 특정 화학물질을 이용해 (선생님의 지도하에) 폭발물을 만드는 수업도 있는데, 아이들은 폭발물을 만드는 데 필요한 조합을 찾아내는 것을 무척 좋아한다. 학생들에게 진심 어린 관심을 보이는 브라이언 르스타지는 아이들의 이름을 다 알고 있고 과학에 대한 자신의 열정을 재미있고 흥미로운 방법으로 아이들과 나누는 선생님으로 학생들 사이에서

인기가 많았다.[16]

그러나 교편을 잡은 지 여러 해가 지나고 중년에 접어들자 자신이 과학에 대한 학생들의 생각을 성공적으로 바꿨는지, 아이들의 미래에 영향을 주었는지 의문이 들기 시작했다. 자신이 세운 목표에 대한 실질적인 성과를 확인하기가 어려웠고 긍정적인 피드백도 별로 없었기에 낙심한 그는 자신이 애초에 가르치는 일을 시작한 이유를 망각했다.

다행스럽게도 그즈음 학생들에게 그가 미친 영향을 잘 알고 있던 학부모들이 그를 권위 있는 교육상 후보자로 지명하는 예기치 못한 일이 일어났다. 대학에서 과학 분야를 전공으로 선택한 많은 학생이 그에게 직접적인 영향을 받았다고 했다.

그가 상을 받자 그의 아내가 관계자들에게 감사 편지를 썼다.

남편을 교육상 후보로 지명해주신 분들께 어떻게 감사를 드려야 할지 모르겠습니다. 누군가 시간과 노력을 들여 지명해주셨을 텐데 저희에게는 너무나 큰 의미입니다. 남편은 수년간 매우 열심히 노력했습니다. 솔직히 말씀드리면, 별다른 인정이나 존경은 받지 못하면서 에너지를 소진했지요. 이 상은 적절한 시기에 남편을 찾아왔습니다. 남편은 최근 낙담한 나머지 수년 동안 해오던 일을 뒤로하고 다른 일을 해야 하나 고심했습니다. 그런데 이 상을 받으면서 자신이 들인 노력이 실제로 많은 학생의 삶에 변화를 일으켰다는 사실을 알게 되었고, 다시 새롭게 의욕을 느끼고 있습니다! 과학 교육에 대한 자신의 헌신과 열정이 다른 사람에게 영감이 되기를 늘

페르마타, 중년의 몸부림

바랐는데, 이제 그의 바람이 이루어지고 있다는 걸 알게 되었습니다. 남편을 후보로 지명해주신 모든 분께 깊은 감사의 말씀을 전합니다.[17]

그의 가르침을 받은 학생들은 이후 수년 동안 예고 없이 그의 교실에 나타나 자신이 받은 영향에 대한 고마움을 표현했고, 이는 그에게 가르침을 지속할 동기를 자극해주었다.

그의 수업을 듣고 10년이 지난 뒤 대학에서 기계공학을 전공하고 관련 일을 하게 된 학생이 그를 찾아와 그의 가르침이 자신의 삶에 어떤 영향을 미쳤는지 말했다.

"제가 대학에서 한 공부와 하게 된 일에 대한 열정의 불을 선생님께서 지펴주셨다는 걸 알아주셨으면 좋겠습니다. 선생님이 심은 씨앗이 자라서 제 열정의 불이 되었습니다. 선생님은 위대한 일을 해내셨고 저는 선생님에게 영향을 받았습니다."[18] 27년 동안 교직 생활을 했지만 여전히 듣기 좋은 말이었다.

앞서 이야기했듯 중년에는 자신이 미친 영향이 어떤 결과를 불러왔는지 직접 확인할 수 없으므로 자신이 다른 사람의 삶에 어떤 영향을 미쳤는지 알 수 없는 경우가 많다. 자신이 미친 긍정적 영향에 대한 평가를 받지 못할 수도 있다. 많은 사람이 자신의 성공을 평가할 때 다른 사람과 비교하는 경향이 있지만, 겉으로 보이는 것만이 진정한 성공은 아니다. 자신이 미친 긍정적 영향에 대해 다른 사람들의 인정을 받고 그들이 베풀어야 진정으로 성공한 기분을 느낄 수 있는 건지도 모른다. 일반적으로 성공은 또 다른 성공을 부르며, 이 과정이 계속 반복되는데, 그 과정에서 선한 일이 이루어진다.

섬김은 매우 다양한 형태로 행할 수 있다. 중년기에 크레셴도로 사는 삶의 첫 번째 원칙은 가장 중요한 역할을 성공적으로 수행하는 것임을 기억하자. 섬김을 행하는 사람은 자신이 타인의 삶에 미친 긍정적 영향을 알지 못하는 경우가 많지만, 결국 섬김은 자신이 진정으로 성공했음을 증명하는 특별한 일이다. 다음은 평범한 중년의 사람들이 다른 사람들에게 축복이 된 특별한 일을 한 사례다.

한 여성이 들려준 이야기다.

할머니와 알던 사이였던 클레오 스미스라는 노신사가 한 식료품점에서 엄마에게 다가와서 할머니가 자기 삶에 어떤 영향을 미쳤는지 말하고 싶어 했어요. 노신사는 남자 형제와 함께 알코올의존증 환자인 아버지 밑에서 자랐고 매우 힘들고 불행한 어린 시절을 보냈대요. 어머니는 아주 어릴 때 집을 나가서 어머니에 대한 기억은 거의 없었다고 해요. 시내에서 멀리 떨어진 낡은 집에 살았고 찾아오는 사람도 거의 없었어요. 그런데 매년 자기 생일이 되면 문을 두드리는 소리가 들렸고, 문을 열면 할머니가 생일 케이크를 들고 서 계셨대요! 자라면서 자기한테 생일 케이크를 만들어준 사람은 할머니밖에 없었고, 자기가 특별하고 사랑받는 존재라는 걸 알려준 사람도 할머니뿐이었대요. 힘든 자신의 세계에서 할머니는 빛과 같은 존재였다고 해요. 수년이 지나고 어린 시절을 상기하다가 이 기억을 떠올린 그는 자신에 관한 생각을 크게 바꿨고, 궁극적으로 자신과 자기 가족을 위해 더 나은, 더 행복한 삶을 누릴 수 있었다고 해요.[19]

배려심 많고 적극적인 학부모회 회장 로빈은 자신의 자녀가 다니는 고등학교에 30여 개국에서 온 100여 명의 난민 자녀 중 상당수가 배가 고파 방과 후 활동에 집중하지 못한다는 사실을 알게 되었다. 그녀는 학교 측으로부터 식당에 있는 낡은 저장고를 사용해도 된다는 허락을 받고 학부모들에게 즉석식품을 기부해달라고 요청했고, 학생들은 이내 방과 후에도 영양가 있는 간식을 먹을 수 있게 되었다. 한 남학생이 가족을 위해 먹을 것을 집에 가져가도 되냐고 물었을 때 로빈은 깜짝 놀라 간식 창고를 식료품 저장실로 만들었다. 지역 사회는 통조림과 물품을 기부해달라는 그녀의 요청을 들어주었다. 그리고 곧 자원봉사자와 기부자가 나타나 식료품 저장실을 채우고 도움이 필요한 학생들에게 음식을 나눠주었다.

이후 간식 창고는 수백 개의 통조림, 위생용품, 식료품점에서 팔고 남은 빵과 과자, 항상 수요가 많은 신선한 과일과 채소를 매주 나눠주는 크고 효율적인 식료품 저장실이 되었다. 로빈이 시작한 작은 간식 창고는 효율적으로 운영되는 지역 사회 식품 저장실이 되어 현재는 일주일에 한두 번씩 100명이 넘는 난민 가정에 식품을 배급하고 있다. 겨자씨처럼 미미하게 시작한 그녀의 프로젝트는 점점 더 크고 중요한 서비스로 성장했다.[20]

사랑으로 행하는 섬김에는 불멸의 시가 담겨 있다.
_ 해리엇 비처 스토

타인에게 꼭 필요한 서비스를 제공하는 방법은 무수히 많다. 한 여성은 밀스 온 휠스meals on wheels[몸이 불편한 노인에게 무료로 식사를 배달해주는 미국 정부 서비스]를 통해 자원봉사로 음식을 배달하면서 자녀들도 함께 데리고 간다. 그녀는 아이들이 봉사 활동을 하면서 도움이 필요하고 우정을 갈망하는 노인들, 멋지지만 우리가 가끔 잊고 사는 노인들과 만나기를 바란다. 어느 변호사는 바쁜 와중에도 주말마다 노숙자들에게 시간을 할애해 무료로 법률 서비스를 제공해 그들이 필요한 자원을 확보하고 적절한 일자리를 찾고 보다 나은 미래를 준비할 수 있게 돕는다. 위생 상태를 개선해 일자리를 얻는 데 필요한 자신감과 능력을 키울 수 있도록 이동식 샤워실과 이발 트럭을 운영하며 무료로 서비스를 제공하는 사람도 있다.[21]

한 어머니는 아들 마이크에게서 친구 TJ가 학교에 점심을 가져오지 않거나 칩 한 봉지로 점심을 때운다는 말을 들었다. 그녀는 TJ의 어머니가 집에 없고 아버지 혼자 두 가지 일을 동시에 하면서 세 명의 어린 아들을 키우고 있다는 사실을 알게 되었다. 그녀는 마이크와 같은 농구 팀 소속인 TJ가 방과 후 연습이 있을 때 굶은 채로 뛰어야 한다는 사실을 알게 되었다. 그때부터 그녀는 매일 아이들의 점심을 만들 때 TJ의 점심도 같이 만들었다. TJ도 마이크처럼 영양가 있는 점심을 먹고 힘을 낼 것이라 생각한 그녀에게 점심을 한 끼 더 만드는 것은 전혀 불편한 일이 아니었다.

　그녀는 TJ가 중학교와 고등학교에 다니는 내내 작은 섬김을 계속했고 마이크와 TJ는 팀에서 함께 뛰며 좋은 친구로 지냈다. 누군가 TJ에게 가족에 관해 물었을 때 TJ는 "저를 돌봐주는 어머니가 계세요"라고 자랑스럽게 말했다. 작은 섬김이었지만, 이로 인해 이들 사이에 강한 사랑의 유대가 형성되었고, 그녀는 수년 동안 성장하는 TJ를 지켜보며 큰 기쁨을 얻었다.[22]

> **100명을 먹일 수 없다면 한 명을 먹여라.**
> _ 테레사 수녀

　타인을 섬기는 일이 항상 쉽거나, 편리하거나, 즐거운 것은 아니지만, 섬김은 매우 절실히 필요한 일이다. 중년기에 섬김의 정신을 실천하면 자존감은 높아지고 감사하는 마음이 생기며, 자기 자신의 삶과 섬김을 받는 사람의 삶이 풍요로워진다. 아동보호기금Children's Defense Fund 설립자이자 회장인 메리언 라이트 에덜먼은 통찰력 있는 의견을 내놓았다. "섬김은 당신이 존재하는 대가로 지불하는 임차료입니다. 여가 시간에 하는 것이 아니라 인생의 목적 그 자체입니다."[23]

　섬김이 삶의 목적이라니, 얼마나 대단한 발상인가? '작은 일을 큰 사랑으로' 행하는 사람들처럼 누구에게나 사랑으로 섬길 힘과 능력이 있고 섬김을 행하는 과정에서 자기 자신은 물론 다른 사람까지 축복하게 된다.

잠을 자며 꿈에서 본 삶은 기쁨이었다.
깨어보니 삶은 섬김이었다.
행동하고 보니 섬김이 기쁨이더라.[24]

_ 라빈드라나트 타고르

수년간 사람들에게 가장 큰 영향을 준 역할 모델이나 멘토가 누구
인지 물었더니, 거의 모든 사람이 선생님, 친척, 친구, 지도자 등의 이
름을 즉시 답했다. 멘토라는 중요한 역할을 성공적으로 수행하는 것은
특히 중년기에 타인에게 영향을 미치는 확실한 방법이다. 누군가 잠재
력을 발휘할 수 있도록 격려하는 과정에서 의도치 않게 자신이 격려받
고 잠재력을 발휘할 수도 있다. 중년에 진정한 성공을 거둔 다른 사례
를 살펴보자.

마이클 클래피어는 가정을 꾸리는 동시에 2,000명에 가까운 아이를
가르쳤는데 가족과 가까운 친구들만 이 사실을 알았다. 그는 레슬링
기술을 익혀 자신감을 키울 필요가 있는 소년들이 중학교와 고등학교,
스포츠 클럽에서 경쟁할 수준이 될 때까지 수년 동안 돈을 받지 않고
레슬링을 가르쳐주었다. 그는 아이들이 발전할 수 있게 격려하고 미래
에 대한 긍정적 비전을 제시하고 작은 성공이라도 거둔 아이에게 자기
자식이 성공한 것처럼 축하했다.

그와 아내 린다는 아이들을 집으로 데려와 아이들이 집에서 받지 못
하는 사랑과 관심을 주었다. 그중에는 가정에서 제대로 보살핌을 받지
못하는 아이들도 있었고 부모로부터 방치된 아이들도 있었다. 아이들
은 여섯 자녀를 키우는 클래피어 부부의 사랑과 관심을 갈구했다. 린

다는 아이들을 항상 환대했고 집으로 자주 초대해 식사를 대접하고 휴가나 특별한 날을 함께 보내기도 했다.

마이클과 린다는 부유하지는 않았지만, 가진 것을 나눴고 자신들의 재정 상황과 상관없이 도움이 필요한 사람에게 베풀었다. 인정을 받거나 요청을 받는 게 아닌데도 필요한 아이들이 있으면 옷과 스포츠 장비를 사주었고 몇몇 아이에게는 수년 동안 밥을 챙겨 먹였다. 부부는 많은 아이에게 '제2의 부모'가 되어 방향을 잃고 자신감을 상실한 소년들에게 사랑과 감사를 받았다.

아이들의 아버지 중에는 마이클과 함께 일했던 동료도 있었는데, 그는 마이클에게 "내가 아빠로서 아들과 함께 보낸 시간보다 자네가 내 아들과 레슬링을 하며 함께 보낸 시간이 더 많네"라고 했다. 마이클과 린다가 기울인 노력의 직접적인 결과로 두 부부의 또 다른 '아들들'은 세상에 나가 생산적인 삶을 영위할 준비를 마친 훌륭한 청년으로 성장했다. 이들은 수년 뒤 대학 학위를 취득하고, 결혼하고, 가정을 꾸리고 성공적인 커리어를 쌓았는데, 아이들의 인격 형성에 크게 기여한 클래피어 부부에게는 아주 만족스러운 결과였다.

수년 전 마이클은 아들의 레슬링 경기에서 MIT에서 공학을 가르치다가 은퇴한 루이스를 만났다. 그는 아들과 함께 루이스의 집을 방문했다가 그가 이혼 후 가족 없이 외롭게 지내는 72세 노인이라는 사실을 알게 되었다. 부부는 그때부터 일요일, 휴일, 생일을 루이스와 함께 보냈다. 부부의 자녀와 그들의 배우자, 손주들은 루이스를 사랑하고 아끼고 그와 함께 있는 시간을 즐거워하며, 그를 '할아버지'로 존중했다. 루이스는 아이들에게 수학과 과학을 가르쳐주었고 자신이 삶에서 얻은 경험을 바탕으로 조언을 해주었다.

루이스는 클래피어 가족의 중요한 일원으로 20년 동안 사랑받고 존중받으며 즐겁게 살다가 92세에 세상을 떠났다. 클래피어 가족이 없었다면 루이스는 그런 기쁨을 결코 맛보지 못했을 것이다. 가족의 일원이 되는 소속감을 그는 이전까지 겪어보지 못했다.[25]

이것은 진정한 성공일까? 의심의 여지없이 그렇다! 크레셴도로 산다는 관점은 진정한 성공이 겉으로 보이거나 타인이 인정하는 일이 아닐 수도 있다는 사실을 상기시켜준다. 클래피어 가족은 세상의 모든 돈으로도 살 수 없는 풍요로운 가족 문화를 누렸다. 마이클과 린다가 영감을 주는 멘토 역할을 성공적으로 수행해낸 덕분에 훌륭하게 키운 여섯 명의 자녀 외에도 많은 아이의 삶이 풍요로워졌다. 게다가 '성공적인' 삶을 사는 듯 보이는 사람 중 일부는 기회만 있다면 이런 성공을 자신의 성공과 기꺼이 맞바꾸려 할 것이다.

당신에게 가장 중요한 일은
여전히 당신 앞에 있다

컨트리음악으로 스타가 된 가스 브룩스는 커리어가 정점을 찍던 2000년 10월 누구도 예상치 못한 은퇴를 발표해 음악계를 충격에 빠뜨렸다. 그때까지 그는 컨트리 뮤직 어워드에서 올해의 엔터테이너 상을 네 번이나 받았다. 그는 1997년 뉴욕 센트럴 파크에서 열린 라이브 HBO 콘서트 스페셜에서 관중 약 100만 명이 보는 가운데 공연을 했다. 그의 앨범은 1억 장이나 팔렸다.[26]

이러한 직업적 성공에도 불구하고 당시 그는 개인적으로 어려움을 겪고 있었다. 가장 든든한 버팀목이었던 어머니 콜린이 암으로 세상을 떠나고 아내 샌디와의 결혼 생활은 끝나가고 있었다. 그러나 가장 큰 고통은 세 명의 어린 딸과 연락이 끊긴 것이었다. "딸들은 다른 사람이 키우고 있습니다." 그가 후회하는 듯한 목소리로 말했다. 어린 딸들을 양육하는 '중요한 일'이 아직 자기 앞에 있다는 사실을 인식한 그는 부모라는 중요한 역할에 집중할 필요가 있었다.

> 모든 것이 제가 아이들 곁에 있어야 한다는 것을 말해주고 있었어요. '어떻게 음악을 버릴 수 있느냐?'라고 사람들이 물었지만, 아빠가 된다는 건 무엇과도 비교할 수 없는 일입니다.[27]

그는 중년에 접어드는 서른여덟 살에 용기를 내어 급상승하던 커리어를 접고 마음이 시키는 대로 부성을 따라 아이들을 양육했고 14년 동안 지속하고 있다!

그는 자신의 선택을 후회한 적이 없다. 그와 전처는 세 자녀가 매일 부모와 함께할 수 있도록 노력한다. 그는 아이들과 늘 같이 있었고 여름 내내 집 주변에 15미터에 이르는 다리를 만들기도 했다. 이 기념비적인 임무를 완수한 뒤 그의 딸들은 자신들이 해낸 이 작업을 매우 자랑스러워하며 무엇이든 할 수 있다는 믿음을 갖게 되었고 그는 아이들을 양육하며 큰 만족감을 느꼈다.

2005년 그는 일생의 사랑이라고 고백한 컨트리 가수 트리샤 이어우드와 결혼했다. 그리고 막내딸이 대학에 진학한 뒤에는 다시 음악을 해보기로 했다. 컨트리음악계에 복귀하고 투어에 나서는 건 상당한 믿음의 도약이 필요한 시도였다.

> 아무도 나타나지 않을까 봐 두려웠습니다. 두려워 죽을 것 같았어요. 사람들을 실망시키고 싶지 않았습니다. 사람들이 '내가 기억하는 것보다 낫네'라고만 말해주었으면 했어요.

이러한 두려움에도 시카고에서 출발한 '트리샤 이어우드와 함께하는 가스 브룩스 월드 투어' 티켓은 세 시간 만에 14만 장이 팔렸다. 팬들은 그가 은퇴한 적이 없다는 듯 그의 콘서트로 몰려들었고, 2014년부터 2017년까지 계속된 월드 투어는 성황리에 막을 내렸다. 그는 '은퇴 후'인 2016년, 2017년, 2019년까지 올해의 엔터테이너 상을 무려 일곱 번이나 받았다.[28]

시간이 지날수록 그는 크레셴도 기호의 모범으로서 자신의 재능과 기회를 잘 활용하지 않거나 축소하지 않고 넓히고 확장했다. 항상 주변의 필요를 의식했던 가스와 트리샤는 2020년 3월 황금 시간대에 특별한 음악제를 자신들의 홈 리코딩 스튜디오에서 개최할 수 있도록 후원해 팬들이 코로나 바이러스 검역 스트레스에서 벗어나도록 해주고 함께 극복할 수 있다는 중요한 메시지를 전했다. 이들은 공동 성명에서 "모두가 하나가 될 때 얼마나 큰일을 해낼 수 있는지 우리는 보고 있습니다. 음악제 외에도 CBS와 함께 코로나 바이러스와 싸우고 있는 자선단체에 100만 달러를 기부할 것입니다"라고 밝혔다.[29]

그의 넷플릭스 다큐멘터리 〈가스 브룩스: 내가 가는 길Garth Brooks: The Road I'm On〉에는 2019년 투어 리허설 당시 뒤가 아닌 앞을 보는 크레센도 정신에 관해 그가 스태프들에게 말한 내용이 담겨 있다.

> 저는 우리가 이루어낸 성과가 자랑스럽습니다. 하지만 성과는 과거
> 입니다. 이번 투어야말로 가장 힘든 투어가 될 것입니다. 지금까지
> 충분히 잘했다는 생각은 그만두십시오. 가장 힘들었던 음악적 도전
> 이 이미 지났다고 생각한다면 그것은 잘못된 생각입니다.[30]

중요한 역할을 성공적으로 수행하고 개선이 필요한 부분을 바꾸려 노력하는 것은 가장 중요한 일이 언제나 내 앞에 있음을 믿는 것만큼 이나 새로운 도전 과제와 문제에 적응하고 시도하고 배울 동기를 부여한다. 믿음을 가지고 긍정적으로 대응하면 인생이라는 배의 키는 다시 당신의 두 손에 놓이게 되고, 중년이든 아니든 몇 살이 되든 흥미진진한 자기만의 길을 개척할 힘을 갖게 될 것이다.

2부

포르테,
성공의 절정 너머

THE PINNACLE OF SUCCESS

f

forte(for-tay)

〔형용사 또는 부사〕 큰/크게, 강한/강하게, 활기찬/활기차게.
〔명사〕 뛰어나게 잘하는 것.

**성공이란 세상을 조금이라도 더 살기 좋은 곳으로 만들어놓고,
자신이 살았음으로 인해 한 생명이라도
보다 편히 숨 쉬고 있음을 알고 떠나는 것이다.**
_ 랠프 왈도 에머슨

운전 중인 사람이 앞은 보지 않고 백미러를 힐끔거리며 어깨너머로 계속 뒤를 보고 있다고 상상해보라. 얼마 지나지 않아 그 차는 도랑에 빠지고 말 것이다. 우리는 삶과 커리어에서 이룬 성과를 백미러로 계속 돌아보고 싶은 유혹을 뿌리치고 낙관적으로 앞으로 일어날 일을 직시해야 한다.

지금까지 살펴보았듯 크레셴도 정신은 중년의 위기에 처한 사람을 성공과 성취로 향하는 길로 인도하는 힘이 있다. 그러나 크레셴도 정신이 어려움을 겪고 있거나 인생 궤도를 수정해야 하는 사람만을 위한 것은 아니다. 크레셴도로 사는 삶은 자신이 성공의 정점에 도달했다고 믿는 사람에게도 기쁨을 불어넣을 수 있다.

중년기에 우여곡절이 많은 것처럼 성공의 절정에 이르는 시기에도 문제는 있다. 당신과 당신의 가족 모두가 편안한 수준에 이르는 성공을 경험하는 시점에는 마음의 긴장을 풀고 누군가에게 도움의 손길을 내밀 책임감이나 의무감을 느끼지 못하기 마련이다. 그러나 최고의 나날은 아직 오지 않았다!

크레셴도로 사는 삶의 강력한 열쇠는 "당신에게 가장 중요한 일이 항상

당신 앞에 있다는 사실"을 진심으로 믿는 데 있다. 지금 당신이 무슨 일을 하고 있든지 간에 그것이 가장 중요한 일이다. 당신이 과거에 성취한 것은 과거의 일일 뿐이다. 지금 당신이 헌신해야 하는 일은 당신 앞에 놓인 일이다. 미래 지향적으로 사고하는 사람들은 내일 성취할 수 있는 일을 본다.

이것이 왜 중요할까? 할 수 있는 모든 중요한 임무를 마치고 더 이상 할 만한 게 없다는 생각이 든다면 아침에 침대에서 일어날 동기나 욕구를 느낄 수 있을까? 삶의 목적은? 매일 아침 일어나면 성취할 목적과 비전, 목표가 있어야 한다. 전과는 완전히 다른 목적과 비전, 목표를 가지게 될 수도 있지만, 당신에게는 아직 해야 할 일이 남아 있을지도 모른다.

개인적인 예를 들자면, 딸아이가 내게 《성공하는 사람들의 7가지 습관》 같은 책을 또 쓸 거냐고 물은 적이 있다. 의도한 건 아니지만 딸의 질문은 내게 모욕적이었다. 그 책에 내 모든 훌륭한 발상과 개념이 담겨 있었나? 내가 더 기여할 수 있는 건 없을까? 그 책 하나로 나는 끝난 건가? 가치 있는 뭔가를 더 이상 생산할 수 없다면, 매일 뭔가를 하는 게 무슨 의미가 있는가? 나는 딸에게 내 최고의 책은 아직 나오지 않았고 앞으로 나올 책들이 머릿속에 있다고 했다.

나 자신을 부풀리거나 과대 포장하려고 그런 말을 한 것은 아니었지만, 내가 왜 그런 기분을 느껴야 한단 말인가? 당신은 또 왜 그런 기분을 느끼고 있는가? 나는 삶의 어느 단계에 있든 내 최고의 작품이 내가 그것을 발견하고 가르치기를 기다리며 내 앞에 있다고 늘 믿었다. 이러한 태도, 즉 크레셴도 정신을 유지하는 것은 평생 꿈꾸기를 멈추지 않고 열정과 흥미, 사명을 잃지 않도록 해주는 열쇠다. 당신과 내가 매일 일어나야 하는 이유다.

피터 잭슨이 톨킨의 《반지의 제왕》을 영화로 만드는 데 14년이 걸렸다. 〈반지의 제왕〉으로 엄청난 성공을 거두고 수많은 아카데미상을 받은 피터 잭슨은 이후 〈반지의 제왕〉이 그의 가장 위대한 업적이자 유산이냐는 질문을 받았다. 이에 대한 그의 대답은 우리가 모두 인식해야 하는 것을 정확히 반영한다.

> 그렇다고 말씀드리면, 제가 앞으로 더 나은 작품을 만들지 못한다
> 고 가정하는 셈이죠. 그렇게 될 수도 있지만, 지금은 인정하지 않겠
> 습니다. 아직 만들 게 많아요.[1]

그는 정말 그렇게 했다. 〈호빗〉 3부작과 〈킹콩〉〈러블리 본즈〉〈데이 쉘 낫 그로우 올드〉를 감독했고, 앞으로 더 많은 작품을 감독할 계획이다. 만약 그가 〈반지의 제왕〉이 자신의 전부라고 믿었다면 어땠을지 상상해보라. 그러나 재정적으로 엄청난 성공을 경험한 그는 큰 방식으로 보답했다. 그와 아내 프랜은 다른 사람들이 혜택을 받을 수 있기를 바라며 줄기세포 연구에 50만 달러를 기부했다.[2] 부부는 지역 사회에서 많은 사랑을

받는 역사적인 교회를 철거될 위험에서 구하고 뉴질랜드 웰링턴의 세인트 크리스토퍼 교회를 개조하는 데 100만 달러 이상을 기부하기도 했다.[3] 그는 분명 직업적으로 큰 성공을 거둔 후에도 자선 기부를 통해 삶의 다른 영역에서 상당한 기여를 해왔다.

크레셴도로 산다는 발상은 능력을 제고하는 발상이며, 앞서 말했듯 나의 개인적인 사명이기도 하다. 내 수업에서 이 원칙은 그 어떤 개념보다 더 강력한 반응을 불러일으켰고 나 역시 어떤 것보다 더 강하게 이 원칙과 연결되어 있음을 느꼈다.

나는 이 원칙이 삶에 더 이상 기여할 게 없으며 일생의 과업을 마쳤다고 믿는 사람들에게 다시금 열정과 힘을 불어넣는 것을 보았다. 나는 동기를 부여하는 이런 사고방식을 통해 자신의 일이나 자신이 실현해야 한다고 느끼는 위대한 사회적 대의에서 새로운 삶과 열정을 찾은 이들의 눈에 불꽃이 이는 것을 보았다. 과거의 성취와 성공과는 상관없이 가장 중요하고 위대한 일이 아직 자신 앞에 놓여 있다는 믿음이 많은 이에게 희망과 영감을 주었다.

당신이 세상에서 보기를 바라는 대로 스스로 변화하라.

_간디

이 책에는 삶의 네 가지 단계가 등장하는데, 나의 목표는 당신이 몇 살이든 어느 인생 단계에 있든 크레셴도로 살면서 생활에 직접 적용할 수 있는 실용적이고 유용한 정보를 제공하는 것이다. 이번 부 끝에 성공의 절정과 관련된 목표를 설정하는 데 도움이 될 만한 목록을 실었다.

3

사람이 사물보다 중요하다

PEOPLE ARE MORE IMPORTANT THAN THINGS

삶에서 중요한 것은 내가 가진 것이 아니라 내 사람들이다.

_ J. M. 로런스

1999년 겨울, 나[신시아 코비 할러]는 몬태나에 가족 오두막을 짓기 위해 개인 사업자인 칩 스미스를 고용했다. 칩이 자신의 이야기를 들려주었다.

스티븐과 샌드라의 오두막을 짓는 동안 저는 원치 않는 이혼을 하는 중이었고 삶이 완전히 뒤집히고 있었습니다. 오두막과 관련한 민감하고 중요한 질문이 있어 만난 적이 몇 번 있었는데, 한번은 부부가 두 시간을 563킬로미터 넘게 운전하고 와서 저녁 식사를 하며 의논을 하고 호텔에서 휴식을 취한 뒤 다음 날 오전 5시에 집으로 돌아가기로 했습니다. 스티븐이 그날 업무가 있어 바로 비행기를 타야 했거든요. 시간이 짧다는 걸 알았지만 중요한 미팅이어서 효율적으로 진행할 수 있게 안건, 모든 계획과 자료를 준비해두었습니다. 우리는 인사를 하고 미팅을 진행하려고 앉았습니다.

저녁을 주문하자 샌드라가 말했습니다. "칩, 스티븐과 저는 당신이 개인적으로 힘든 시기를 보내고 있다는 걸 알고 있어요." 저는 샌드라에게 걱정해줘서 고맙다고 말한 뒤 오두막과 관련된 자세한 내용으로 넘어가기 위해 대화 주제를 바꾸려 했습니다. 샌드라가 다시 끼어들어 자기랑 스티븐이 저를 위해 할 수 있는 일이 있는지 물었습니다. 저는 고맙다고 말하고는 저는 잘 지내고 있고 문제만 해결하면 된다고 했습니다.

그러자 샌드라가 제 손을 잡고 말했습니다. "칩, 우리가 오두막에 관해 내려야 하는 결정보다 지금 당신이 겪고 있는 일이 훨씬 더 중요해요."

당연히 저는 울음을 터뜨렸고, 이후 세 시간 동안은 제 문제와 걱정에 관해 이야기했어요. 얼어붙은 도로를 달려서 먼 길을 왔는데 요청 사항을 하나도 해결해드리지 못해 부끄러웠죠. 저한테는 깊은 친밀감이 느껴지는 순간이었어요. 두 사람이 저를 진심으로 생각하고 있고, 두 사람에게 오두막을 짓는 일보다 제가 더 중요한 존재라는 걸 알게 되었으니까요.

얼마 후, 칩은 자신의 삶이 정상 궤도로 돌아가자 우리 가족을 위해 아름다운 오두막 짓는 일을 다시 시작했다. 몇 년 후, 아버지가 돌아가시고 나서 우리 가족은 오두막의 박쥐 문제가 심각하다는 것을 알게 됐다. 늘 아버지가 해결하시던 일이라 어찌할 바를 몰랐던 나는 장례를 치르고 아직 감정에 북받쳐 있는 상태에서 칩에게 전화를 걸어 상황을 설명했다.

칩은 주저 없이 바로 직원들을 데리고 와서 문제를 해결하기 위해 하루 종일 일했고 부탁도 하지 않았는데 차고까지 청소해주고 돈도 받지 않았다. 그는 자기 인생에서 가장 암울한 시기에 곁에 있어준 우리 부모님에게 보답할 기회라고 했다.[4]

신시아 코비 할러

인간관계에서 사람은 사물보다 훨씬 더 중요하다. 당신의 삶에서 가장 중요한 사람들과 당신을 하나로 묶어줄 이 원칙을 기본으로 삼을 것을 매번 새롭게 결심하는 것이 중요하다. 의견 차이를 무시하라는 말이 아니라 후순위로 두라는 말이다. 어떤 쟁점이나 상대방의 주장은 상대방과의 관계만큼 중요하지 않다. 물질적인 것이 아니라 가족, 친구들과 관계를 구축하고 유지하는 데 시간을 할애하기로 한 선택을 감사하게 될 것이다.

> 호의를 베풀고 받아들일 줄 아는 사람은
> 어떤 소유물보다 훌륭한 친구다.
> _ 소포클레스

삶은 축적하는 것이 아니라 기여하는 것이다

여러분의 운명이 어떻게 펼쳐질지는 모르지만,
섬길 방법을 찾고 발견하는 사람만이 진정한 행복을
누리게 되리라는 사실만큼은 알고 있습니다.

_ 알베르트 슈바이처

어떤 부자의 장례식에 참석한 두 친구의 이야기다. 한 친구가 다른 친구를 돌아보며 속삭였다. "그가 얼마나 남겼는지 알아?" 그러자 다른 친구가 대답했다. "당연하지. 그는 모든 것을 남기고 떠났어!"

수년간 나는 강의에서 임종 직전에 사무실에서 더 많은 시간을 보내지 못한 것을 후회하는 사람은 아무도 없다고 가르쳤다. 사람들은 자녀와 소원해지고, 쓸데없이 원한을 품고, 섬길 기회를 놓치고, 꿈을 이루지 못하고, 가족이나 사랑하는 사람과 더 많은 시간을 보내지 못한 것을 후회했다. 나는 가까운 친구나 가족의 장례식에서 관에 다가갈 때마다 그 안에 있는 건 고인의 시신이 전부라는 사실을 상기하게 되는데, 그 사실이 놀라움으로 다가올 때도 있다. 남는 것은 고인이 살아 있는 동안 행한 선행과 고인이 사랑하고 고인을 사랑한 가족, 친구와의 소중한 관계뿐이다. 그것이 고인의 유산이다.

세월이 흐르면서 나는 기여가 사람들의 눈에는 빛을, 영혼에는 의미를 가져다준다는 관점을 갖게 되었다. 일생을 사는 동안 타인의 삶에 기여할 방법은 무수히 많으며, 기여를 통해 돈으로는 살 수 없는 보람과 행복을 느낄 수 있다. 어느 정도 금전적 성공을 거두었거나 영향력을 지닌 사람은 베풀고 기여할 기회가 훨씬 더 많다. 나는 행복의 위대한 비밀이 축적이 아닌 기여임을 마음 깊이 믿는다.

제2차 세계대전 이후 소련을 거침없이 비판했던 알렉산드르 솔제니친은 러시아 강제 노동 수용소에서 수년 동안 포로로 지내야 했다. 그는 힘든 수용소 생활을 경험하며 부와 기여에 관한 독특한 관점을 갖게 되었다. 그는 이렇게 썼다.

> 끝없는 재산 축적은 보람을 가져다주지 않는다. 소유물은 보다 높은 원칙 아래 있어야 마땅하며, 소유물에는 영적 정당성과 사명이 있어야 한다.[5]

소유물에 대해 올바른 관점을 정립하지 않으면, 소유물이 우리를 소유하게 된다. 이 장에서는 크레셴도 정신으로 주변을 살피는 삶, 즉 사회에 기여하는 삶을 살면 소유물이 주는 것과는 비교할 수 없는 내면의 평화와 안정감을 얻을 수 있음을 배운다.

100여 개국에서 연설한 테레사 수녀는 다른 사람을 축복하는 것이 부의 목적이라고 가르쳤다.

> 재물에 집착하고 재물 걱정을 안고 사는 사람은 사실 매우 가난한 사람이라고 생각합니다. 자신의 돈을 타인을 위해 사용하는 사람은 아주 부유한 사람입니다. 수많은 사람, 특히 서구에서는 돈이 있으면 행복해지리라 생각합니다. 하느님께 부를 선물 받았다면, 그분의

목적에 따라 부를 사용하십시오. 타인을 돕고, 가난한 이를 돕고, 일자리를 만들고, 일을 제공하십시오. 재산을 낭비하지 마십시오.[6]

테레사 수녀는 부 자체는 문제가 아니라고 믿었던 게 확실하다. 사실상 부는 세계에서 가장 어려운 문제를 완화하는 해결책이 될 수 있다. 그러나 부를 다른 사람을 돕는 데 사용하지 않고 축적하는 데만 집중하면 인생의 행복과 보람을 얻을 수 없다는 사실을 알게 되었다. 당신은 당신이 한 기여를 돈보다 더 소중히 여기게 될 것이다.

세속적인 기준으로 보면 보잘것없이 시작해 엄청난 성공을 거둔 오스트리아의 인테리어 가구 사업가 칼 라베더의 사연을 들어보자. "더 많이 일하고 더 많은 물질을 축적하는 것을 원칙으로 삼는 몹시 가난한 가정에서 태어난 저는 수년 동안 이 원칙을 지켰습니다." 그가 말했다. "하지만 부는 행복을 가져다주지 않습니다. 점점 더 부자가 되는데, 모든 게 악화되는 삶을 지난 25년 동안 살아봤기 때문에 잘 알고 있습니다."

행글라이더를 즐기는 칼은 남미와 아프리카로 여러 차례 여행하며 극심한 빈곤을 직접 목격했다. 그때의 경험이 그의 삶에 큰 영향을 미쳤다. 화려한 생활을 이어가던 그는 마침내 자신이 원하지도 않고 필요하지도 않은 것들을 위해 노예처럼 일하는 자신이 불행하다는 사실을 인정했다. 그는 수년간의 '끔찍하고 영혼 없고 감정 없는 별 다섯 개짜리 생활 방식'을 접고 자기 내면의 목소리에 귀를 기울였다. "지금 하는 모든 사치와 소비를 멈추고 이제부터 진짜 내 인생을 살자!"

수년 동안 안락함과 과시를 포기하지 못했던 그는 아내와 함께 3주간 하와이로 휴가를 다녀온 뒤, '지금이 아니면 평생 못한다'라는 내면의 목소리를 따라 용기를 내서 알프스가 내려다보이는 140만 파운드[22억 원]가 넘는 호화로운 빌라와 61만 3,000파운드[9억 원]가 넘는 아름다운 석조 농가, 35만 파운드[5억 원]가 넘는 글라이더 여섯 대, 4만 4,000파운드[7,000만 원] 상당의 아우디를 팔았다. 알프스에 있던 아름다운 빌라에서 산속 작은 나무 오두막으로 이사를 한 그는 아주 오랜만에 소박하고 행복한 생활을 했다고 한다.

그는 소유물을 판 뒤 소액 신용 대출을 제공하는 자선단체에 300만 파운드[47억 8,356만 원]를 투자해 사업을 힘겹게 유지하고 있는 중남미 자영업자들에게 소액 대출을 제공했다. 그는 자영업자들이 판매할 물건을 구입하고 사업을 키울 수 있도록 약간의 이자만 받거나 이자를 전혀 받지 않고 돈을 빌려주었다. 그는 아주 적은 자본으로도 성공을 이루어내는 자영업자들을 보고 몹시 놀랐다. 그들은 곧 괜찮은 수준의 생활비를 벌어 가족을 부양하다가 결국 대출금을 상환하고는 했다.[7]

칼은 소유물의 축적이 아니라 타인에 대한 기여가 행복의 열쇠라는 사실을 깨달았다. 전 세계를 여행하는 동안 많은 사람을 만난 그는 이렇게 말했다.

집과 멋진 차, 행글라이더, 값비싼 저녁 식사는 제게 필요하지 않다는 사실을 깨닫게 되었습니다. 다음 단계는 사람들과 연결되는 것이었습니다. 저는 25년 동안 원하지도 필요하지도 않은 것들을 위해 노예처럼 일했던 겁니다. 이제 제 꿈은 아무것도 소유하지 않는 것입니다![8]

그가 즐거워하며 소리쳤다.

아이러니하지 않은가? 물질적 부는 다 포기하고 기여와 가치 있는 일에 모든 것을 걸겠다니. 이제 가족을 부양하고 아이들을 교육하고 보다 나은 미래를 꿈꿀 수 있게 된 자영업자들에게 그가 제공한 소액 신용 대출이 어떤 영향을 미쳤을지 상상해보라. 칼은 부의 축적이 아니라 타인의 자산 형성을 돕는 데 진정한 행복이 있다는 사실을 깨달았다.

우리는 무엇을 위해 사는가?
서로의 삶을 덜 힘들게 하기 위해서가 아닐까?
_ 메리 앤 에번스(필명은 조지 엘리엇)

칼 라베더처럼 돈을 포기하고 소유물을 팔고 나무 오두막에서 검소한 생활을 해야 한다는 말은 아니지만, 그의 이야기에서 배울 만한 큰 교훈이 있다. 칼은 물질적 부보다 다른 사람을 섬기는 데 더 집중할 때 삶의 의미를 찾았다.

작가 제프 브룸보는 성인에게도 유익한 메시지를 담고 있는 통찰력 있는 어린이 도서 《퀼트 할머니의 선물 The Quiltmaker's Gift》을 썼다. 원하는 모든 것을 소유하고 있지만, 행복하지는 않은 탐욕스러운 왕의 이야기다.

왕은 세상에서 가장 아름다운 누비이불을 만드는 노파가 가난한 사람들에게 이불을 무료로 나눠준다는 이야기를 듣는다. 종일 누비이불을 만드는 노파는 가진 것이 별로 없었지만, 자신의 소박한 삶에 매우 행복해했다. 무엇보다 노파가 만든 이불을 갖고 싶었던 왕은 노파가 아무리 많은 돈을 제시해도 이불을 팔지 않자 망연자실해진다. 노파가 누비이불은 살 돈이 없는 사람들에게만 주는 것이라고 설명하자 왕은 몹시 화를 낸다. 하지만 노파는 어떠한 위협이나 처벌에도 굽히지 않고, 왕도 포기하지 않는다.

왕이 이기적인 사람인 데다 아름다운 물건을 나누는 것을 좋아하지 않는다는 사실을 알고 있던 노파는 마침내 왕과 거래를 한다. 노파는 왕이 소유물을 다른 사람에게 나눠줄 때마다 왕을 위한 누비이불을 한 조각씩 만들겠다고 한다. 왕은 자신의 보물을 사랑하지만, 자신이 가질 수 없는 유일한 것, 아름다운 누비이불을 갖기 위해 노파의 제안에 마지못해 동의한다. 처음에 왕은 나눠줄 만한 보물을 찾을 수 없었지만, 결국 구슬 한 개를 내놓기로 한다. 구슬을 받은 소년이 몹시 기뻐하는 모습을 보고 놀란 왕은 더 나눠줄 만한 것을 찾았고 받는 사람이 기뻐하는 모습을 볼 때마다 미소를 감추지 못한다.

"어떻게 이럴 수 있지?" 왕이 외친다. "내 물건을 나누는데, 어떻게 기분이 좋을 수 있지?"

그는 이해할 수 없었지만, 하인들에게 "모든 것을 내놓아라! 한 번에 다 꺼내란 말이다!"라고 명령한다.

왕이 선물을 나눠줄 때마다 노파는 그에게 줄 누비이불을 한 조각씩 더 이어 붙였다. 왕국에 사는 모든 사람에게 선물을 주고 나서 그는 자신의 것을 전 세계 사람들에게 나눠주고 자신의 보물을 미소와 바꾸기 시작했다.

왕은 얼마 지나지 않아 더 이상 줄 것이 없게 되었고, 아름다운 이불을 완성한 노파는 이제는 너덜너덜해진 옷을 입고 있는 왕을 그 이불로 감싸주었다. "오래전 왕께서 가난해지는 날이 오면 누비이불을 드리겠다고 약속했지요." 노파가 말했다.

"하지만 나는 가난하지 않소." 왕이 부인했다. "겉으로는 가난하게 보일지 모르나 사실 내 마음은 터질 듯 충만하오. 내 마음은 주고받은 행복한 기억으로 가득하오. 나는 세상에서 가장 부유한 사내요."

그때부터 노파가 낮에 아름다운 이불을 만들면, 왕은 밤에 이불을 마을로 가지고 가서 가난하고 낙담한 사람들에게 나눠주었다. 왕은 베풀 때 가장 행복했다.[9]

자기 소유를 주는 것은 아주 조금 주는 것이다.
진정으로 주는 것은 자기 자신을 내어주는 것이다.

_ 칼릴 지브란

자신을 넘어서라

인생에서 가장 시급한 질문은
'다른 사람을 위해 무엇을 하고 있는가?'다.
_ 마틴 루서 킹 주니어

마틴 루서 킹 박사가 자주 물었던 이 날카로운 질문은 마음을 울리고 행동할 동기를 부여한다.

2014년 애덤 그랜트는 펜실베이니아대학교 와튼경영대학원의 최연소 종신 교수이자 가장 높은 평가를 받은 교수였다. 그는 자신이 저술한 《기브앤테이크》에서 개인 목표를 세울 때 기부를 포함해야 하는 이유를 설명했다.

"베푸는 사람이라고 하면 타인을 돕는 것을 즐기고 많은 경우 아무런 제약 없이 돕는 사람들이라고 정의할 것입니다." 사람들 대부분이 먼저 성공해야 자선을 베풀 수 있다고 생각하지만, 그랜트의 연구 결과는 사실 그 반대라고 말하고 있다. "빌 게이츠처럼 먼저 성공하고 나서 사회에 환원하는 사람들도 있지만, 성공한 사람들의 대다수는 위대함을 달성하기 훨씬 전부터 기부를 시작했습니다. 내가 성취한 것뿐만 아니라 다른 사람이 성취하도록 돕는 것도 성공이라고 재정의하고 싶습니다."[10]

이제 다음의 고무적인 사례를 보고 당신의 돈, 영향력, 노력이 수많은 생명을 구한다면 당신이 어떤 영향을 미칠 수 있을지 상상해보라.

수년 동안 빌 게이츠는 마이크로소프트로 기술업계에서 이름을 떨쳤다. 마이크로소프트를 공동으로 창립하고 전 세계 사람들이 컴퓨터에 쉽게 접근할 수 있도록 기술 혁신을 통해 수억만 달러 규모의 기업으로 키웠다. 그는 〈포브스〉에서 선정한 세계에서 가장 부유한 사람 목록에서도 맨 위에 있었다. 하지만 언젠가 역사는 그를 우리 시대의 가장 위대한 자선가로 기억할 것이다. 어쩌면 길이길이 전해질 그의 유산은 그가 일궈낸 혁신이 아니라 그가 시작한 세계적인 건강 및 교육 이니셔티브로 삶이 영원히 바뀐 수백만 명의 사람들에게 준 영감일지도 모른다. 가장 중요한 것은 그가 자신처럼 막대한 부와 영향력을 지닌 다른 사람들 역시 같은 일을 하도록 영감을 주고 있다는 점이다. 그의 자선 활동과 그로 인해 파생되는 선은 호수에 던져진 돌처럼 점점 더 넓게 퍼지고 그 물결이 닿는 모든 곳에 영향을 미친다.

영화 〈스파이더맨〉에서 삼촌 벤은 조카 피터에게 "큰 힘에는 큰 책임이 따른다"라며, 그의 재능을 선을 위해 사용하는 결정적 계기가 되는 말을 전한다. 빌 게이츠는 지역 사회에 봉사하고 사회에 환원하는데 관심이 많은 부모 밑에서 자랐다. 그는 가정교육의 영향과 봉사 정신이 투철하고 비슷한 배경을 가진 그의 아내 멜린다의 영향까지 받았다. 또 록펠러나 카네기 같은 자선가의 삶을 연구하면서 자신의 재산을 자선단체에 기부해야 한다는 의무감을 느끼게 되었는데, 특히 살아 생전 재산을 관리할 수 있을 때 그래야 한다고 생각하게 되었다. 그는 록펠러를 만난 적은 없지만, 죽기 전 믿었던 대의에 자신의 재산 대부분을 기부한 록펠러의 전략에 감탄했다.

일정 수준 이상의 돈은 내게 효용이 없습니다.
단체를 설립해 전 세계의 가난한 이들과 나눌 때
유용해지는 것입니다.[11]

_ 빌 게이츠

2000년에 빌 게이츠는 마이크로소프트의 CEO 자리에서 물러나 기부라는 패러다임을 통해 세계를 바꾸는 것이 목표인 빌 앤드 멜린다 게이츠 재단에 많은 시간을 할애했다.[12] 한번은 그들의 친구이자 공동 수탁자 워런 버핏이 자선 활동에 관해 "안전한 프로젝트만 하지 말고, 정말 어려운 문제를 해결하라"라는 훌륭한 조언을 해주었다. 그들은 버핏의 조언을 마음에 새기고 결단력 있는 조치를 하기 시작했다.[13]

게이츠 부부는 '모든 생명은 평등하다'라는 신념과 비전을 바탕으로 미국 내 최대 규모의 자선단체를 설립하고 적절한 치료, 조산 예방, 전염병(특히 말라리아) 퇴치, 빈곤·위생·교육 불평등(특히 여아와 여성) 문제 해결, 정보와 기술에 대한 균등한 접근 기회 제공 등 세계에서 가장 시급한 문제를 해결하는 데 시간과 돈을 투자했다.[14]

빌과 멜린다는 전 세계 빈곤 국가에서 매년 어린이 50만 명이 설사병으로 죽는다는 사실을 알고 충격을 받았다. 저가의 경구용 수분 보충제로 아이들의 생명을 구할 수 있었지만 아무도 책임감을 느끼지 못했다.

게이츠는 말 그대로 이 아이들의 생명을 구하기 위해 자기 앞에 놓인 기회를 잡아야 한다는 것을 깨달았다. 그들은 정부와 시장이 해결하지 못한 문제를 찾아 시도해보지 않은 해결책을 실행함으로써 재단을 통해 큰 영향을 미칠 수 있다는 사실을 알게 되었다. 또 어린이들의 생명을 구하는 것을 목표로 아직 가난한 국가에 공급되지 않은 백신에 대한 첫 번째 대규모 투자를 감행하기도 했다.

5세 미만 어린이에게 초점을 맞춘 그의 백신 이니셔티브는 연간 1,200만 명에 달했던 아동 사망자 수를 절반인 600만 명으로 줄이는 데 기여했다.[15]

> 우리는 모든 생명이 평등한 가치를 지닌다고 믿지만
> 세상은 그렇게 작동하지 않으며, 일부 지역은 다른 지역보다
> 빈곤과 질병으로 더 큰 피해를 입는다는 사실을 알게 되었습니다.
> 우리는 이러한 불평등과 싸우기 위해 재단을 설립했습니다.[16]
> _ 멜린다 게이츠

백신 접종 캠페인이 시작되기 전, 전 세계 거의 모든 곳에서 박멸된 소아마비가 아프가니스탄, 인도, 나이지리아, 파키스탄에서는 여전히 맹위를 떨치며 사람들의 생명을 앗아갔다. 2012년에는 전 세계 소아마비 감염 사례의 절반 이상이 나이지리아에서 발생했다. 세계보건총회World Health Assembly는 빌 앤드 멜린다 게이츠 재단과 국제로터리클럽Rotary International이 참여한 대규모 예방 접종 캠페인을 통해 소아마비 퇴치 글로벌 이니셔티브Global Polio Eradication Initiative를 출범시켰다. 2년 뒤, 게이츠 재단은 소아마비 접종으로 발생한 나이지리아의 부채 중 7,600만 달러를 (20년 동안) 대납해주기로 약속했고, 이러한 노력 덕분에 2017년 나이지리아에서는 소아마비 발병 사례가 단 한 건도

포르테, 성공의 절정 너머

보고되지 않았다.[17]

2017년 기준 게이츠 재단은 글로벌 소아마비 퇴치 글로벌 이니셔티브에 약 30억 달러를 기부해 궁극적으로 소아마비 발병 건수를 99.9퍼센트 줄였고 1,300만 명 이상의 어린이를 소아마비에서 구해냈다. 매년 35만 건씩 발생하던 소아마비 감염 사례가 20건 미만으로 감소했고 이제는 아프가니스탄과 파키스탄에서만 발견되고 있다.[18]

빌 게이츠에게 게이츠 재단에서 '일하는 것은 마이크로소프트의 CEO로 있는 것만큼 힘들지만 매혹적이고 흥미로우며 도전적인 일이었다.[19] 멜린다 게이츠 역시 기술 분야에 뛰어나고 부유한 미국 여성으로서 전 세계적으로 극심한 빈곤이라는 복잡하고 중대한 문제를 외면하는 훨씬 더 쉬운 길을 놔두고 기꺼이 다른 선택을 했다.

멜린다는 특히 재단의 활동 방향과 우선순위에 영향을 미쳤다. 그녀는 집에서 편하게 데이터를 연구하거나 이론을 분석하지 않고 재단 활동이 이루어지는 지역 사회의 현장으로 갔다. 그녀는 자신의 팀과 함께 아프리카와 남아시아의 저소득 국가를 여러 차례 방문했으며, 어머니들, 조산사, 간호사, 지역 사회 지도자와 이야기하며 그들의 삶과 문제에 대해 배웠다. 어려운 문제를 그냥 지나치지 않았던 멜린다는 여러 중요한 영역에서 여성의 변화와 발전을 촉진하기 위해 다양한 문화를 연구하고 이해하려 열심히 노력했다. 그녀의 팀은 교육과 여성의 권한 강화를 통해 많은 문화적 혁신을 이루어냈으며, 결과적으로 많은 이의 생명을 구하고 삶을 풍요롭게 만들었다.[20]

멜린다는 곧 '극심한 빈곤이 만연한 사회에서 여성은 주변부로 밀려

난다'라는 사실을 발견했다.

> 여성은 사회에서 소외된 아웃사이더입니다. 아웃사이더를 만들려
> 는 욕구를 극복하는 것이 인간으로서 우리의 가장 큰 도전 과제죠.
> 이는 극심한 불평등을 종식하는 열쇠입니다. 이것이 바로 사회의
> 주변부에 늙고 약하고 병들고 가난한 사람들이 많은 이유입니다.
> 아웃사이더가 없는 사회가 가장 건강한 사회입니다. 우리는 빈곤과
> 질병을 줄이기 위해 계속 노력해야 합니다. 생명을 구하는 일은 이
> 모든 사람을 주변부에서 데려오는 것에서부터 시작됩니다. 아웃사
> 이더들이 사회로 복귀할 수 있게 돕는 것만으로는 충분하지 않습니
> 다. 그 누구도 사회 주변부로 밀어내지 않을 때, 우리는 진정한 승리
> 를 거두게 될 것입니다.[21]

이 어려운 문제에 대한 답을 찾기 위해 수년 동안 직접 관찰하고 배우
며 적극적으로 노력한 멜린다는 극빈층의 삶에 대해 자신이 얻은 경험
과 통찰을 바탕으로 큰 깨우침을 주는 《누구도 멈출 수 없다》를 썼다.

빌과 멜린다는 성공의 정점에 도달한 뒤 스스로를 넘어선 삶을 살
기로 선택하고 영향력의 범위를 전 세계로 확장했다. 게이츠 부부
는 2021년에 이혼했지만, 여전히 재단의 공동 의장과 이사장으로서
2000년부터 해오던 재단 활동에 전념하고 있다. 편안히 앉아 자신들
이 축적한 부에 안주하는 것이 얼마나 쉬웠겠는가? 이들에게 증명하
거나 정복할 것이 뭐가 더 있었을까? 삶은 **축적이 아니라 기여**이며, 이

포르테, 성공의 절정 너머

들이 전 세계적으로 기여한 바는 헤아릴 수 없을 정도다.

2010년 빌과 멜린다는 워런 버핏과 함께 '부유한 개인과 가족이 평생 혹은 사후에 자신들이 선택한 자선 활동과 자선단체에 재산의 대부분을 기부하도록 초대하는 것'을 사명으로 하는 기빙 플레지Giving Pledge를 설립했다. 기빙 플레지는 "모든 재정적 수단과 경제적 배경을 활용해 모범을 보여준 기부자에게서 영감을 얻는다. 세상을 더 나은 곳으로 만들기 위해 관대하게 (종종 개인적 희생을 치르며) 기부하는 모범을 보여준 수백만 미국인에게서 영감을 받는다."[22]

> **오늘 누군가가 그늘에 앉아 쉴 수 있는 이유는**
> **오래전에 누군가가 나무를 심었기 때문이다.**
> _ 워런 버핏

기빙 플레지가 설립된 후부터 2021년 12월까지 전 세계 28개국에서 231명이 회원으로 가입했으며, 30대부터 90대까지 다양한 연령의 회원이 광범위한 대의를 위해 자신의 재산을 기부하기로 서약했다.[23] 이들은 기술, 의학, 생명 공학, 부동산, 낙농업 등 다양한 산업을 대표하는 기업가와 비즈니스 리더다.[24] 보건부터 교육, 빈곤 완화에 이르는 이 광범위한 이니셔티브는 심각한 사회문제를 해결하기 위한 세대를 뛰어넘는 새롭고 세계적인 접근 방식이다.

빌 게이츠는 평생 자기 재산의 95퍼센트를 기부하겠다고 약속했다. 2006년 워런 버핏은 평생 혹은 사후에 자기 재산의 99퍼센트를 자선

사업에 쓰겠다고 약속했다. 그는 이렇게 설명했다.

> 우리 가족은 우리가 누리는 것에 대해 죄책감이 아닌 감사하는 마
> 음을 갖고 있습니다. 하지만 우리 가족이 재산의 1퍼센트 이상을 우
> 리 자신을 위해 사용한다고 해도 우리의 행복이나 안녕이 향상되지
> 는 않을 것입니다. 반면 나머지 99퍼센트를 다른 사람들의 건강과
> 복지를 위해 사용한다면 그 사람들의 삶에 큰 영향을 미칠 수 있습
> 니다.[25]

현대 비행 훈련의 아버지인 앨버트 리 웰치는 재산의 대부분을 실
명 퇴치를 위해 기부했다. 실명의 51퍼센트가 백내장으로 발생하지
만, 50달러가 드는 단 5분의 수술로 막을 수 있다. 웰치는 삶을 뒤바꾸
는 백내장 수술을 수행하는 헬프미시HelpMeSee에 510만 달러를 기부
했다. 그는 기부 서약서에 서명할 때 너무 늦을 때까지 기다리지 말라
고 다른 사람들을 격려했다. "이삿짐 트럭을 끄는 장의차는 본 적이 없
습니다. 가지고 갈 수 없어요!" 한 달 뒤, 2012년 95세의 나이로 사망할
때까지 그는 2억 6,000만 달러를 기부했다.[26]
성공의 정점에 도달한 사람들이 도전에 참여하고 기부 서약에 서명
한다면 다양한 자선 활동과 자선단체에 어떤 놀라운 변화가 생길까?
그들이 가진 수십억 달러의 재산이 수많은 사람의 삶을 어떻게 변화시
킬지 상상해보라. 영향력의 범위는 (그들이 가치 있게 여기고 지원하기로 선택한
대의를 포함해) 전 세계로 확대되어 사람들의 삶에 변화를 일으킬 뿐 아니

라 생명을 구할 것이다.

대부분은 영향력의 범위가 이보다 좁기에 가까운 개인이나 무리에 영향을 미치게 된다. 그럼에도 기여는 매우 가치 있는 일이다. 긍정적 변화와 지속적 선을 촉진하기 위해서는 크고 작은 기여 모두 필요하다.

성공의 정점에 있는 능동적인 사람들은 과거의 성공이나 실패같이 바꿀 수 없는 것에 집중하기보다 밝은 미래를 건설하기 위해 할 수 있는 일과 도움이 필요한 일에 시간과 에너지를 집중하고 대응한다. 이들은 다른 사람에게 선한 영향을 미칠 수 있는 관계와 자원을 이용한다.

> 베푸는 행위는 우리를
> 우리 자신의 필요라는 친숙한 영역에서 자유롭게 하고
> 다른 사람의 필요로 가득한 미지의 세계로 이끈다.
> _ 바버라 부시

케리와 케빈의 사례를 보자. 둘은 텍사스 북부의 작은 마을에서 여섯 명의 자녀를 키우고 수년간 열심히 일하면서 일종의 성공의 정점을 경험했다. 그들은 자기 가족에게만 신경 쓰기보다 봉사와 지역 사회 활동에 참여해 아낌없이 헌신하기로 했다.

치과 의사인 케빈은 일하는 와중에도 로터리클럽 회장을 맡아 수년 동안 대부분의 청소년 스포츠 팀을 지도했다. 시에서 지역 야구장을 관리하고 잔디에 물을 주는 비용을 지불하지 않은 어느 해에는 아이들이 그해 봄 야구 시즌을 놓치지 않도록 케빈이 직접 야구장을 정리하고 물값을 지불했다. 케빈과 다른 치과 의사들은 충치를 예방하기 위

해 지역 어린이들에게 매년 무료 실란트 시술도 지원한다.

케리는 케빈의 실란트 클리닉 운영을 돕는 것 외에도 크리스마스 오픈 하우스 투어를 조직하고 수년 동안 푸드 드라이브[식료품을 기부하는 활동] 등 지역 자선 활동을 위한 기금을 마련해왔으며, 자녀가 다니고 있는 타이틀 1 초등학교[미국 정부로부터 양질의 교육을 보장하기 위한 추가 지원을 받는 학교]에서 매주 학생들과 함께 책을 읽는 자원봉사도 하고 있다.

어느 날, 케리는 울면서 교실로 들어온 마리아라는 2학년 여학생을 자연스럽게 껴안아 진정시켰다. 이후 수 주일 동안 마리아를 주시하면서 개성이 매우 강한 마리아를 아이들이 좋아하지 않으며, 일부는 괴롭히기까지 한다는 사실을 알아냈다. 친구 사이에 어려움을 겪는 것 외에도 마리아는 읽기와 수학 능력이 또래 학생들보다 훨씬 낮았지만, 교사는 이 문제를 전혀 해결하지 못하고 있었다.

케리는 마리아와 친구가 되기로 결심하고 방과 후에 집으로 초대하여 자신의 아이들과 놀게 하려고 교장에게 마리아 부모님의 연락처를 알려달라고 부탁했다. 교장의 무뚝뚝한 대답에 그녀는 충격을 받았다. "안 됩니다. 제 말 좀 들어보세요. 마리아나 마리아의 아버지하고는 엮이지 않는 게 좋을 것 같습니다. 아이의 어머니는 감옥에 있는데, 들어간 지 오래됐습니다! 정직성에 문제가 있는 집안이에요. 온 가족이 거짓말과 도둑질을 하죠. 그냥 멀리하시는 게 낫습니다."

그제야 케리는 마리아가 보인 감정적 문제와 행동 문제를 납득할 수 있었다. 교장의 경고에도 불구하고 케리는 마리아와 여동생 앤지에게 다가가기로 결심하고 결국 아이들의 아버지와도 접촉했다.

케리는 마리아네 가족이 도시 외곽에 살고 있다는 사실을 알게 됐다. 마리아의 아버지는 차가 없었고 문맹이어서 딸들의 교육에 신경 쓰지 못했다. 케리는 마리아 아버지의 허락을 받고 어느 날 방과 후에 자매를 딸들과 함께 집에 올 수 있게 주선했다. 처음으로 케리의 집에 놀러 간 아이들은 그곳에 있는 것만으로 너무 좋아 울음을 터뜨리고 말았다. 케리는 곧 아이들이 자기 옆에 앉아서 함께 책을 읽는 것을 제일 좋아한다는 사실을 알게 되었는데, 대부분 유아 수준의 책이었다. 아이들은 케리의 관심을 갈망했고 케리가 일종의 모성애를 보이면 무척 좋아했다. 한번은 책을 읽고 있는데 앤지가 케리 곁으로 가까이 오더니 소심하게 물었다. "그냥 저희 엄마인 척해주시면 안 되나요?" 애정 어린 부모가 있는 정상적인 가정이 필요한 아이들의 모습에 케리는 가슴이 아팠고, 자매가 케리의 자녀들과 노는 것을 좋아하지만, 케리의 관심과 사랑을 가장 원한다는 것을 금세 파악했다.

마리아와 앤지는 방과 후 케리의 집에 가는 것을 매우 좋아했다. 케리는 자매를 매주 초대하는 것을 정기 행사로 만들어서 놀기 전에 숙제를 봐주고 함께 저녁 식사를 했다. 아버지는 괜찮은 사람이었지만, 편부모에게 필요한 기량이 부족했고 생계를 꾸리기 위해 애쓰고 있었다. 케리는 그가 학교 프로그램과 활동에 참여할 수 있도록 차편을 제공해주었다. 그는 마침내 딸들을 위해 학교에 가는 것이 얼마나 중요한 일인지 깨달았고 자신이 학교에 가지 않으면 마리아와 앤지만 응원하는 부모가 없는 상황임을 알게 됐다.

마리아와 앤지의 얼굴이 활짝 피기 시작했다. 그리고 얼마 지나지 않아 문제 행동이 사라졌고 방과 후 케리에게 지도받으면서 읽기와 수학 능력도 크게 향상됐다. 케리의 자녀들과 함께 놀면서 사회적 능력이 향상되었고 학교 친구들의 호감도 얻게 되었다. 능력이 향상되자 자신감도 높아졌다.

매년 돌아오는 리빙 왁스 뮤지엄[학생들이 유명한 사람을 대표해 그 사람처럼 옷을 입고 포즈를 취하는 활동]이 시작되자 케리는 앤지가 다른 학생들과 마찬가지로 맡은 인물을 잘 표현할 수 있도록 역사적 인물의 의상과 정보가 담긴 포스터, 영상을 잘 준비했는지 확인했다. 앤지의 발표가 끝날 무렵에 케리는 처음으로 자신도 성공할 수 있다는 사실을 앤지가 깨달았다는 것을 눈치챘다.[27]

수양 엄마나 마찬가지인 케리는 자신을 사랑하고 양육해줄 어머니 없이 방치된 두 소녀의 삶에 큰 희망을 불어넣었다. 케리는 가족을 위해 아름다운 가정을 꾸리고 지역 사회에서 영향력 있는 사람이 되고 나서 자매가 성공하고 사랑받고 존중받는 새로운 인생을 살 수 있게 도와주었다.

행복의 열쇠는 기여라는 공통의 비전이나 사명을 가지고 다른 사람들과 함께 일하는 것, 즉 자신을 넘어서는 삶을 사는 것이다. 엄마인 한 젊은 여성은 할머니가 항상 했던 말을 기억했다. "힘든 하루였어. 이제 섬길 사람을 찾으러 가자꾸나." 얼마나 놀랍고 지혜로운 관점인가? **나만이 할 수 있는** 방식으로 타인의 필요를 채우고 베푸는 것은 크레셴도 정신에서 필수다.

진정한 전문가가 되고 싶다면
자신을 넘어서는 일, 지역 사회의 문제를 해결하는 일,
자신보다 불행한 사람들의 삶을 나아지게 만드는 일을 해야 한다.
그것이 내가 생각하는 의미 있는 삶이다.
사람은 자기만을 위해서가 아니라
자신의 지역 공동체를 위해 사는 것이다.[28]

_ 루스 베이더 긴즈버그

4

리더십은 가치와 잠재력을 알리는 것이다

LEADERSHIP IS COMMUNICATING WORTH AND POTENTIAL

아버지는 능력이 많았지만, 기계에는 밝지 않았다. 가족들에게 들은 바에 따르면, 결혼 초에 조명에 문제가 있는지 확인하려고 아버지가 고용한 전기 기술자가 새 전구가 필요하다는 말을 했다고 한다. 어머니는 아버지가 전구를 설치하는 비용이 얼마냐고 전기 기사에게 물었다고 했다! 아버지는 이때 일을 결코 만회하지 못했다.

아버지가 돌아가시고 나서 존 누네스라는 좋은 사람 덕분에 이 기억을 떠올리게 되었는데, 그는 우리 가족이 가장 좋아하는 휴가 장소인 몬태나에서 장비 문제로 아버지가 수년 동안 의지했던 사람이다. 그는 기꺼이 최고 수준의 서비스를 제공했고 우리의 기계들을 마치 자신의 것인 양 자랑스러워했다. 아버지는 그에게 전적으로 의지했고, 그는 밤에 일을 마친 뒤에도 호수로 가서 제트스키와 다른 장비가 다음 날에도 작동할 수 있게 확인하고는 했다. 가족 중에는 휴가 시간이 제한적인 사람도 있었기 때문에 우리에게는 정말 중요한 일이었다.

아버지가 돌아가신 뒤에도 계속 우리를 도와준 존에게 정말 감사하다. 어느 날 우리가 감사를 표시했을 때 존은 다음과 같은 대답으로 우리를 깜짝 놀라게 했다.

> 말씀드릴 게 있습니다. 스티븐은 제가 하는 일을 진심으로 고맙게 생각한 유일한 사람이었어요. 저는 수년 동안 그와 함께 일하는 것이 너무 좋았습니다. 덕분에 저는 자신감을 얻었고 그는 제 기술과 서비스를 진심으로 가치 있게 여겼습니다. 여러분의 아버지는 저를 한 사람으로서, 전문가로서 인정해주셨는데 이것이 저한테는 그 어떤 것보다 중요한 일이었기 때문에 여러분을 계속 도울 수 있어 기쁩니다.[29]

나는 전혀 몰랐다. '당신이 해준 일을 정말 고맙게 생각합니다. 감사합니다.' 이렇게 간단한 말인데, 우리는 우리에게 도움을 준 사람에게 진심으로 고맙다는 표현을 얼마나 자주 하고 있을까?

신시아 코비 할러

몇 년 전에 케네스 블랜차드는 《1분 경영자 The One Minute Manager》라는 강력한 책을 썼다. "말하지 않은 좋은 생각은 아무 소용이 없다!"는 책에 나온 훌륭한 아이디어 중 하나인데, 직설적이지만 맞는 말이다. 블랜차드는 다음과 같이 덧붙였다.

> 내가 수년 동안 가르쳐온 개념 중에서 가장 중요한 것은 '일을 잘하고 있는 사람들을 포착하는 것'이다. 일을 잘하고 있는 사람들을 포착하고 칭찬하는 것이 사람들을 발전하게 하는 열쇠임을 믿어 의심치 않는다. 그렇게 하면 사람들의 집중력이 높아지는 모습을 볼 수 있을 것이다.[30]

타인에 대한 좋은 생각이 떠오르면 바로 그 순간에 표현하겠다고 지금 결심하라. 표현하는 것을 미루면 어쩌면 기회가 영영 사라져버릴지도 모른다. 단 몇 초면 되는 이 좋은 습관을 기르면 다른 사람에게 기쁨을 주고, 좋은 행동을 강화하고, 자신감을 심어주고, 감사를 표하고, 보이지 않는 필요나 문제가 있는 사람을 도울 수 있다. 사람들에 대한 좋은 생각을 표현하는 것은 그들이 계속 최선을 다하도록 동기를 부여한다. 일본 속담에 '**친절한 말 한마디가 석 달간의 추운 겨울을 따뜻하게 할 수 있다**'라는 말이 있다.

한때 유행했던 노래처럼 "다시는 이 길을 지나갈 수 없겠지"라며 한탄하지 말고 순간을 놓치지 말라. "아이들이 어릴 적에 그렇게 잘해주지 말았어야 했어!"라고 말하거나 생각하는 사람은 없다.

밤중에 눈물을 흘렸네.
나의 좁은 시야로
타인의 필요를 전혀 알지 못했으니.
약간의 친절을 더 베푼 것에는
아직 일말의 후회도 없네.[31]

_ C. R. 기브슨

외식을 하는 동안 예의 바르게 행동하도록 어린아이, 특히 자신의 아이를 지도하는 것은 절대 쉬운 일이 아닌데, 이는 부모라면 다 아는 사실이다. 혼자 아이를 키우는 어떤 젊은 여성이 주말에 아이들을 노스캐롤라이나주 롤리에 있는 피자헛에 데려갔다. 복잡한 이혼 절차를 밟고 있던 여성의 어린 두 자녀는 특별한 보살핌이 필요한 아이들이었다. 그녀는 근처에 앉아 있던 남성에게 다가가 아이들이 일으킬 소음과 소동에 대해 미리 양해를 구했다. 남성은 자신도 아빠라서 이해할 수 있다고 그녀를 안심시켰다.

남성의 친절한 행동은 그녀가 계산하려고 할 때 드러났다. 그는 그녀의 가족이 먹은 저녁 식사와 다음에 사용할 수 있는 상품권에 대한 비용을 결제하고 영수증 뒷면에 메모를 남겼는데, 그녀는 메모를 보고 눈물을 흘렸다.

사연은 모르지만, 30분 동안 저는 당신이 자녀를 양육하는 모습을 볼 수 있는 특권을 누렸습니다. 사랑으로 자녀를 양육해주셔서 감사해요. 저는 당신이 인내하면서 존중과 교육, 올바른 매너, 의사소통, 자제, 친절의 중요성을 자녀에게 가르치는 모습을 봤습니다. 다시 마주칠 일은 없겠지만, 아이들 앞에 놀라운 미래가 펼쳐지리라 확신합니다. 지금처럼 계속 잘해주시길 바랍니다. 힘이 들 때는 사람들이 지켜보고 있고 좋은 가정을 꾸려가는 모습을 보며 격려받고 있다는 사실을 잊지 마세요. 신의 가호가 있기를 빕니다. 제이크.[32]

너무나 감사한 마음이 들었던 그녀는 자신의 인생에서 유난히 힘들었던 시기에 큰 힘이 되어준 제이크에게 감사를 표하려 지역 방송국에 연락을 취했다. 그녀는 ABC 11과의 인터뷰에서 이렇게 말했다. "사람들은 누가 어떤 일을 겪고 있는지 몰라요. 당시 저는 인생 최악의 시기를 보내고 있었습니다. 누구도 알아주지 않았죠! 그저 살기 위해 제가 할 수 있는 모든 일을 하고 있었어요. 그와 그의 가족이 그가 너무나 멋진 사람이라는 걸 알았으면 좋겠습니다! 누군가 당신을 지켜보고 있을지 몰라요."[33]

홀로 아이를 키우는 여성이 장애가 있는 아이들을 양육하며 보여준 인내심과 강인함을 제이크가 알아준 것은 가치를 매길 수 없는 일이었다. 제이크는 식사비를 결제하고 상품권을 선물한 데 그치지 않고 가정을 꾸리는 일의 가치와 중요성을 인정해주었다.

우리는 너무나 자주 스킨십, 미소, 친절한 말,
경청하는 귀, 작은 배려의 힘을 과소평가하는데,
이 모든 것에 삶을 바꿀 수 있는 잠재력이 있다.
_ 레오 부스카글리아

둘시네아 법칙: 긍정 확언의 힘

　나는 세르반테스의 《돈키호테》를 원작으로 한 클래식 뮤지컬 〈맨 오브 라만차〉를 좋아하는데, 이 뮤지컬은 다른 사람의 잠재력을 믿으라는 감동적인 메시지를 전한다. 돈키호테는 평범한 시골 소녀이자 매춘부인 알돈자와 사랑에 빠진 중세 기사다. 주변 모든 사람이 알돈자를 그녀의 신분에 맞게 대하지만, 용감한 돈키호테는 현실을 무시하고 그녀가 정숙한 여성이 될 잠재력이 있다는 자신의 신념에 따라 그녀를 대한다.

　처음에 알돈자는 돈키호테의 진심을 믿지 않았다. 그러나 돈키호테가 그녀에 대한 비전을 거듭 단언하고 그녀를 둘시네아Dulcinea라는 새 이름으로 불러 그녀가 자기 자신에게 새로운 정체성을 부여하도록 한다. 그는 자신의 확언이 알돈자의 단단한 껍질을 관통할 때까지 인내를 가지고 주장한다. 그녀는 조금씩 삶의 변화를 일으키면서 자신에 대한 돈키호테의 인식을 포용해 자신을 창녀로만 보는 사람들에게 대단히 큰 충격을 안겨준다. 이 새로운 패러다임으로 결국 정숙하고 아름다운 여성 둘시네아가 된 그녀는 새로운 모습으로 완전히 다른 삶을 살 기회를 맞이하게 된다.

　돈키호테가 죽어갈 때 그녀는 그의 곁을 지킨다. 그는 다시 한번 그녀의 가치를 확인하고 영감을 주는 노래 〈이룰 수 없는 꿈The Impossible Dream〉을 부른다. 그가 그녀에게 보내는 메시지는 분명하다. "당신의 잠재력을 절대 포기하지 말라. 당신의 꿈도! 항상 당신 안에 있는 최선을 믿어라." 그는 알돈자의 눈을 바라보며 그녀의 새로운 정체성을 다시금 확인하며 간곡히 부탁한다. "당신이 둘시네아라는 것을 잊지 마십시오." [34]

사람은 마음으로만 올바로 볼 수 있고,
본질적인 것은 눈에 보이지 않는다.
_ 생텍쥐페리, 《어린 왕자》

돈키호테는 알돈자에게서 그녀의 잠재력을 보았고 그녀조차 보지 못한 무언가를 보았다. 그는 조건 없는 사랑으로 자신이 본 바를 그녀에게 보여주었다. 우리는 돈키호테로부터 많은 것을 배울 수 있다. 둘시네아의 법칙, 즉 '자기실현적 예언'이란 사람들은 당신이 진정으로 믿는 바에 부응하고 실제로 그렇게 된다는 것이다.

우리는 누군가를 위해 그렇게 할 수 있는 힘을 가지고 있다. 특히 당신이 삶의 일부 영역에서 성공의 정점에 도달했다면, 타인에게 미칠 수 있는 당신의 선한 영향력은 생각보다 크다. 나는 종종 영향력 있는 위치에 있는 사람들에게 이 기회를 잡고 자신이 아닌 타인에게 집중하라고 조언했다. 다시 말하면, 타인에게 깊은 인상을 남기려 하기보다 도움을 주는 방법을 찾는 것이다.

주위를 둘러보고 당신의 믿음이 필요한 사람이 있는지 살펴보라. 아직 열매를 맺지 않은 사람이라 할지라도 그들의 위대함을 믿고 그 믿음을 강화하라. 그렇게 하면 그 사람의 가능성은 현실이 된다. 당신이 그들에게 사랑과 영감을 준다면 그들은 자신의 과거나 현재의 현실과는 상관없이 되어야 할 사람이 될 수 있다.

> 사람을 지금과 똑같이 대우하면
> 그는 계속 그 자리에 머무르게 된다.
> 될 수 있고 되어야 하는 사람처럼 대우하면
> 그는 될 수 있고 되어야 하는 사람이 될 것이다.
> _ 괴테

　긍정적인 확언의 힘을 발휘하는 것은 진정한 멘토, 교사, 지도자의 역할이다. 다른 사람이 스스로 잠재력을 볼 수 있게 돕고 위대함을 성취할 수 있게 영감을 주는 것보다 더 보람 있는 일은 없다.

- 자기 내부의 의식이나 외부에서 오는 영감을 기꺼이 받아들인다. 그렇게 하면 곧 타인에게 더 큰 영향력을 미치게 될 것이다.
- 당신이 그들을 이해하고 진심으로 생각한다는 것을 사람들이 먼저 느껴야 한다. 그래야만 당신의 영향력을 기꺼이 받아들일 것이다.
- 멘토링하고 싶은 사람과 관계를 구축한 후에는 자신이 알고 있고 중요하다고 믿는 것을 자연스럽게 전할 수 있는 '가르침의 순간'을 찾는다.
- 실제 사례나 역할극을 활용해 지금 일어나고 있는 일에 어떻게 대응해야 하는지 가르친다.
- 새롭고 영감을 주는 비전을 제시한다.

- 그들에게 직면한 어려움을 극복하고 좋은 선택을 내릴 수 있다
  는 자신감을 심어준다.
- 과거의 성과가 아닌 상상을 따라 살 것을 가르친다.

우리가 스스로를 믿지 못할 때도 우리를 사랑하고 믿는 사람이 있다
는 사실은 내적인 안정감의 강력한 원천이다. 당신이 제공하는 확언의
가치와 힘은 누군가가 성장하고 잠재력을 발휘하는 데 매우 중요한 요
소가 될 수 있으며, 내적 평화와 안정을 제공하여 실패에 대한 두려움
을 극복하고 안전지대에서 벗어날 수 있게 한다.

확언은 개인적이고, 긍정적이며, 현재 시제이고, 시각적이고, 감정적
이다. 확언은 단순하고 진심이어야 하며 상대방의 능력에 맞게 적용할
수 있어야 한다.

- "이 금융 수업이 정말 어렵고 경쟁이 심한 건 알지만, 넌 늘 성실
  한 학생이니 네 노력이 결실을 이루리라 생각해. 꿋꿋이 버텨, 앤
  지. 재수강을 해도 괜찮아. 일반적으로 이 과목은 개념을 이해하
  는 데 시간이 걸리지만, 너는 부지런하니까 결국 해낼 거야."
- "존, 당신은 타고난 예술가입니다. 창의적이고 감성이 풍부해서
  당신의 그림은 다른 그림들하고는 다른 관점을 보여주죠. 이제
  용기를 내서 유화를 시도해보세요. 새로운 기술을 많이 배울 수
  있을 겁니다."
- "당신은 스스로 생각하는 것보다 더 좋은 아버지예요. 전형적인

10대의 행동일 뿐이니 자책하지 마세요! 야구장에서 샘과 많은 시간을 함께 보냈으니 샘도 당신이 얼마나 신경 쓰는지 잘 알아요. 원만한 인간관계는 당신의 한결같은 강점이죠."

- "오늘 다른 의견이 나왔을 때 팀원들과 잘 소통하셨어요. 격정적으로 치달을 수 있는 분위기였는데 공개적이고 수용적인 방식으로 토론을 이끌어주셔서 팀원 모두가 자유롭게 아이디어를 공유해도 괜찮겠다는 느낌을 받았어요. 쉬운 일이 아닌데, 우리 팀에 정말로 도움이 될 만한 리더십을 타고나셨네요."

- "다른 사람들이 말할 때 항상 들어주셔서 감사해요. 식구들과의 관계에 관해서는 항상 당신의 조언에 의지하고 있습니다. 당신은 항상 다른 사람들이 먼저 말하게 해서 당신의 영향을 기꺼이 받아들이게 하니까요. 어려운 문제에도 지혜로운 결정을 내리죠. 저는 확실히 당신에게 의지하고 있습니다."

확언은 당연히 주관적일 수밖에 없지만, 사람들 대부분이 자신에 대한 타인의 생각과 믿음을 반영하기 때문에 신중하고 진지한 확언은 엄청난 영향을 미칠 수 있다. 성공의 절정은 간단하지만 중요한 몇 가지 관행을 통해 타인에게 효과적인 확언을 할 수 있는 이상적인 위치다. 긍정 확언을 습관으로 삼으면 당신의 영향력은 강력해질 것이다.

확언을 들을 사람의 이름이나 각본, 꼬리표를 바꿔라

- 이전 이름이나 꼬리표, 직함, 별명, 신원은 발전을 가로막는다. 거의 모든 사회의 통과의례에는 새로운 칭호나 이름을 수여하는 행위가 포함되어 있는데, 이는 행동의 변화를 크게 촉진하기 때문이다. 글자 그대로 누군가에게 새로운 이름(둘시네아 같은)을 붙일 필요는 없지만, 타인에 대해 당신이 가지고 있는 인식을 극복하고 그들도 똑같이 할 수 있도록 도와야 한다.

- 타인이 스스로를 남들에게 비치는 자신의 모습과 다르게 볼 수 있도록 도우라. 과거의 성취가 아닌 상상력을 따라 살도록 가르치는 것이 중요하다.

- 종종 나 자신이 최악의 적이라는 사실을 인식하라. 우리는 우리 자신을 재창조하기보다 우리에 대한 오래된 각본을 믿어 스스로 패배하게 한다.

새로운 정체성을 확언하라

- 누군가 삶에 대한 각본과 사명을 다시 쓸 수 있게 도우려면 용기가 필요하지만, 우리에게는 그렇게 할 수 있는 힘이 있다. 누군가가 당신을 사랑하고 믿는다면, 오래된 각본은 바뀌고 다시 쓰일 수 있다.

- 특히 아직 스스로 완전히 믿지 못할 때 누군가 자신을 믿어주면 엄청난 힘과 강인함이 생긴다. 희생양이 되기를 피하고 자기 행동에 대해 스스로 책임지는 사람이 되게 하라.

- 또한 자기 연민이라는 부정적인 사고방식을 버리고 변화의 능동적 주체가 되도록 하라.

> **사람은 무엇을 할 수 있고 무엇이 되어야 하는지 알게 되면**
> **자신이 지닌 잠재력을 현실로 만든다.**
>
> _ 빅터 프랭클, 《죽음의 수용소에서》

확언의 근간은 믿음, 즉 사람이나 제품 또는 프로젝트의 보이지 않는 잠재력에 대한 깊은 신뢰다. 이러한 신뢰는 대개 비전이라는 마르지 않는 샘에서 나온다. 혁신과 창의성은 도전적인 비전, 어린아이 같은 믿음, 인내심과 근면 성실에서 자연스럽게 탄생한다.

믿음 + 노력 = 열매

타인의 보이지 않는 가능성을 믿는 것은 대나무를 심는 것과 비슷하다. 중국에서 대나무를 심는 사람들은 4년 동안 아무것도 보지 못한다. 땅 위에 드러나는 것은 작은 구근과 싹뿐이다. 처음 4년 동안은 뿌리 구조만 만들어진다. 그러나 5년 차가 되면, 대나무는 믿기 힘들 정도로 성장하여 24미터에 이르게 된다!

뿌리가 없으면 열매를 맺을 수 없다. 타인에게 확언을 전하고 타인의 보이지 않는 가능성을 믿을 때 그 열매는 씨앗이 땅속 깊이 뿌리내리고 견고한 기초를 형성해야 얻을 수 있다. 그래야만 열매를 맺을 수 있는 것이다(대나무처럼 수년이 걸릴 수도 있다). 마침내 꽃을 피운 자와 그 기반을 다지는 데 도움을 준 믿음직한 멘토에게 그 꽃은 얼마나 달콤한 열매일까? 중요한 것은 사람을 약점으로 정의하지 않는 것이다. 사람을 항상 강점으로 정의하라.

리더십은 의식적인 선택이다

수년 동안 나는 발표를 할 때 청중에게 다음과 같이 공개적인 질문을 했다.

이 중에서 스스로 믿지 못할 때 누군가 자신을 믿어줘서 성공한 사람이 있나요?

어김없이 참석한 사람 중 약 3분의 2가 손을 들었다. 나는 또다시 물었다.

당신을 믿어준 사람은 누군가요? 그들은 어떻게 자신의 믿음을 보여주었습니까? 그 믿음이 당신에게 어떤 영향을 미쳤나요?

그런 다음 나는 강의실을 돌아다니며 몇몇 사람들에게 경험을 공유해달라고 요청한다. 많은 사람이 자신의 이야기를 할 때 벅차오르는 감정을 느낀다. 마지막으로 가장 중요한 질문을 한다.

다른 사람에게도 똑같이 하실 건가요?

내가 가장 좋아하는 리더십의 정의는 타인의 가치와 잠재력을 명확하게 알려서 그들이 스스로 그것을 볼 수 있게 하는 것이다. 우리는 대부분 자신을 진정으로 믿어준 누군가로부터 영감을 받고 격려를 받고 멘토링을 받았고, 그것이 모든 변화를 가져왔다. 우리는 스스로가 타인에게 얼마나 강력한 영향을 미칠 수 있는지 모를 수도 있는데, 다음 세대와 그 이후 세대에까지 영향을 미칠 수 있다.

살다 보면 누구나 내면의 불이 꺼질 때가 있다.
그러다가 우연히 다른 사람에 의해 다시 불타오르게 된다.
우리는 내면의 정신에 다시 불을 붙여준
사람들에게 감사해야 한다.
_ 알베르트 슈바이처

내 인생에 부모님을 시작으로 나를 믿어주고 잠재력을 발휘하도록 영감을 준 사람이 많았다는 것은 축복받은 일이다. 한번은 한밤중에 잠에서 깼는데, 어머니가 내 옆에서 다음 날 아침에 있을 중요한 시험을 잘 치를 수 있다는 확언을 속삭이셨다. 그 당시에는 조금 이상해 보이기는 했지만, 어머니도 아버지와 마찬가지로 나를 신뢰했고, 내가 무슨 일을 하든 확언을 전해주기 위해 최선을 다하셨다. 나에 대한 부모님의 믿음은 내 삶에 엄청난 영향을 미쳤다.

스무 살 때 영국에서 자원봉사를 할 기회가 있었는데, 이때의 경험은 내 인생에 큰 영향을 미쳤다. A. 하이머 라이저는 나의 리더였는데, 몇 달 후 그는 내게 영국 전역의 주요 도시에서 지역 리더들을 훈련해 달라고 요청했다. 그중 일부는 나보다 나이가 두세 배나 많았다. 과연 안전지대에서 훨씬 벗어나는 일을 할 수 있을지 내 능력에 대해 심각한 의심이 들었기 때문에 그가 그런 요청을 했다는 사실을 도저히 믿을 수 없었다. 그러나 그가 내게 말했다. "저는 당신을 매우 신뢰하고 있습니다. 당신은 할 수 있습니다." 그는 내가 본 것보다 훨씬 더 큰 잠재력을 내게서 본 것이다.

놀랍게도 내게는 타인에게 영감을 주는 방식으로 아이디어를 전달하는 타고난 능력이 있었고 나는 가르치는 일에 열정을 가지게 되었다. 리더십 교육과 훈련에 대한 나의 잠재력을 꿰뚫어 본 라이저는 내가 신뢰하는 멘토가 되었고, 그를 존경하고 있던 나는 그가 믿고 기대하는 수준까지 올라가게 되었다. 나는 성장했고, 다른 사람들이 성장하는 것을 보았고, 내 목소리를 찾았다. 이 경험으로 나 자신을 보는 패러다임이 완전히 바뀌었고 결국 평생의 직업을 발견하게 되었다. 가르치는 일은 글쓰기로 이어졌는데 글쓰기는 상상했던 것보다 더 많은 사람에게 영향을 미치는 수단이 되었다.

나는 진정한 리더십이 의식적인 선택이라고 믿는다. 나는 진정한 멘토가 영향력을 미치는 세 가지 방법을 찾았다.

모범을 보인다

멘티들은 우리가 하는 일을 **본다**. 사랑의 법칙을 따라 사는 우리의 모습은 멘티들에게 삶의 법칙에 순응하라는 격려의 메시지가 된다. 사람들은 매우 부드러운 내면을 지니고 있는데, 특히 스스로 강인하다고 생각하고 혼자서 다 할 수 있는 것처럼 행동하는 사람들은 더욱 그렇다. 우리는 '제3의 귀'인 마음으로 멘티들의 말을 들어야 한다. 멘티들에게 행동을 강요하거나 타인과 비교하지 않고 본질적 가치를 일깨우고 안정감을 주는 조건 없는 사랑을 베풀어 더 큰 영향을 미칠 수 있다. 우리가 모범을 보이지 않으면 우리가 하는 말은 공허해진다. 우리의 존재 자체가 우리가 하는 말이나 행동보다 훨씬 효과적이고 설득력이 크다.

배려하는 관계를 구축한다

멘티들은 우리가 하는 일을 **느낀다**. 분류하고 범주화하고 판단하고 측정하려는 우리의 노력은 급변하는 복잡한 현실 속에서 우리가 느끼는 불안과 좌절에서 비롯된다. 누구나 다양한 면을 지니고 있다. 어떤 사람의 잠재력은 쉽게 드러나지만, 많은 경우 잠재력은 발휘되지 못하고 잠자고 있다. 사람들은 자신이 받는 대우와 타인의 믿음에 부응하는 경향이 있다.

우리를 순해빠지거나 속이기 쉬운 사람으로 여겨 실망을 안기거나 우리의 믿음을 역이용하는 사람도 있을 것이다. 그러나 대부분은 우리가 자신을 믿는다는 이유만으로 그 믿음에 부응할 것이다. 극소수의 부작용에 대한 두려움으로 다수의 성장을 가로막지 말자! 좋은 동기와 내면의 안정에서 비롯된 선의의 믿음은 타인의 선을 끌어낸다. 선의의 믿음은 선한 열매를 맺는다.

매뉴얼에 따라 멘토링한다

멘티들은 우리가 하는 말을 **듣는다**. 진정으로 영향력 있는 사람이 되고 싶다면 할 말을 준비하기 전에 먼저 마음과 정신을 가다듬는 것이 중요하다. 무엇을 말하는가보다 어떻게 말하는가가 더 중요할 수 있다. 당신을 존경하고 따르는 사람들, 특히 가까운 가족 구성원을 멘토링할 기회가 있을 것이다.

부모들을 위한 연습 문제가 여기 있다. 아이들이 학교에서 돌아와 이런저런 요구를 쏟아내기 전에, 당신이 직장에서 귀가하기 전에 준비하는 시간을 가져라. 다시 말하면 어떤 상황이 닥치기 전에 잠시 멈추고 자신을 진정시킨 뒤 닥쳐올 상황에 어떻게 반응할지 결정해야 한다.

- 자원을 모은다.
- 마음과 정신을 가다듬는다.
- 유쾌함과 쾌활함을 유지한다.
- 아이들의 필요에 전적으로 주의를 기울인다.
- 아이들이 말하려 할 때 다음에 할 말을 생각하기보다 아이들이 하는 말(그리고 하지 않는 말)을 들을 준비가 되어 있어야 한다.
- 최고의 자아를 선택하는 것은 피로를 막아주고 새롭게 결의를

다지게 한다.

당신의 멘티에게 "심은 대로 거두는" **추수의 법칙**을 가르쳐라. 가치 있는 것들을 얻는 데는 지름길도, 손쉬운 길도, 빠른 길도 없다. 땅에 무엇을 심고 어떻게 돌보는가가 결국 무엇을 얻을 수 있는가를 결정한다. 농장에는 간단한 일이라는 게 없다. 사전에 대가를 치르지 않고 벼락치기를 하거나 미루거나, 대자연을 속여 수확량을 늘리는 방법은 없다.

인간관계의 본질도 이와 같다. 인생에서 성공을 거두기 위해서는 흙을 준비하고, 씨를 뿌리고, 경작하고, 물을 주고, 제초하고, 수확을 해야 한다. 시간을 초월한 '농업의 원리'를 멘티들에게 가르쳐라. 우리는 끊임없이 우리 자신을 발산하며 항상 무언가를 가르치고 있음을 기억하라.

다리를 만든다

월 앨런 드롬굴이 쓴 〈다리를 만드는 사람Bridge Builder〉은 통찰력이 엿보이는 옛 시다. 이 시가 우리가 살고 있는 시대보다 '덜 자기중심적'이고 더 섬김 지향적이던 1931년에 발표됐다는 점은 흥미롭다.

외딴 길을 가던 한 노인이

춥고 어스름한 저녁에

깊고 넓고 방대한 협곡에 이르렀네.

그 사이로 음산한 물살이 흘렀네.

노인은 땅거미가 질 무렵 협곡을 건넜네.

음산한 물결은 거침이 없었네.

무사히 건너편에 도착한 노인은 뒤로 돌아서더니

협곡을 지나는 다리를 지었네.

"여보게," 옆에 있던 순례자가 말했네.

"여기 다리를 놓는 건 헛수고일세.

여행은 마지막 날 끝날 거고

다시는 이 길을 지나지 않을 걸세.

깊고 넓은 협곡을 건넜는데

어째서 이 밤에 다리를 짓는가?"

노인은 백발이 성성한 머리를 들고 말했네.

"좋은 벗이여, 내가 걸어온 길을

오늘 뒤따라오던 젊은이가 있었네.

바로 이 길을 지나가야 할 것이네.

내게는 아무것도 아닌 이 협곡이

금발의 젊은이에겐 위험이 될지도 모르지.

그 또한 땅거미가 질 무렵 건너야 하겠지.
좋은 벗이여, 나는 그를 위해 다리를 짓고 있네!"[35]

때때로 우리가 하는 일은 우리에게 직접적인 도움이나 영향을 주지는 않지만, 다음 세대에 축복이 된다. 현명하고 경험이 풍부한 사람이 갈림길에서 길을 안내하는 것은 얼마나 가치 있는 일인가? 다음 세대에 상당한 영향을 미치고 그들이 걸어갈 길을 닦아준 훌륭한 사람들이 많다.

> 우리는 만난 적도 없는 사람들에 의해 형성되었다.
> _ 데이비드 맥컬로프

대학에 다니던 한 청년은 그 지역 대형 은행의 CEO인 스콧의 개인비서로 고용되는 행운을 얻었다. 스콧은 입사 첫날 그를 옆에 앉혀놓고 이런 말을 해 그를 놀라게 했다.

당신은 서류를 정리하는 인턴이 아니라 수백만 달러 규모의 사업을 운영하는 방법을 배우는 인턴이 될 것입니다.

CEO는 자신의 말을 지켰다. 청년은 이렇게 말했다.

스콧은 단순히 할 일을 지시하고 물러나지 않았어요. 제가 참여하고 있는 프로젝트에 진심으로 관심을 보이고 제가 의견을 낼 때 지지해주셨어요. 제 의견, 새로운 관점을 접하는 것이 얼마나 중요한 일인지 종종 말씀하시고 매주 월요일 아침 열리는 이사회 회의에서 제가 발표를 하게 하셨죠. 저는 최고의 기량을 발휘해야 한다는 걸 알고 있었어요. 인턴으로서는 최고 임원들 앞에서 발표할 놀라운 기회였고 스콧은 제가 신중하게 준비한, 회사에 이익이 되는 양질의 보고서를 얻게 되니 모두가 윈윈이었죠. 저는 당연히 최선을 다했고 일주일마다 더 많은 것을 성취하게 되었습니다.

솔직히 발표는 힘들고 두려운 일이었지만, 실력을 갈고닦을 수 있는 도전이었어요. 스콧이 항상 저를 먼저 소개하고 기본적으로 제가 하고 있는 프로젝트가 얼마나 중요한지 말해줘서 도움이 됐습니다. 제가 발표를 끝내면 이사회가 평가할 수 있도록 스콧이 발표 내용을 정리해주었어요. 그는 항상 사후 점검을 했고 덕분에 저는 제가 중요한 사람이고 팀의 일원이라는 걸 느낄 수 있었습니다.

사무실에서 고위 임원들과 회의를 할 때면 저도 회의에 동석했고 나중에 그와 회의 내용을 논의했습니다. 회의에 들어가는 것만으로도 많은 걸 배웠죠. 그가 유명한 사람들에게 저를 소개할 때 진심으로 자랑스러워하는 듯 보여서 놀라웠습니다. 그는 제가 대단한 인물이라도 되는 듯 "새로 온 인턴을 만나보셔야 해요"라며 열정적으로 저를 소개했어요!

그와 출장에 동행할 때 그는 이동 시간을 활용해 CEO로 일하면서 대기업 운영에 관해 배운 많은 실용적인 기술을 가르쳐주었어요.

진로에 관한 조언도 해주고 도움이 될 만한 사람들과도 연결해주었습니다. 좋은 책도 추천해주고 일뿐 아니라 학교나 사회생활 등 제 개인적인 일에도 관심을 보여서 저는 그를 신뢰할 수 있는 멘토로 생각하게 되었습니다. 그의 믿음 덕분에 저는 꾸준히 자신감을 키워나갈 수 있었고 그에게서 영감을 받으면서 비슷한 커리어를 쌓고 싶어졌습니다. 여름방학 동안 그의 인턴으로 일한 것은 놀라운 경험이었고 그가 저한테 해준 것처럼 저도 언젠가 누군가에게 긍정적인 영향을 미치겠다는 목표를 세우게 되었습니다.[36]

여기 자신을 뒤따르는 누군가를 위해 다리를 만드는 영향력 있는 사람이 또 있다.

첨단 기술 회사에서 처음 일하기 시작했을 때 제가 업무에 익숙지 않은 신입 사원이라는 건 뻔히 보였습니다. 사무실에서 누가 '코드 3'이라고 말하는 걸 듣고 "여기서는 암호로 말해야 하나요?"라고 순진하게 물었죠. 모두가 한바탕 웃음을 터뜨리고 나서야 '코드3'이 고객이라는 사실을 알게 됐어요! 이제 막 일을 시작한 저를 가르쳐 줄 누군가가 필요하다는 걸 제 상사가 그때 알아차린 게 분명합니다. 운 좋게도 제게 업계 15년 경력의 한 여성분이 배정되었어요. 그녀는 제가 다시는 당황할 일이 없도록 컴퓨터 산업의 전문 용어를 가르쳐주었어요. 제가 미팅이나 회의에 동행할 수 있게 하고 전략과 영업 효율성에 대해 가르쳐주고 성공하기 위해 무엇을 해야 하는지도 알려주었어요.

더 중요한 것은 그녀가 제게 성공할 수 있다는 신념을 심어주었다는 겁니다. 긍정적으로 확언하는 사람이었던 그녀는 제가 순조롭게 출발할 수 있게 해줬어요. 일을 가르쳐주지도 않고 제가 성공을 하든 말든 신경도 쓰지 않는 사람을 배정받았다면 대학 졸업 후 가게 된 첫 직장에서 얼마나 힘이 들었을지 생각조차 할 수 없네요.[37]

크레셴도 정신은 대가를 바라지 않고 다리를 만들어 타인을 도우려는 사람들의 이타심이 위대한 기여를 가능하게 한다는 믿음이다. 이들이 타인의 삶에 미치는 영향력은 가늠할 수 없으며, 탁월함과 변화를 불러온다.

> 당신이 만나는 사람들의 삶에서
> 당신이 얼마나 중요한 존재인지 느낄 수 있다면,
> 당신은 전혀 생각지도 못한 사람들에게도
> 중요한 사람이 될 수 있다.
> 당신이 누군가를 만날 때마다 당신의 일부를 남기는 것이다.
> _ 미스터 로저스

인격 형성을 위한 리더십

존 우든이 (돈 예거와 함께) 쓴 《인생을 위한 게임 전략: 멘토링의 힘A

Game Plan for Life: Power of Mentoring》에는 유명한 농구 코치인 저자가 아버지, 사랑하는 아내 넬리, 테레사 수녀, 링컨 등 자신의 삶에 영향을 미친 일곱 명의 위대한 멘토를 언급한다. 책의 후반부는 자신이 받은 것을 되돌려주기 위해 카림 압둘자바, 빌 월턴, 자신의 손녀 등 비교적 덜 알려진 사람들을 멘토링하는 것이 주된 내용이다.

인디애나의 데이튼고등학교에서 영어를 가르치고 농구를 코칭하기 시작한 첫해에 우든은 자신의 경력에서 최초이자 유일한 패배 시즌을 보냈다. 그때 그가 스스로 성공적인 감독이 될 자질이 없다고 생각하고 포기했다면 어땠을지 상상해보라! 존 우든은 포기하지 않고 UCLA 브루인스를 이끌고 12년 동안에 전례 없는 665번의 승리와 10번의 NCAA 챔피언십(7년 연속) 우승을 이루었다. 4번의 완벽한 시즌, 88번의 경기 연승(역사상 최다 연승), 8번의 완벽한 컨퍼런스 시즌이었다. 그는 네이스미스 농구 명예의 전당에 선수이자 코치로 이름을 올린 최초의 인물이다. 2009년 〈스포팅 뉴스Sporting News〉는 그를 "미국 스포츠 역사상 가장 위대한 감독"으로 선정했다.[38]

의심의 여지없이 우든은 농구에서 성공의 정점에 도달했지만, 그에게 가장 의미 있는 역할은 교사였다. 그는 자신의 가장 큰 소명이 훌륭한 농구 선수가 될 뿐만 아니라 인격을 갖춘 사람이 되도록 선수들을 가르치는 것이라고 믿었다. 그는 이렇게 썼다.

저는 농구가 궁극의 목표가 아님을 분명히 하려고 노력했습니다. 삶 전체를 놓고 비교하면 농구가 지니는 중요성은 작습니다. 저는

평생을 쉬지 않고 멘토로, 그리고 멘티로 살아왔습니다! 많은 사람
이 멘토링을 일종의 임무로 보지만, 타인에게 영감을 주는 모든 행
동이 멘토링이 될 수 있습니다.[39]

멘토링이 꼭 형식적인 관계에서만 이루어지는 것은 아니라고 그는
말한다. 멘토링은 친절을 베풀고 타인을 격려하거나 영감을 주고, 믿
어야 할 핵심 가치인 신성한 믿음을 가르치는 것을 의미한다.

리더는 추종자를 만드는 것이 아니라 더 많은 리더를 만든다.
톰 피터스, 《초우량 기업의 조건》

존 우든과 그의 형제들이 고등학교를 졸업했을 때, 아버지는 자신의
일곱 가지 신념을 나열한 종이 한 장을 졸업 선물로 주었다. 존은 이
종이를 아버지에게 받은 유산과 조언으로 여기고 세월이 흘러도 항상
지갑에 넣고 다녔다. 이후 그 신념은 존 우든에게서 수천 명의 다른 사
람들에게 전해졌다.

1. 스스로에게 진실하라.
2. 매일을 걸작으로 만들어라!
3. 다른 사람을 도우라.
4. 좋은 책, 특히 성경을 깊이 묵상하라.
5. 우정을 한 편의 예술로 만들어라.

6. 비 오는 날을 대비한 대피소를 만들어라.

7. 인도해달라고 기도하고 매일 받은 복에 감사하라.[40]

우든은 '단순한 승리'가 아니라 '태도와 준비의 부산물'이 성공의 정의라고 믿었다. 그는 "최선의 노력을 기울이는 것"과 "인격이 실제 모습이고 평판은 남이 생각하는 내 모습이므로 인격에 더 관심을 가지는 것"이 성공의 조건이라고 믿었다.[41]

그는 놀라운 코칭 경력을 쌓고 나서(우든의 성공의 정점) 인생의 나머지 3분의 1 이상을 의미 있는 일을 하며 보냈다. 그는 96세가 될 때까지 믿을 수 없을 정도로 기운이 넘치는 크레셴도의 삶을 살았다. 그는 책을 쓰고 1년에 20~30번의 연설을 하고 많은 선수, 친구, 팬과 함께 시간을 보냈다. 그는 2010년 6월 100세를 몇 개월 남겨두고 세상을 떠났다. 그의 유산을 기리기 위해 UCLA 브루인스 농구 팀은 그가 평생 가르쳤던 인격 형성을 위한 성공 피라미드를 상징하는 검은색 삼각형 배지를 달았다. 그는 수년 동안 받은 모든 상과 찬사에도 삶을 풍요롭게 한 사람으로 기억되기를 원했다.[42]

다른 사람에게서 배우지 않고 아는 것은 없다.
세상 모든 것은 누군가에게 전수받은 것이다.
내가 이해한 대로 받아들이면
멘토링은 당신의 진정한 유산이 된다.
멘토링은 타인에게 줄 수 있는 가장 위대한 유산이다.
당신이 매일 일어나 가르치고 가르침을 받는 이유다.[43]

_ 존 우든, 《인생을 위한 게임 전략》

5

영향력의 범위를
확장하기 위해 노력하라

WORK TO EXPAND YOUR CIRCLE OF INFLUENCE

섬김의 범위를 넓혀 영향력의 범위를 넓힐 수 있다.

_조셉 그레니

능동적인 사람들은 할 수 있는 일에 몰두한다. 자신이 미치는 영향력의 원 안에서 노력을 집중한다. 긍정적인 에너지로 영향력을 확대하면 그 범위를 끝없이 넓힐 수 있다.

모든 사람은 자신의 영향력 범위 내에서 특정 사람들에게 제공할 수 있는 고유한 재능을 가지고 있다. 타인에게 도움의 손길을 내밀고, 배우고, 기여하고, 영향력을 확장하고, 다른 사람 역시 그렇게 하도록 도울 이유는 늘 차고 넘친다. 그래서 삶은 흥미롭고 살아볼 만하다.

인간은 섬이 아니다. 누구나 대륙의 한 조각이다.
그러니 누구를 애도하려 종이 울리는지 사람을 보내 묻지 말라.
바로 그대를 위하여 울리는 것이니.

_존 돈

1782년 영국에서 인기 있는 젊은 의원이었던 윌리엄 윌버포스는 노예제를 폐지하는 법안을 통과시켜야 한다고 믿었다. 그러나 거의 모든 의원이 노예 매매의 이익을 대변했다. 그들은 포기하지 않고 법안을 계속 제출하는 윌버포스를 향해 분노했고, 그때마다 손쉽게 승리했다.

노예제도 폐지에 대한 윌버포스의 헌신은 자신의 멘토였던 존 뉴턴과 재회하고 나서 더욱 깊어졌는데, 뉴턴은 노예들의 고통을 가중시킨 무자비한 사업가이자 노예선의 선장이었던 사람이다. 그는 자신의 죄 많은 삶을 참회하려는 노력으로 노예 매매를 완전히 포기하고 성공회 사제가 되었다. 그는 역사상 가장 오래된 민요에 기반한 찬송가 중 하나인 〈어메이징 그레이스〉를 썼다.

윌버포스는 동료 의원들이 잔혹한 현실을 직접 볼 수 있도록 수갑, 족쇄, 인두 등 노예 매매의 증거를 제시하면서 그들의 연민과 기독교적 뿌리에 호소하기 시작했다. 한번은 정부 관료들과 저명인사들을 속여 노예선으로 인도하여 직접 노예 매매의 참상을 보고 죽음의 냄새를 맡도록 했다.

20년이 넘는 시간 동안 윌버포스의 노력은 더 많은 의원의 양심에 서서히 영향을 미쳤고 그의 영향력도 커져갔다. 많은 의원이 자신의 입장을 재고했다. 1806년 마침내 때가 왔고, 영국에서 노예무역을 폐지하는 윌버포스의 법안은 283 대 16이라는 압도적인 지지로 통과되었다. 수십 년 동안 그의 주장에 격렬하게 반대했던 의원들은 숭고한 대의를 포기하지 않은 그에게 기립박수를 치며 환호했다.

노예 매매는 불법이 되었지만, 의회는 이후에도 26년 동안이나 노예제도 폐지를 거부했다. 윌버포스는 계속 싸울 수밖에 없었고 마침내 1833년에 하원은 대영제국 전역에서 노예제도를 폐지했다. 전령들은 기쁜 소식을 전하기 위해 중병에 걸린 윌버포스에게 급히 달려갔다. 그는 3일 후에 숨졌다.[44]

원래 윌리엄 윌버포스는 노예제 폐지를 현실화할 만한 힘이나 영향력이 없는 사람이었다. 20년 동안 노예제 폐지를 위해 열성적으로 일하는 그에게서 동료들은 숭고한 대의를 옹호하는 그의 진심을 본 것이다. 결국 외부를 향해 확장하는 크레셴도 기호(◀)처럼 그의 영향력이 확대되어 의회 전체를 에워쌌고 역사는 영원히 바뀌었다. 크레셴도 정신으로 산다는 것은 도움이 필요한 중요한 대의를 지원하기 위해 노력하는 것을 의미하며, 그렇게 하면 당신의 영향력의 범위는 자연스럽게 확장되고 많은 사람이 당신의 영향력의 범주 안으로 들어오게 된다. 윌버포스가 한 만큼은 하지 못할 수도 있지만, 영향력을 확장하는 것도 '항상 당신 앞에 있는' '가장 중요한 일'의 일환이다.

> 자신의 사명에 대한 불굴의 신념으로 불타오르는
> 결연한 영혼을 지닌 작은 몸은
> 역사의 흐름을 바꿔놓을 수 있다.
>
> _ 간디

당신의 목소리를 찾고 다른 사람들도
자신의 목소리를 찾을 수 있도록 도우라

《성공하는 사람들의 7가지 습관》을 쓴 지 15년이 지난 뒤, 나는 "자신의 목소리를 찾고 다른 사람들도 목소리를 찾을 수 있도록 도우라"라는 여덟 번째 습관을 추가해야 한다는 생각이 들었다. 자신의 목소리를 알아내기 전까지는 다른 사람들이 목소리를 찾는 것을 효과적으로 도울 수 없다. 당신이 잘하는 것을 먼저 발견하고 다른 사람들도 그렇게 할 수 있도록 도우라.

보답을 기대하지 않고 섬기는 것, 성장하고 배우는 특별한 기회를 얻은 사람에게 재정적 도움을 주는 것, 자신의 고유한 잠재력을 보지 못하는 사람들에게 그것을 보여주는 것, 아이들에게 믿음을 심어주고 확언해주는 것, 이 모든 것과 다른 많은 것들은 사람들이 자신답게 살고 자아를 실현하는 데 기여한다.

> 우리는 서로의 영혼이라는 연못에 조약돌처럼 던져지고
> 우리가 일으킨 잔물결은 끊임없이 확장되며
> 수많은 다른 것들과 교차한다.
>
> _ 조앤 Z. 보리센코

모두가 삶의 모든 단계에서 그렇게 하려 노력한다면 세상에 어떤 영향을 미칠 수 있을지 상상해보라. 도미노 효과나 연못의 잔물결처럼, 선한 영향력은 한 사람이 다른 사람에게, 그 사람이 또 다른 사람에게

미치는 방식으로 계속 퍼져나갈 것이다.

1970년부터 수여된 NFL 올해의 남자 상은 자선 활동과 지역 사회 봉사에 대한 프로 미식축구의 헌신을 보여주어 미식축구계에서 모두가 탐내는 상이다. 매년 그라운드 위에서 탁월함을 보이는 것은 물론, 그라운드 밖에서도 자선 활동에 시간을 할애한 한 명의 선수에게 이 상을 수여한다. 조니 유니타스, 로저 스토바크, 댄 마리노, 페이턴 매닝 등 미식축구 역사상 가장 위대한 사람 중 많은 이가 이 권위 있는 상을 받았다.[45]

역사상 가장 위대한 NFL 러닝백 중 한 명으로 꼽히는 월터 페이턴은 자신이 세운 재단을 통해 일리노이주에서 학대받은 아동, 방치된 아동, 불우한 아동을 도운 공로로 1977년에 이 상을 받았다. 그는 다음과 같이 말했다.

> 아이들은 항상 제게 엄청난 기쁨을 가져다주었습니다. 어린 나이에 잘못된 것을 바로잡을 수 있다면 한 사람의 인생을 바꿀 수 있다고 생각합니다. 아이들에게 베푼 한 번의 친절한 행동이 그 아이의 인생을 완전히 달라지게 할 확률이 40퍼센트나 된다는 연구가 있습니다. 아이들이 무언가에 대한, 스스로에 대한 믿음을 가질 수 있도록 해줘야 합니다.[46]

페이턴이 1999년에 45세의 나이에 암으로 사망하자 NFL은 그를 기리기 위해 상 이름을 월터 페이턴 NFL 올해의 남자 상으로 변경했다.

2015년에는 안쿠안 볼딘이 49ers 소속 선수로는 최초로 이 상을 받았다. 볼딘은 14년 동안 네 차례나 지명된 유일한 선수였다. 그의 자선 활동은 그가 프로 미식축구 선수로 활동하는 동안 살았던 세 곳의 지역 사회에 퍼졌다.

상을 받기 몇 년 전 볼딘은 하계 프로그램, 추수감사절 푸드 드라이브, 개학 및 방학맞이 쇼핑 행사 등 불우한 아동들의 교육과 삶의 기회를 확장하는 데 전념하는 재단을 설립했다. 2014년 안쿠안과 아내 디온은 재단에 100만 달러를 기부했다. 가장 중요한 것은 볼딘이 고등 교육을 받는 데 도움이 필요한 학생 13명을 위해 1만 달러 상당의 4년 장학금을 후원한 것이다.[47]

볼딘은 사회 환원을 통해 미식축구계 밖까지 영향력을 미치고자 하는 자신의 열망을 다음과 같이 설명했다.

처음 NFL에 들어갔을 때 제게 조언을 해줄 수 있는 사람은 아무도 없었습니다. 저는 멋진 삶을 살고 있었죠! 언젠가 NFL에 진출하겠다는 꿈은 이루었지만, 곧 인생이 그게 다가 아니라는 걸 깨달았습니다. NFL에 진출해 터치다운을 하는 게 제 삶의 목적은 아니라는 것을요. 하느님은 그보다 훨씬 더 큰 일을 위해 저를 이 땅에 보내셨고, 지금 저는 그 목적이 무엇인지 알고 이해합니다. 제 남은 인생 동안 하느님을 공경하고 가능한 한 많은 사람을 도우며 살 수 있기를 기도하고 소망합니다.[48]

그는 청년들이 잠재력을 발휘할 기회를 가질 수 있도록 계속 그 범위를 확장하며 그들에게 큰 영향력을 미치고 있다.

연못의 잔물결

당신을 멘토로 우러러보는 사람이 있는가? 당신의 지지, 믿음, 영감을 필요로 하는 사람이 있는가? 잠시 시간을 내어 그런 사람이 있는지 찾아보라. 그런 다음 그들과 시간을 보내고 그들의 목표와 꿈, 그들이 중요하게 생각하는 것이 무엇인지 배우고, 그들이 자신의 목소리를 찾는 것을 도우라. 타인을 돕는 데 전념하는 사람으로서 그들의 도전이나 문제는 당신의 것이 아니며, 당신은 순전히 돕고 안내하고 영감을 줌으로써 그들을 섬기고 있다는 사실을 깨달아라. 누군가의 인생에 중대한 변화를 일으키는 데 얼마나 적은 시간과 노력이 드는지 알면 놀라게 될 것이다.

관심, 시간, 믿음, 기술 등 무엇을 주든, 그들이 자신의 열정과 목소리를 발견할 수 있도록 올바른 길로 끌어줄 수 있다. 그렇게 하면 당신은 그들이 발전하고 성공하는 것을 볼 때 큰 기쁨을 느끼게 될 것이다.

당신이 목소리를 찾도록 도울 만한 사람을 알고 있지만, 아직 어떻게 해야 할지 확신이 서지 않는다면 간단한 절차를 알려주겠다. 다음 네 가지 기본 질문을 통해 그들의 필요 사항과 그들을 가장 잘 도울 방법부터 파악하라.

1. 그들이 어떻게 지내는지, 특히 어떻게 어려움에 대처하고 있는지 알아본다.
2. 하고 싶은 것을 위해 현재 무엇을 배우고 있는지 물어본다.
3. 어떻게 하고 싶은 것을 진행하고 있고, 무엇을 배우고 있는지를 고려하여 목표를 정의하는 것을 돕는다.
4. 그들이 목표를 달성하는 데 당신이 어떤 도움을 줄 수 있을지 물어본다.

당신이 진지하게 경청하고 열린 마음을 보이면 그들은 자신이 이해받고 있다고 느끼고 당신이 그들의 영향을 받고 있음을 인지하는데, 그때가 진짜 영향력이 미치기 시작하는 순간이다. 당신이 하는 행동이 당신이 하는 말보다 훨씬 큰 영향을 미친다는 사실을 항상 기억하라.

윌리엄 어니스트 헨리의 아버지는 그가 어렸을 때 세상을 떠났고, 어머니는 여섯 명의 자녀를 돌봐야 했다. 어린 시절 헨리는 영국 글로스터에 있는 크립트 스쿨Crypt School의 학생이 되었으며 5년 동안 토머스 에드워드 브라운이라는 훌륭한 교장이자 시인에게 멘토링을 받았다. 헨리와 브라운은 평생 우정을 쌓았다. 헨리는 "그런 천재는 본 적이 없다"라며, 이후 "그(브라운)는 격려보다 다정함이 필요한 순간에 내게 매우 다정하게 대해준 사람"이라고 썼다.[49]

헨리는 겨우 열두 살에 골 결핵에 걸려 왼쪽 무릎 아래를 절단해야 했다. 그의 오른발 역시 영향을 받아 3년 동안 병원에 입원해야 했다. 그러나 브라운은 헨리가 시를 탐구하고 직접 시를 쓰도록 열정에 불을 붙였다. 헨리는 겨우 53세에 결국 결핵으로 사망했지만, 그의 시는 살아남아 많은 사람에게 영감을 주고 영향을 미쳤다.

세월이 흐른 뒤, 헨리의 가장 유명한 시 〈굴하지 않는Invictus〉은 남아프리카공화국에서 투옥된 넬슨 만델라라는 남자에게 큰 영감의 원천이 되었다.[50] 그리고 만델라는 결국 아파르트헤이트에서 벗어난 수백만 명의 삶과 남아프리카공화국에 영향을 미쳤다.

이처럼 한 사람이 다른 사람에게 영향을 주고, 하나의 목소리가 또 다른 목소리에 힘을 주게 된다.

세상을 더 나은 곳으로 만들기

우리가 언제 가장 중요한 일을 완수하거나 가장 중요하게 기여하게 될지 누가 알까? 그러므로 우리는 우리가 몇 살이든, 삶의 어느 단계에 있든, 어려움이 닥치든, 계속 배우고 노력하고 발전해야 한다. 성취한 일을 백미러를 통해 어깨너머로 바라보고 싶은 유혹을 뿌리치고 낙관적인 자세로 아직 할 수 있는 일을 내다보아야 한다.

우리 자신을 위해 한 일은 우리와 함께 죽는다.
타인과 세상을 위해 한 일은 죽지 않고 영원히 남는다.
_ 앨버트 파이크

운이 좋아 돈과 명성, 재능, 자원을 다 가지고 있으면서도 성공의 정점에 도달한 뒤 엄청난 선행을 하는 사람들이 있다. 그러나 많은 사람은 "모든 것을 가지고 갈 수 없다"라는 사실을 알면서도 여전히 나이든 부부가 운전하는 이국적인 자동차의 범퍼 스티커처럼 살고 있다. 스티커는 마치 "우리는 후손들의 유산을 탕진하고 있어요!"라고 자랑스럽게 선언하는 듯 보인다.

폴 뉴먼은 크레셴도로 사는 삶의 전형으로 가장 중요한 일이 항상 자기 앞에 놓여 있는 것처럼 일관된 삶을 살았다. 여러 세대의 영화 팬에게 사랑받는 뉴먼은 50년이 넘는 기간 동안 65편의 영화에 출연한 영화계의 아이콘이었다. 그는 1987년 아카데미 남우 주연상을 받았지만 62세의 나이에도 은퇴하지 않고 70대까지 열심히 일하면서 77세에 마지막 영화를 찍을 때까지 주연을 맡았다. 그는 2008년 83세에 암으로 사망할 때까지 일을 계속했다. 잘 알려진 그의 화려한 연기 경력에도 불구하고 그는 자선 활동에서 가장 큰 기쁨과 만족을 얻었다.

1980년 크리스마스에 폴 뉴먼과 친구 A. E. 호츠너는 기름과 식초를 곁들인 샐러드드레싱을 만들어 선물하기로 했다. 반응은 뜨거웠고 2월이 되자 이웃과 친구들이 한 병 더 달라고 뉴먼의 집을 찾아와 문을 두드렸다. 한 지역 상인은 드레싱을 팔려면 '폴 뉴먼의 머그잔'을 함께 판매하라고 제안했다.

자신을 홍보하려던 게 아니었던 뉴먼은 처음 그 아이디어를 들었을 때 망설였다. "드레싱에 내 얼굴을 붙여서 파는 저차원적인 방법으로 우리 주머니를 채우는 건 고약한 짓이야!" 그가 호츠너에게 말했다. "하지만 자선과 공익을 위해, 높은 길로 가기 위해 먼저 낮은 길로 가는 건 시도할 만한 아이디어네! 모두에게 이득이 되는 합의인 셈이지!"[51]

세상을 더 나은 곳으로 만들 특별한 기회가 왔다고 믿었던 뉴먼은 "필요한 사람들에게 다 나눠주자!"라며 열정적으로 선언했다. 그는 "옷장에 들어 있는 잡동사니는 깨끗이 치워야 합니다!"라고 논리적으로 설명했듯이, 자신의 재산을 한 푼도 남김없이 자선 단체에 기부했다. 그는 "공익을 위한 뻔뻔한 착취Shameless exploitation in pursuit of the common good"라는 슬로건을 내세우며 '뉴먼스 오운Newman's Own'을 설립했다. 몇 주 만에 샐러드드레싱 1만 병을 판매하고 연말이 되자 매출 320만 달러를 돌파한 뉴먼스 오운은 큰 성공을 거뒀다.

"옳은 일"이라는 뉴먼의 말에 따라 뉴먼스 오운은 처음부터 로열티와 수익(세후)을 100퍼센트 자선단체에 기부하기로 약속했다. 10년 후, 뉴먼스 오운은 5,000만 달러 이상을 자선단체에 기부했다. 뉴먼은 늘 샐러드드레싱으로 번 돈이 연기로 번 돈을 다 합한 것보다 훨씬 많아 당황스럽다고 말했다![52]

> 도움은 절실히 필요하고 변화를 일으킬 기회도 많다.
> 당신보다 불우한 사람들에게 손을 내미는 것보다
> 더 좋은 일이 어디 있겠는가?
> _폴 뉴먼

그는 홀 인 더 월 갱 캠프Hole in the Wall Gang Camps로 알려진 자신의 개인 자선단체를 가장 소중히 여겼다(그의 영화 〈내일을 향해 쏴라〉에 나오는 유명한 무법자 갱단의 이름을 따서 명명했다). 그는 뉴먼스 오운에서 얻은 700만 달러의 수익을 자신이 세운 자선단체에 쏟아부었다. 심각한 질병을 앓고 있는 아이들이 일주일 내내 무료로 재미와 모험을 즐길 수 있는 캠프였다. 이 자선단체는 1988년 이래 100만 명이 넘는 아이들이 30개 캠프와 프로그램에 참석하면서 세계 최대 규모의 가족 캠프 단체가 되었다. 홀 인 더 월 갱 캠프는 수개월 동안 심각한 질병을 앓거나 병원에 입원한 채로 지내야 하는 아이들의 회복을 위한 노력의 일환으로 낚시, 수영, 야영, 말 타기, 공예품 만들기 등의 프로그램과 즐겁게 시간을 보낼 기회를 제공한다. 뉴먼의 목표는 질병을 앓아도 삶은 가능성으로 가득 차 있다는 사실을 발견할 수 있는 희망의 장소를 만드는 것이었다.[53]

뉴먼은 함께 봉사하는 사람들을 관찰하고는 섬김의 힘에 대해 말했다. "불우한 아이들을 위한 뭔가를 만들었다고 생각했는데, 아이들을 섬기면서 우리가 아이들에게 주는 것보다 얻은 것이 더 많다는 사실을 알게 되었습니다."[54] 어느 날 그가 캠프 식당으로 걸어가고 있는데 어린 소녀가 나타나 그의 손을 잡더니 그를 올려다보며 이렇게 말했다고 한다. "있잖아요, 뉴먼 아저씨. 저는 1년 내내 이번 주 캠프만 기다리며 지냈어요!" "바로 그거였습니다!" 그가 말했다. "제게는 그 말이 박수갈채와도 같았어요! 제가 인생에서 진정으로 원하는 것이었죠! 저보다 불우한 처지에 있는 사람들에게 손을 내미는 것보다 더 좋은 일이 뭐가 있겠습니까?"[55]

폴 뉴먼은 타인에게 영감을 주는 크레셴도로 사는 삶의 본보기였고 일류 배우로서 성공의 정점을 찍은 뒤 자기 인생에서 가장 중요한 작품을 만들었다. 그의 가족, 직원, 후원자들은 2008년 그가 83세의 나이로 세상을 떠난 뒤에도 여전히 그의 바람대로 재단을 운영하며 모든 것을 기부하고 있다. 뉴먼스 오운은 기업사회공원위원회Committee Encouraging Corporate Philanthropy의 설립을 도왔고, 세이프워터네트워크Safe Water Network와 디스커버리센터Discovery Center, 영양 교육과 신선한 식품에 대한 접근을 촉진하고 군인, 제대 군인과 그 가족의 삶의 질을 향상하고 이밖에 가치 있는 대의를 위해 일하는 기타 단체를 지원해왔다.[56] 300개 이상의 제품을 생산하는 뉴먼스 오운은 22만 달러 상당의 장학금 등 지금까지 총 5억 7,000만 달러가 넘는 금액(계속 증가하고 있다)을 수천 개의 자선 단체에 기부하여 전 세계 수백만 명의 삶을 개선했다.[57]

2018년 1월에 재단은 친절한 행동, 선행, 기부 등의 사회 환원을 통해 뉴머니테리안Newmanitarian[뉴먼스 오운의 재단]이 되라고 사람들을 격려했다. "우리는 사람들에게 친절을 베풀도록 요청함으로써 돈을 기부하는 것만 자선 활동이 아니라는 메시지를 전하고자 합니다. 자선 활동이란 세상을 더 나은 곳으로 만들기 위해 모두가 하는 어떤 일을 의미합니다."[58] 뉴먼스 오운 회장이 설명했다.[59]

우리는 삶을 낭비하고 있습니다.
저는 성인이 되려는 게 아닙니다.
그저 모두가 약간은 흙에서 얻은 것을 다시 흙에 되돌려주는
농부처럼 살아야 한다고 생각할 뿐입니다.[60]
_폴 뉴먼

많은 사람이 무하마드 유누스와 빈곤에서 탈출하려는 수백만 명의 사람들에게 희망을 준 그의 소액 대출 모델에 대해 잘 알고 있다. 유누스는 1940년 인도 북동쪽 국경에 있는 방글라데시의 작은 마을에서 14남매 중 셋째로 태어났다. 아버지는 그에게 고등교육을 받으라고 권했지만, 그의 삶에 가장 큰 영향을 미친 사람은 종종 대문을 두드리는 가난한 사람들을 도운 어머니였다. 그는 어머니를 보며 빈곤 퇴치에 기여하겠다는 열망을 키웠다.

1974년, 방글라데시는 수천 명이 굶어 죽는 끔찍한 기근에 시달리고 있었다. 당시 치타공대학교의 젊은 경제학 교수였던 유누스는 자신이 가르치는 이론이 교실 밖 끔찍한 현실에 대한 답을 줄 수 없다는 사실을 깨닫게 되었다.

> 제가 가르쳤던 경제 이론은 주변의 삶을 전혀 반영하지 못했습니다. 그런데 제가 어떻게 경제학이라는 이름으로 학생들에게 실재하지도 않는 이야기를 계속할 수 있겠습니까? 저는 이론과 교과서에서 벗어나 가난한 사람이 존재하는 진짜 경제학을 찾아야만 했습니다.[61]

그는 대나무 의자를 만드는 데 필요한 대나무를 사기 위해 아주 적은 돈을 빌리려던 여성과 이야기를 나눴다. 담보가 없던 여성은 저신용자로 취급되었고 은행에서 합리적인 금리에 대출을 받을 수 없었다. 그녀는 터무니없이 높은 이율로 중개인에게 돈을 빌릴 수밖에 없었는데, 이자율이 일주일에 10퍼센트에 달해 이윤이 거의 남지 않았다. 겨우 생존할 정도였던 그녀는 끝이 보이지 않는 빈곤의 악순환에 빠지고 말았다.

이렇게 높은 대출금리로는 결코 빈곤에서 벗어날 수 없다는 사실을 깨달은 유누스는 자신의 주머니에서 27달러를 꺼내 마을에 사는 여성 42명에게 빌려주었는데, 여성들은 한 명당 0.2센트의 이윤을 남겼다. 그는 이렇게 적은 돈이 생존을 도울 수 있는 것은 물론이고 빈곤에서 벗어나는 데 필요한 계획과 사업을 실현하는 불쏘시개가 될 수 있다는 것을 알게 되었다. 유누스는 신용이 기본적 인권이라고 믿었다. 담보 없이 돈을 빌릴 기회를 얻으면 사람들은 건전한 재정 원칙을 배워 빈곤에서 벗어날 수 있다. 무하마드 유누스의 노력으로 방글라데시에서 무담보 소액 대출microcredit이 탄생했다.[62]

유누스와 그의 동료들은 결국 극빈층에 소액 신용 대출을 제공하는 그라민('마을'을 의미한다) 은행을 설립했다. 이 소액 금융 모델은 개발도상국 100여 개국과 미국, 캐나다, 프랑스, 네덜란드, 노르웨이 등에서 영감을 불러일으켰다. 이 글을 쓰는 시점에 그라민 은행은 방글라데시 농촌 440만 가구에 47억 달러 상당의 신용 대출을 제공했다. 그라민 은행은 금융권에 대한 통념을 뒤집어 주로 여성에게 대출을 제공하고 담보를 요구하지 않으며 극빈층에만 대출을 제공한다. 상호 신뢰와 자영업자 및 수백만 여성의 책임 의식을 기반으로 하는 혁명적 시스템인 것이다.[63] 놀랍게도 대출의 94퍼센트 이상이 빈곤으로 고통받는 방글라데시 여성에게 제공되었고, 여성이 남성보다 가정을 위해 자신의 소득을 사용할 확률이 더 높다는 사실이 입증되었다.[64]

유누스가 한번은 사람들이 에베레스트에 오르는 이유가 무엇이냐는 질문을 청중에게 던졌다. 청중은 많은 사람이 도전을 위해 산에 오르는데, 이 중에는 시각장애인이나 신체장애인도 있으며, 대부분 산 정상에 돈이 쌓여 있는 것도 아닌데 목숨을 걸고 산에 오른다는 데 동의했다. 유누스는 돈이나 이익이 아닌 목적 역시 사람을 움직이는 동기라고 믿는다. MBA 과정에 등장하는 전형적인 미사여구가 아니다! 그는 세상을 바꾸고 싶어 하는 사람들은 자기 자신의 삶뿐 아니라 타인의 삶을 개선하는 데서 진정으로 동기부여를 얻고 금전적 보상보다 더 큰 만족감을 느낀다고 믿는다.

유누스는 다농Dannon과 동업 계약을 체결하고 영양소가 풍부한 요거트를 저렴한 가격에 판매했고, 아디다스와 협력해 1유로 미만의 신발을 내놓기도 했다. 그는 100만이 넘는 방글라데시 가구에 등유 가격과 동일한 가격에 전기를 공급하는 태양광발전 회사를 세우고 비타민 결핍으로 발생한 야맹증으로 고통받는 어린이들을 치료하는 데 도움이 되는 건강한 음식과 채소를 제공할 방법도 찾았다. 그와 동업 계약을 한 회사들은 꾸준히 수익을 유지했으며 투자자들에게 돈뿐 아니라 돈으로 살 수 없는 '초월적 행복'까지 선사했다.[65]

2006년에 유누스는 가난한 사람들에게 수백만 건의 소액 대출을 제공한 공로로 노벨 평화상을 받았다.[66] 2009년까지 소액 대출 없이는 희망을 되찾지 못했을 전 세계 극빈층 1억 2,800만 명이 희망을 되찾았다. 오늘날 250곳이 넘는 기관에서 그라민 은행의 소액 대출 모델에 기반한 프로그램을 운영하고 있고 다른 수천여 개의 소액 대출 프로그

램 역시 이 모델에서 영감을 얻었다.[67]

많은 이가 유누스의 소액 대출 프로그램을 지난 100년 동안 제3세계에서 이루어진 중요한 발전이라고 믿고 있다!

무하마드 유누스는 75세 생일을 맞이하기 전에 "빈곤은 박물관에 있어야 한다"라고 말하며, 미국인이 (만약 그들이 원한다면) 빈곤을 종식시킬 수 있는 방법을 설파했다. 그는 성공의 정점을 찍은 뒤에도 여전히 크레셴도로 살고 있으며 은퇴에는 전혀 관심이 없다. 오히려 나이가 들수록 에너지가 넘치는 듯 보인다.

무하마드 유누스는 자신의 연설에서 청중에 행동하라고 촉구한다.

> 일단 다섯 명을 실업에서 구제할 방법을 찾아보세요. 성공하면 더
> 많은 사람을 구제하세요. 당신이 세상을 바꿀 수도 있습니다.[68]

타인을 섬기는 것을 장려하는 것이 그의 유산이다.

개인 능력 척도

대다수는 무하마드 유누스, 빌 게이츠와 멜린다 게이츠, 폴 뉴먼 같은 사람들이 지닌 재능이나 돈, 영향력을 가지고 있지 않다. 이들은 세상에 엄청난 기여를 했고 수많은 이에게 영향을 미쳐 전 세계적인 변화를 불러일으켰다. 그러나 유명하지 않아도 이와 비슷한 성공을 거둔

사례, 지극히 평범한 이가 비범한 일을 해내어 주변 사람들에게 긍정적인 영향을 미친 사례는 셀 수 없이 많다.

당신이 해야 할 도전은 세상을 바꾸는 것이 아니라 당신의 세계, 다시 말해 당신이 직접적으로 선한 영향력을 미칠 수 있는 범주 안에서 변화를 일으키는 것이다.

당신의 시간과 자원, 재능을 어디에 사용할지 결정하는 일은 당신에게 달려 있다. 책을 모아 공공 도서관에 기증하는 일, 손자와 함께 어린이 병원에 기증할 양털 담요를 만드는 일, 독거노인의 집을 방문해 마당에 꽃을 심는 일 등 사소한 일도 있다. 일주일에 한 번 초등학교에서 아이들과 함께 책을 읽거나, 사람들을 모아 동네의 낙후된 구역을 청소하거나, 깨끗하게 사용한 옷이나 겨울용품을 지역 쉼터에 기증할 수도 있다. 무화과, 단백질 바 등 건강에 좋은 간식을 차에 보관해 두었다가 도움이 필요한 사람에게 주는 등의 간단한 일도 좋은 섬김이다. 격려의 전화나 방문을 할 만한 친구나 가족이 있는지 떠올려보라. 팬데믹 기간 동안, 사람들은 자발적으로 이웃이나 지역 사회에 음식을 나눠주는 푸드 드라이브를 운영했는데 자신의 차고에서 운영하는 사람도 많았다. 이들의 이웃과 친구들도 어려운 시기에 긍정적인 일을 하고 일자리를 잃은 사람들을 지원하는 일에 열성적으로 호응했다.

유방암을 극복한 어떤 여성은 치료에 어려움을 겪고 있는 다른 환자들을 방문해 그들에게 절실히 필요했던 격려의 말과 긍정적인 태도, 암과의 싸움을 계속하고자 하는 열망을 전하기도 했다. 난민들이 지역사회에서 성공적으로 안착할 수 있도록 온라인으로 물품과 자원을 수

집하는 사람도 있다. 매일 피클볼[표면이 단단한 패들로 구멍이 뚫린 폴리머 공을 상대방 영역으로 쳐서 보내는 라켓 스포츠의 일종]로 시간을 보내는 데 약간의 죄책감을 느끼던 노인들은 재미와 의미를 찾을 수 있는 봉사 활동을 함께 하기로 했다. 노인들은 그렇게 탄생한 '목적이 있는 피클볼'을 통해 정기적으로 지역 푸드 뱅크에 물품을 기부하고, 어려운 학생들을 위해 '가지고 갈 수 있는' 건강 간식 가방을 만들고, 어린이 병원에 기부할 양털 담요를 만드는 등 지역 사회 봉사 활동에 참여하고 있다.

주위를 둘러보면 주변에, 즉 당신의 영향력 범위 내에 있는 수없이 많은 섬김의 기회를 발견하게 될 것이다. 특별한 변화를 일으키는 비범한 행동일 필요는 없다. 당신이 관심 있는 일을 정하고 시작하라. 그리고 그 일을 계속하면 된다.

주변에 긍정적 변화를 불러오기 위해 당신이 무엇을 제공하고 무엇을 할 수 있을지 생각해보라. 다음의 개인 능력 척도를 활용해 가능한 일을 찾아라. 크레센도 정신은 인생의 어느 단계에서든 타인을 섬기는 것이 섬김을 받는 사람과 섬기는 사람 모두에게 큰 복이 된다는 발상이다. 과거에 완료한 일에 의존하지 않고 앞으로 성취해야 할 일에 집중하면 '최고의 나날은 아직 오지 않았다'라는 사실을 적극적으로 보여줄 수 있다. 아이러니하게도 그런 생각으로 한 기여가 지금까지 당신이 한 가장 큰 공헌이 될 수도 있다.

당신이 다음의 특성 중 일부 또는 하나라도 가지고 있다면 당신은 세상을 바꿀 적임자다.

- 시간
- 재능
- 기술
- 열망
- 흥미
- 비전
- 영향력
- 돈
- 열정

자신의 고유한 능력과 특성을 고려해 도움이 필요한 주변 사람이 누구인지, 어떻게 도움을 줄 수 있을지 창의적으로 생각해보라. 개인 능력 척도 관련 질문에 대한 답을 적어보라. 생각보다 제공할 것이 많아 놀랄지도 모른다.

1. 당신이 잘하는 것은 무엇인가? 당신의 직업에서 무엇을 배웠는가? 타인을 도울 만한 재능(또는 타고난 성격 특성)은 무엇인가?

_____

_____

_____

2. 당신은 무엇에 열정을 느끼는가? 당신에게 중요한 것은 무엇인가? 그 열정을 누구에게 전할 수 있을까? 또는 어떤 대의를 옹호할 수 있는가?

_____

_____

_____

3. 이웃과 지역 사회에 어떤 도움의 손길이 필요한가? 사소한 일이라도 돕기 위해 구체적으로 무엇을 할 수 있을까?

_____

_____

_____

4. 가족은 어떻게 지내고 있는가(직계가족, 세대 간 관계는)? 어려움을 겪는 가족 구성원(자녀, 손주, 증손주, 형제자매, 사촌, 숙모, 삼촌 등)이 있는가? 가족에게 영향을 미치기 위해 당신이 할 수 있는 것은 무엇인가?

_____

_____

_____

5. 당신을 존경하는 두세 명의 이름을 적고 이들을 긍정하고 지지하며, 이들에게 신뢰할 수 있는 멘토가 되는 방법을 찾아라.

_____

_____

_____

6. 당신은 무엇으로 알려지기를 원하는가? 어떤 유산을 남기고 싶은가?

_____

_____

_____

7. 크레셴도 정신과 '삶은 기여'라는 점을 고려하면 어떤 선택을 하겠는가?

_____

_____

_____

자신이 아닌 타인을 위한 변화를 만들어라.

_ 토니 모리슨

3부

스타카토,
인생을 뒤바꾸는 사건들

LIFE-CHANGING SETBACKS

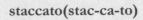

staccato(stac-ca-to)

〔부사〕짧게, 따로 잘라서.
〔형용사〕단절된, 갑작스러운, 분리된.

**고통은 종종 평범한 사람들이
비범한 운명에 대비할 수 있게 해준다.**
_ C. S. 루이스

2008년 8월 16일 크리스티안과 스테파니 닐슨은 그날 삶이 영원히 뒤바뀌게 되리라고는 전혀 예상하지 못한 채 세스나 177 카디널Cessna 177 Cardinal을 타고 당일치기 여행을 떠났다. 애리조나주 세인트존스에서 연료를 채운 경비행기는 예기치 않게 추락한 뒤 불이 붙었다. 크리스티안은 스테파니도 무사히 빠져나왔을 거라고 믿으며 비행기에서 탈출했다. 그러나 그녀는 화염에 휩싸여 있었다. 불에 타 죽는구나 하고 생각한 순간 그녀는 돌아가신 할머니가 자신의 손을 잡고 안전벨트를 풀고는 문으로 인도하는 것을 느꼈다. 몸에 불이 붙은 상태로 비행기에서 탈출한 그녀에게 할머니는 "굴러!" 하고 외쳤다.

크리스티안 닐슨은 척추가 부러지고 몸의 40퍼센트에 화상을 입었지만, 비행기에 탄 세 사람 중에서 가장 운이 좋았다. 크리스티안의 비행 강사이자 친구였던 더그 키니어드는 몸의 90퍼센트에 화상을 입었다. 그는 피닉스의 애리조나 화상 센터로 옮겨졌으나 부상으로 사망했다. 스테파니는 몸의 80퍼센트에 화상을 입었다. 의사들은 몸이 치유될 수 있도록 인위적 혼수상태를 유도했다. 크리스티안은 약 5주 뒤에 깨어났지만, 스테파니는 의식을 되찾기까지 약 3개월이 걸렸다.

2008년 11월 5일, 마침내 잠에서 깬 스테파니는 자신의 손, 팔, 다리, 얼굴 등 온몸이 3~4도 화상을 입었다는 사실을 알게 됐다. 그녀의 여동생 페이지와 어머니가 그녀 옆에 있는 동안 나머지 자매들은 그녀의 여섯 살, 다섯 살, 세 살, 두 살 난 아이들을 돌봐주었다.

부부는 몸과 마음을 회복하는 긴 여정을 시작하기 위해 집과 가까운 화상 센터로 옮겼다.

아름다운 젊은 여성이었던 스테파니는 처음에는 거울을 보지 못했다. 마침내 용기를 내어 얼굴을 본 순간 자신이 괴물처럼 느껴졌다. 아이들도 처음에는 화상을 입은 스테파니의 모습을 감당하지 못했다. 스테파니는 이렇게 말했다. "두 살이던 막내아들 니콜라스는 저를 전혀 알아보지 못했어요. 저와는 아무것도 하지 않으려 했죠! 가슴이 미어졌어요. 큰아이 제인은 귀신처럼 하얗게 질려 있었죠. 저를 쳐다보지도 못하더군요. 제인이 '거기 들어가지 마!'라고 경고하니까 클레어는 복도에 남아 있었어요." 세 살배기 올리버만 엄마와 함께 있는 것이 편안한 듯 그녀의 침대에서 놀기를 꺼리지 않았다.

아이들이 엄마의 새로운 얼굴에 적응하기까지 시간이 걸렸고 스테파니는 바뀐 외모를 받아들여야만 했다.

그녀는 말했다. "아직도 흉터와 씨름하고는 있지만, 얼굴이나 코가 남아 있는 게 얼마나 감사하던지…. 가족과 친구들을 보니 '살아 있을 가치가 있구나'라는 생각이 들어요. 아내이자 엄마라는 역할, 사고가 제게서 그걸 빼앗지는 못했지요. 중요한 건 제 옆에 이렇게 아름다운 가족이 있다는 것이죠. 겉모습은 별로 신경 쓰지 않습니다. 가족은 제가 다른 사람이라고 생각하거나 예전처럼 일할 수 없다고 생각하지 않아요. 남편은 자기와 결혼한 아내로, 아이들은 엄마로 생각하죠. 아름다운 삶을 살고 있으니 저 자신이 아름답게 느껴집니다."[1]

스테파니의 사연을 들은 "엄마 블로거" 수천 명은 그녀의 막대한 치료비를 모으기 위해 중고 물품을 판매하고, 풍선 날리기와 자선 콘서트 등의 기금 마련 행사를 통해 모금 활동을 했다. 중국과 호주를 포함한 전 세계에서 25만 달러 이상이 모였다.[2]

스테파니는 혼수상태에 있는 동안 돌아가신 할머니가 곁에 있다는 걸 느낄 수 있었는데, 부상의 고통을 안고 자녀들과 함께 살아갈지, 하느님이 있는 고통 없는 곳으로 돌아갈지 선택할 기회를 주셨다고 한다. 그녀는 결국 남기로 결정했고 할머니에게 집으로 돌아가면 상황을 개선하기 위해 어떻게 해야 할지 물었다. 할머니는 그녀에게 "희망을 나누렴!"이라고 말했다고 한다.

그래서 그녀는 그렇게 했다. 비극적인 사고는 스테파니가 크레셴도로 살면서 전 세계 사람들에게 희망, 용기, 인내를 가지고 어려움을 극복하는 데 필요한 영감을 주는 것을 막지 못했다.

스테파니는 사랑과 응원의 메시지가 담긴 편지와 카드를 방 한가득 채울 만큼 받았다. 감격한 그녀는 사고가 발생한 지 5개월이 지난 뒤 자신의 블로그에 이렇게 썼다. "여러분이 보내주신 응원을 생각할 때마다 눈물이 왈칵 쏟아집니다. 모두 사랑해요." 이 글을 쓰는 현재 매달 3,000만 명이나 되는 독자들이 격려의 메시지를 보내기 위해, 영감을 얻기 위해 그녀의 블로그를 찾고 있다. 그녀의 투지와 믿을 수 없을 정도로 충만한 삶에 동기부여를 받은 10만 명에 가까운 사람들이 그녀의 인스타그램을 팔로우하고 있다.[3]

스테파니는 〈뉴욕타임스〉 베스트셀러 《천국은 여기에 있다 Heaven Is Here》에서 자신의 놀라운 사연, 희망과 승리의 여정에 관해 밝혔다.[4] 긍정적으로 생각하고 행복한 삶을 살겠다는 그녀의 의식적인 선택 덕분에 그녀가 보내는 희망의 메시지는 수많은 이에게 영감을 주었다. 그녀는 〈앤더슨 쿠퍼 360°〉 〈오프라 윈프리 쇼〉 〈20/20〉 〈투데이〉에 출연하고, 많은 인터뷰를 하고, 인기 있는 동기부여 강연가가 되었다. 스테파니는 "억울한 사람이 될 수도 있고 더 나은 사람이 될 수도 있다"라는 것을 깨달았다고 한다. 그녀는 자신의 경험으로 감당하기 힘든 일을 겪은 사람들을 격려하기로 선택했다.

지금껏 살아온 삶이
앞으로도 살아갈 유일한 삶일 필요는 없다.

_ 애나 퀸들런

스테파니는 자신의 삶을 '사고 전BC, before the crash'과 '사고 후AC, after the crash'로 지칭한다. 때로는 별개의 두 삶을 산 것처럼 보이는 까닭이다. 지금은 새로운 삶을 받아들이고 '희망을 나누라'라는 할머니의 메시지를 실천하고 있다. 어려운 일을 겪은 사람들과 그 가족을 돕는 일은 그녀의 사명이 되었다.

부부는 비행기 추락 사고로 많은 것을 잃었지만, 사고가 아니었으면 얻을 수 없는 귀중한 통찰력을 얻었다. 스테파니의 삶에는 근본적인 변화가 있었고 그녀는 자신을 따르는 사람들과 친구들의 삶이 다시 좋아질 수 있다는 것을 알기를 바란다. 놀랍게도 어떤 면에서는 훨씬 나아질 수 있다.

부부의 결혼 생활은 그들만 아는 방식으로 많은 측면에서 전보다 단단해졌고 가족은 훨씬 더 가까워졌다. 스테파니는 이렇게 썼다.

> 우리의 경험 덕분에 많은 기적이 일어났다는 사실을 아이들이 기억하길 바랍니다. 힘들었지만 감사했고 지금의 우리 가족이 자랑스럽습니다. 아이들은 어린 나이에 많은 일을 겪었고 훌륭하게 이겨냈습니다.[5]

많은 사람이 스테파니의 블로그에 글을 쓰거나 편지를 써서 행복한 삶을 되찾겠다는 그녀의 결단이 가치가 있다는 것을 증명했고, 그녀는 자신이 했던 것처럼 다른 사람들도 어려움을 직면할 수 있도록 영감을 주었다. 한 소녀는 눈물을 흘리며 스테파니에게 말했다. "당신 덕분에 힘든 일을 해낼 수 있었어요."[6]

> **사람은 기쁨과 슬픔을 통해서만**
> **자기 자신과 운명에 대해 알 수 있다.**
> **― 괴테**

완벽하게 계획했던 삶이 무너지면 당신은 어떻게 해야 할까? 어떻게 반응할 것인가? 어떻게 무너져 내린 삶을 수습하고 다시 정진할 것인가? 어려움에 직면한 사람은 당신인가? 아니면 가까운 누군가의 삶이 순식간에 송두리째 뒤집혔는가? 일반적으로 우리는 자신에게 일어나는 일을 통제할 수 없다. 그러나 어떻게 대응할지는 선택할 수 있고 우리의 선택은 이후 벌어지는 일에 영향을 미친다. 스테파니는 자신이 예상했던 것과는 전혀 다른 삶을 살고 있으며 계속 크레셴도로 살아가고 있다. 그녀는 행복도 불행도 의식적인 선택이며 자신을 패배와 절망에 내던지지 않는다면 계속 행복한 삶을 영위할 수 있음을 배웠다.

3부에서는 삶이 뒤바뀌는 경험을 했지만 적시에 일관된 노력을 기울여 여전히 성취하고 기여할 부분이 많다는 쪽을 믿기로 선택한 유명인과 일반인의 실제 사례를 다룬다. 이들에게 벌어진 일은 비극적이고 파괴적이기까지 하지만, 어떤 이유에서건 그들은 크레셴도로 사는 삶, 자신과 타인을 위해 더 나은 삶을 사는 편을 선택했다.

　나는 닐슨 부부처럼 비극적인 사건을 겪고도 행복을 다시 찾은 사람들에게서 그러한 경험을 극복하는 데 디딤돌이 된 원칙들이 있다는 사실을 발견했다.

- 도전을 받아들인다.
- 삶이 다시 좋아질 수 있다고 믿고 의식적으로 행복을 선택한다.
- 타인에게 도움을 줄 방법을 찾고 희망을 나눈다.

　나는 당신이 3부에 나온 이 용감한 사람들의 사례를 통해 배우고 어려움에 직면할 때 그들을 떠올리며 용기를 내고 영감을 얻을 수 있기를 바란다.

6

디미누엔도가 아닌
크레셴도로 사는 삶을 선택하라

CHOOSE TO LIVE IN CRESCENDO, NOT DIMINUENDO

우리는 우리가 얼마나 강한지 모른다.
우리 안에 숨겨진 힘을 밖으로 끌어내기 전까지는.

_ 이사벨 아옌데

앤서니 레이 힌턴은 재판이 시작되기도 전에 유죄로 추정되었다. 1985년 레이는 앨라배마의 작은 마을에서 벌어진, 자신과 아무런 관련이 없는 두 건의 살인에 대해 인종차별적 누명을 썼다. 그는 확실한 알리바이를 가지고 있었고 거짓말 탐지기 검사를 통과했다. 그러나 가난했기 때문에 인종적으로 편향된 지역 공동체에서 현지 법률 체계상 공정한 재판을 받는 데 결정적 역할을 하는 좋은 변호사를 선임할 여유가 없었다. 검찰이 신뢰할 만한 증거를 제출하지 못했는데도 레이는 즉시 유죄판결을 받았고 앨라배마 홀먼 교도소에서 사형을 선고받았다.

완전히 결백했던 레이는 법체계를 전적으로 신뢰했다. 그러나 사형선고를 받게 되자 분노하고 절망한 레이는 성경책을 감방 침대 밑에 던져두고 마음을 완전히 닫았다. 평소에는 솔직하고 다정다감했던 그는 말 없는 사람이 되었다. 3년이라는 길고 괴로운 시간 동안 자신을 찾아오는 가족과 친구를 제외하고는 동료 재소자나 교도관은 물론 그 누구와도 소통하지 않았다.[7]

어느 늦은 밤, 레이는 통증을 호소하며 도와달라고 외치는 동료 수감자의 절박한 비명에 잠에서 깼다. 그 순간 그의 내면에서 의식적으로 억눌러왔던 깊은 연민이 깨어났다. 그는 사형수로 독방을 사용하는 현실에 대해 아무것도 할 수 없지만, 다른 중요한 선택은 할 수 있다는 사실을 깨달았다.

이후 그는 자신의 경험을 바탕으로 《그들은 목요일마다 우리를 죽인다The Sun Does Shine》라는 책을 썼다. "절망은 선택입니다." 그가 말했다. "증오는 선택이었습니다. 분노도 선택이었습니다. 제게 여전히 선택권이 있다는 사실이 저를 흔들었습니다. 저는 포기할 수도 있었고 견뎌낼 수도 있었습니다. 희망은 선택이었습니다. 믿음은 선택이었습니다. 연민도 선택이었습니다. 무엇보다 사랑 역시 선택이었습니다."[8]

이 계시적인 순간에 레이는 깨달았다. "저는 도움의 손길을 내밀 것인지, 어둠 속에 홀로 남을 것인지 선택할 수 있었습니다. 제게도 모두가 태어날 때부터 하느님께 받은 선물, 다시 말해, 손을 내밀어 타인의 고통을 덜어주고 싶은 충동이 있었습니다. 우리는 이 선물을 사용할지 말지 선택할 수 있습니다."[9]

레이는 3년의 침묵을 깨고 철장 사이로 어머니가 막 돌아가셨다고 털어놓으며 슬픔에 잠겨 있는 수감자를 위로했다. 그는 전혀 몰랐던 사람이 자기 어머니에 대해 밤새 하는 이야기를 들으며 그에게 슬픔을

스타카토, 인생을 뒤바꾸는 사건들

견딜 수 있는 희망을 주었다. 그는 새롭게 희망을 품고 믿음을 가져야 할 때라고 판단했다. 그는 그때까지도 침대 밑에 던져두었던 성경책의 먼지를 털어내고 자신의 가치관을 지키는 좋은 사람이었던 과거의 자신을 되찾고 사형을 앞둔 가혹한 현실 속에서도 깊은 절망에 굴복하지 않기로 다짐했다.

그는 또 다른 선택도 했다. 이후 27년 동안 등대의 빛과 같은 존재로 자신의 영혼뿐 아니라 동료 수감자들까지 변화시켰다. 그중 54명은 그의 감방에서 불과 9미터 떨어진 곳에서 처형되었다. 그의 영향력은 점점 더 커졌다. 그는 사형수에 대해 연민을 보였고 다른 사람들도 똑같이 반응하게 했다. 그는 친절과 유머로 다른 수감자 수십 명의 삶을 변화시켰고 자신의 변호사 브라이언 스티븐슨이 믿는 것처럼 "한 사람의 가치는 그 사람이 저지른 최악의 행동보다 크다"라는 희망을 퍼뜨렸다.[10]

긍정적인 태도를 유지하고 계속 싸우는 것은 해를 거듭하며 매일 이어지는 긴 투쟁이었지만, 레이는 책을 탐독하는 방법으로 독방 밖으로 정신과 상상력을 확장했다. 그럼으로써 비인간적인 삶을 사는 가운데서도 자신이 처한 환경을 넘어 자신이 여전히 인간성을 지니고 있음을 보여주었다. 또한, 언젠가 자신의 결백이 밝혀지고 진정한 정의와 자유를 얻게 되리라는 희망을 단단히 붙들었다.

아무런 진전이 없는 채로 독방에 갇혀 지내던 레이는 14년 후 마침내 변호사 브라이언 스티븐슨과 평등 정의 이니셔티브Equal Justice Initiative 팀의 법률 지원을 받게 되었다. 레이가 끔찍한 부당함과 맞서고 있다는 사실을 즉시 알아챈 스티븐슨은 이후 14년 동안 수십 번의 재심 요청과 항소를 진행하며 치열한 법정 공방에서 레이를 변호했다.

마침내 2015년 스티븐슨은 미국 대법원에서 보기 드물게 만장일치로 모든 혐의에 대해 완전 무죄판결을 받았다. 약 30년간의 수감 생활 끝에 석방된 앤서니 레이 힌턴은 무죄 입증으로 석방되기 전까지 가장 오래 복역한 사형수 중 한 명이 되었다. 드디어 감옥에서 나온 레이는 가족과 친구들에게 감사하며 "태양은 빛난다!"라고 외쳤다.[11]

27년 동안 투옥된 만델라와 마찬가지로 레이 힌턴 역시 오랜 감옥 생활 동안 억울한 마음을 품지 않았고 용서하는 능력을 지니고 있었다. "억울한 마음은 영혼을 죽입니다."

그가 설명했다. "증오한다고 제가 뭘 얻을 수 있겠습니까?" 그는 의식적으로 자신을 기소한 사람들을 용서하기로 마음먹었다. "그들은 저의 30대와 40대, 50대를 빼앗아 갔지만, 기쁨은 빼앗지 못했습니다!"[12]

그는 경력을 쌓는 일, 결혼, 자녀 양육 등 감옥에서 보낸 수십 년간 놓친 기회가 애석했지만, 이미 벌어진 일 때문에 남은 인생을 망치지 않았다. 레이는 '나쁜 일이 발생한 뒤에는 회복할 방법을 찾아야 한다'라고 믿었다.[13] 그는 자신만이 할 수 있는 중요한 일, 즉 부당하게 기소되고 투옥된 이들을 위해 싸우는 일이 자기 앞에 놓인 일이라고 마음 깊이 믿었다.

석방되고 3년이 지난 뒤에 레이는 사형수로서 살아남는 방법과 살아가는 방법을 배웠던 자신의 힘겨운 여정에 대해 특별한 의미가 담긴 회고록 《그들은 목요일마다 우리를 죽인다》를 썼고 이 책은 〈뉴욕타임스〉 베스트셀러가 되었다.

레이의 이야기는 끔찍한 상황이나 어려움에 직면해 있더라도 여전히 우리에게는 선택의 여지가 있음을 보여준다. 우리는 처음 레이가 그랬던 것처럼 마음을 닫고 결국 스스로의 힘을 소멸시키는 디미누엔도(➤)로 사는 삶을 선택할 수 있다.

레이는 인종차별적인 법률 시스템으로 부당한 판결을 받았지만, 궁극적으로는 누구도 믿음, 희망, 정신, 상상력, 연민, 유머, 기쁨을 선택하는 레이의 능력을 빼앗지 못했다. 사형수였던 레이가 내린 선택과 같은 선택을 한다면 우리의 영향력과 힘은 커지고 우리의 삶은 크레셴도(◀)처럼 점점 확장될 것이다.

이제 레이는 활동가로서 정의를 옹호하는 일에 헌신하고 있다. 그는 뛰어난 강연가이자 강력한 공동체 교육자로 브라이언 스티븐슨, 평등정의 이니셔티브 팀과 함께 일하고 있다. 이들은 무고한 사람들이 레이와 같은 고통을 겪지 않도록 형사 사법의 개혁과 법체계의 평등을 실현하기 위해 일하고 있다. 불의에 맞서 싸운다는 레이의 중요한 사명 덕분에 그의 삶과 영향력은 계속 확장하고 있다. 투쟁, 선택, 승리가 담긴 그의 용감한 이야기에서 교훈을 얻는 사람들에게 그는 빛이 되고 있다.

> 선택하는 능력은 빼앗을 수도, 줄 수도 없다. 잊힐 뿐이다.[14]
> _그렉 맥커운

만약 큰 실수를 저지르거나 새롭게 시작해본 적이 없다면, 당신은 충분히 오래 살지 않았을 확률이 높다. 난관에 부딪히는 건 피할 수 없는 일이다. 나는 나쁜 선택을 하거나, 타인 또는 잔인한 운명에 의해 고통받았지만 숨을 고르고 스스로 또는 타인을 용서한 뒤 자신의 삶을 변화시키고 다른 사람도 삶을 변화시킬 수 있도록 도운 이들에게서 영감을 받았다.

넬슨 만델라는 이를 매우 간결하게 요약했다. "제가 이룬 성공을 보고 저를 판단하지 마십시오. 제가 몇 번이나 넘어졌다가 다시 일어섰는지를 보고 저를 판단해주십시오." [15] 그리고 그가 그렇게 한 덕분에 남아프리카공화국은 완전히 바뀌었다.

바로 이것이 우리가 세상을 바꿀 방법이다. 때로는 한 사람이 일으킨 변화가 도미노 효과를 일으키기도 한다. 앞으로 살펴보겠지만, 자기 자신이나 타인에게 진로의 변경(두 번째 기회)을 허락하면 기적이 일어나고 이것이 크레셴도로 사는 삶으로 이어지는 경우가 많다.

두 번째 기회

2011년 9월 5일 애나 베니나티는 자신의 삶을 송두리째 바꾼 어리석은 결정을 했다. 콜로라도주립대학교 신입생이었던 그녀는 짜릿함을 느끼려 기차에 뛰어드는 위험한 문화에 휩쓸렸다. 몇 번의 성공 이후 그녀는 한 친구가 실패해 옆으로 빠지는 모습을 보았다. 다행히 친구는 재빨리 옆으로 굴러 빠져나왔다. 하지만 애나는 기차가 너무 빠르니 올라가지 말라고 외치는 그 친구의 목소리를 듣지 못하고 그대로 기차에 뛰어들었다.

애나는 소음 때문에 친구의 목소리를 전혀 듣지 못했다. 그녀는 오른쪽 발을 열차 끝부분에 올려놓는 데 성공했지만, 왼쪽 다리는 땅에 질질 끌렸다. 실패를 직감한 그녀는 기차에 오르기를 포기했다. 그러나 친구처럼 빠져나오지 못했고 그녀의 다리는 기차 아래로 들어가고 말았다. 자신의 대퇴골이 부러지는 소리를 들은 그녀는 이제 죽었다는 생각이 들었다.

다행히 의료 기술자와 간호사가 차 안에서 열차가 지나가기만을 기다리고 있었다. 그들은 재빨리 그녀에게 다가와 출혈을 멈추기 위해 그녀의 다리를 압박했다. 놀랍게도 그녀에게 주의를 준 친구는 전직 의무병이었고 그의 배낭에 지혈대가 들어 있었다. 그는 지혈대를 사용해 그녀의 생명을 구했다.

그녀의 왼쪽 다리는 완전히 절단되었고 오른쪽 다리는 절반만 남게 되었다. 그녀의 삶이 영원히 뒤바뀌는 끔찍한 순간이었다.

그녀는 사고를 당하기 전 자신이 무뚝뚝하고 예민하고 냉소적이며 거식증을 앓는 딱하고 불쌍한 소녀였다고 설명했다. 그녀는 규칙을 좋아하지 않았다. "그래서 제가 이렇게 휠체어에 타고 있는 거예요." 그녀가 초등학생 무리를 향해 말했다. 현재 그녀는 판단력 부족으로 자신이 겪은 사고에서 아이들이 교훈을 얻기를 바라면서 자신이 경험하고 배운 것을 아이들에게 전하고 있다. 아이들은 그녀의 발랄한 성격과 유머 감각에 이끌렸는데, 이런 그녀의 성격이 살아남는 데 도움이 되었다. 그녀는 식구들과 찍은 사진을 아이들에게 보여주며 씁쓸한 미소를 지었다. "원래 내가 큰 언니였는데, 지금은 작은 언니가 됐지 뭐야!" 잘 알면서도 어리석은 선택을 하는 것에 대해 경종을 울리는 그녀의 이야기에 아이들은 빠져든다.

완전히 집중한 아이들에게 그녀는 자신이 어떻게 새로운 현실에 반응했는지 말해주었다. "병원에서 집으로 돌아온 첫 주에는 정말 화가 나 있었어. 그리고 선택을 해야 한다는 사실을 깨달았지. 거기 그대로 멈춰서 아무것도 하지 않고 다리가 없다고 자기 연민에 빠질 수도 있었고, 계속 앞으로 나아갈 수도 있었어. 포기할 수도 있었고, 다시 일어날 수도 있었지! 둘째 주에 나는 오늘은 내가 할 수 있는 모든 일을 알아보기로 결심했어."

애나는 자기 자신에게 두 번째 기회를 주었다. 할 수 있는 일에 집중하기로 마음먹은 그녀는 여전히 할 수 있는 일이 많다는 사실에 놀랐다. 그녀는 손으로 자전거를 타고, 역도, 볼링, 승마, 수영, 암벽등반, 좌식 스키, 심지어 번지점프까지 했다. 물구나무를 서는 법과 바퀴 들기wheelies 하는 법도 익혔다. 사고가 발생한 지 4개월이 지난 후 그녀는 사고를 당한 장소에 가보기로 했다. 분노와 두려움을 느낄 것이라는 예상과 달리 그녀는 평온함을 느꼈다. 또한 자신의 생명을 구해준 소방관들을 찾아가 휠체어를 타고 춤을 춰 그들을 사로잡았는데, 예전의 그녀라면 절대 하지 않았을 일이었다.

그녀는 지금까지 11번이 넘는 수술을 받았지만, 사고 전보다 더 충만한 삶을 살고 바쁜 일정을 소화하며 주변 사람들에게 희망을 주고 있다. 충분히 고통받았고 더 심각한 건강 문제를 해결해야 한다고 판단한 뒤부터 섭식 장애도 사라졌다. 현재는 스포츠 프로그램에서 장애인들을 지도하고 일주일에 한 번 기타, 피아노, 바순을 연주하는 청소년 교향악단도 이끌고 있다. 마침내 옛 친구들과 다시 어울리게 되었을 때, 친구들은 새로운 삶을 받아들인 그녀의 긍정적인 태도에 충격을 받았다. "이상하게 다리가 있을 때보다 지금이 훨씬 더 행복해요." 그녀는 말했다. "저는 사람들에게 항상 이렇게 말합니다. 지금의 제 모습이 원래 제 모습이라고요. 이것이 진짜 저입니다."[16]

> 자기 자신을 격려하는 가장 좋은 방법은
> 타인을 격려하는 것이다.
> _ 마크 트웨인

애나는 앤 커리가 진행하는 토크쇼 〈투데이〉와의 인터뷰에서 인상적인 메시지를 남겼다. "사고가 발생한다고 인생이 끝나는 것은 아닙니다. 저는 사고를 극복하고 계속 정진하기로 선택했어요." 애나는 대학생들에게 한마디를 해달라는 요청을 받았을 때 삶에 감사하고 어떤 결정을 내릴 때 내면의 소리에 귀를 기울이라고 격려했다. 그녀는 "당신의 직감을 따르세요"라고 조언했다. "어떤 상황에서든 뭔가 잘못됐다는 느낌이 든다면, 밤에 혼자 집에 걸어가려 한다든지, 문자를 하면서 운전을 하려 한다든지, 술을 마시고 운전대를 잡으려 한다든지, 아닌 것 같다는 느낌이 든다면 하지 마세요! 자기 실수에 대한 대가는 평

생 치러야 합니다." [17]

뭐든 할 수 있다는 애나의 사고방식은 긍정적인 태도와 과거의 사건은 과거의 사건일 뿐이라는 믿음이 어떤 힘을 지녔는지 보여준다. 그녀는 생산적인 미래로 향하는 충만한 삶을 살 수 있고, 또 살고 있다. 그녀는 두 다리를 잃은 우울한 그날에 집중하지 않는다. 놀랍게도 그녀는 엄청난 난관을 극복했고 자신의 삶을 축소하기보다는 확장하고 있다. 그녀는 우리가 따라야 하는 몇 가지 원칙에 따라 크레센도 정신을 실천하는 것을 의식적으로 선택했다.

- 자기 자신을 용서하고 앞으로 나아간다.
- 유머 감각을 유지한다.
- 직감을 따른다. 내면의 소리에 귀를 기울인다.

3부에 나온 이야기와 용기 있는 선택을 보면서 자기 자신이 상황이 아닌 주도적인 결정의 산물이라는 중요한 원칙을 기억해야 한다.
나는 언제나 통찰력이 담긴 다음의 짧은 시를 좋아했다.

두 남자가 철창 밖을 내다보았다.
한 사람은 진창을 보았고, 한 사람은 별을 보았다.

우리가 현재 상황에서 보는 것은 우리의 관점에 큰 영향을 받는다. 아래를 내려다보면 진흙과 진창이 보이고 위를 올려다보면 태양, 달,

별이 뿜어내는 빛이 보일 것이다. 많은 이들이 스스로 통제하기 힘든 상황과 이미 벌어진 일에 갇혀 있는 기분을 느낄 것이다. 그러나 자신을 감옥에 가두는 철창은 실재하지 않으며, 있다고 해도 조정이나 해제가 불가능한 물리적 장벽이나 제약은 극히 드물다.

> 인생은 그 시절 기차 여행과 같다.
> 연착, 탈선, 연기, 먼지, 잿더미, 덜컹거림,
> 이따금 보이는 아름다운 풍경과 짜릿한 급발진.
> 삶의 요령은 기차를 탈 수 있게 해주신 주님께 감사하는 것이다.[18]
>
> _젠킨 로이드 존스

엘리자베스 스마트의 납치는 모든 부모에게 악몽 같은 사건이었다. 열네 살 소녀가 감쪽같이 사라져버린 사건은 그녀의 가족과 그 소식을 들은 모든 사람에게 끔찍한 일이었다. 그러나 실제로 발생한 사건이었고 그녀의 납치는 역사상 가장 많이 추적된 아동 유괴 사건 중 하나다.

2002년 6월 5일 한밤중에 엘리자베스 스마트는 자신의 방 침대에서 칼로 위협받아 납치된 뒤 흔적도 없이 사라졌다. 이 사건은 유괴의 공포와 뒤이은 구조 노력으로 엄청난 언론의 주목을 받았다. 그러나 납치범들은 당국의 눈을 피해 그녀의 집에서 불과 4.8킬로미터 떨어진 곳에 그녀를 가두고 있었다.

이후 9개월 동안 그녀에게 일어날 일에 대해 그녀가 준비할 수 있는 건 아무것도 없었다. "지옥을 헤매는 여정이었습니다! 저는 열네 살 소녀에게 완벽했던 세상에서 잠자리에 들었고 악마일 수도 있는 남자

옆에서 깨어났어요." 나중에 그녀는 이렇게 썼다.[19] 그녀는 납치범 브라이언 데이비드 미첼과 완다 바르지가 자신을 풀어주는 대가로 몸값을 요구할 의사가 없음을 알게 되었다. 대신, 미첼의 다른 아내이자 바르지의 노예로 그들의 비정상적인 삶의 일부가 되어야 했다. 탈출하면 그녀와 그녀의 가족을 죽여버리겠다는 위협을 끊임없이 받은 엘리자베스는 자신을 유괴한 납치범들보다 더 오래 사는 것이 자유를 얻을 수 있는 유일한 방법이라고 생각했다.

그 후 몇 달 동안 그녀는 더러운 곳에서 동물처럼 사슬에 묶인 채 갈증과 굶주림을 견뎌야 했다. 포로 생활을 하는 동안 끊임없이 마약, 알코올, 음란물에 노출되고 아버지보다 나이가 많은 사악한 남자에게 매일 강간당했다.[20]

엘리자베스는 완전히 부서지고 산산조각이 났다. 모든 게 자기 잘못이 아니라는 걸 알고 있었지만, 모든 일이 끝나면 누가 자신을 사랑할지 의문이 들었다. 그때 불과 몇 달 전 친구들 사이에서 소외감을 느꼈을 때 엄마가 해준 말이 떠올랐다.

엘리자베스, 중요한 사람은 몇 명뿐이야. 하느님 아버지, 그리고 너 자신이지. 하느님은 항상 너를 사랑하실 거야. 너는 그분의 딸이니까. 그분은 결코 네게서 등을 돌리지 않으실 거야. 나도 마찬가지야. 네가 어디를 가든, 무엇을 하든, 무슨 일을 겪든 나는 항상 너를 사랑할 거야. 너는 언제까지나 그분의 딸이야. 이 사실은 변하지 않아.

엘리자베스는 나중에 그 중요한 순간에 대해 이렇게 썼다.

> 우리 가족은 여전히 나를 사랑할 것이라는 깨달음이 전환점이 되었
> 어요. 사실상 9개월간의 시련을 통틀어 가장 중요한 순간이었죠. 무
> 슨 일이 있어도 살아남겠다고 결심한 게 바로 그 순간이었어요. 살
> 기 위해 무엇이든 하겠다고요.[21]

9개월 동안 그녀의 가족과 친구들은 경찰과 협력하며 가능한 한 많
은 대중의 이목을 끌기 위해 노력했다. 그녀가 납치되는 동안 옆 침대
에서 깨어 있었던 아홉 살 먹은 여동생이 마침내 몇 달 전 집을 수리
하러 온 노숙자가 납치범이라는 사실을 확인했다. 그녀가 묘사한 범
인의 인상착의는 존 월시(그의 아들 역시 수년 전 유괴되어 살해당했다)가 진행하
는 〈아메리카스 모스트 원티드The America's Most Wanted〉에 방영되었고,
2003년 3월 12일에 마침내 TV를 본 누군가가 미첼을 알아보고 경찰
에 신고했다.

경찰은 엘리자베스를 납치범 부부와 분리하고 그녀에게 "당신이 엘
리자베스 스마트입니까?"라고 물었다. 그녀는 납치범들의 위협 때문
에 자신의 신원을 밝히는 것을 두려워했다. 그러나 그녀는 나중에 이
렇게 썼다.

> 순간 세상이 완전히 멈춘 듯했습니다. 평온함이 느껴졌어요. 안도감
> 이 들었습니다. 몇 달간의 두려움과 고통이 태양 빛에 녹아버린 듯

했죠. 달콤한 확신이 들었어요. "제가 엘리자베스입니다."[22]

하지만 엘리자베스의 이야기는 그녀가 성공적으로 구조된 것에서 끝나지 않았다. 그녀의 시련이 남긴 유산 중 하나는 이제 미국 전역의 법 집행 기관들이 세간의 이목을 끈 그녀의 사건을 통해 배운 것을 바탕으로 아이들의 실종·유괴 사건을 전과는 다른 방식으로 조사하고 있다는 점이다.

10년 뒤 엘리자베스는 (크리스 스튜어트와 함께) 자신의 경험에 대한 상세한 내용이 담긴 놀라운 회고록 《나의 이야기MY Story》를 썼다.

> 저는 생존자들에게 자신이 원하는 것을 하라고, 통제할 수 없는 것들 때문에 남은 삶을 망치지 말라고 격려합니다. 그들의 잘못이 아닙니다. 그들에게 일어난 일 때문에 그들이 전보다 못한 사람이 되었거나 다른 사람으로 바뀐 것이 아닙니다. 삶을 다시 시작하기에 너무 늦은 때란 없습니다.[23]
>
> 살면서 우리가 알아차리는 것보다 훨씬 더 많은 기적이 일어난다고 저는 믿습니다. 기적은 하느님이 실재하시며, 우리를 보고 계신다는 것을 상기시킵니다. 이 모든 고통 속에서 저는 작은 희망의 빛을 발견할 수 있었습니다.[24]

엘리자베스의 용감한 선택과 놀라운 영향력은 유괴 사건을 넘어 계속 확장되었는데, 이에 대해서는 다음 장에서 살펴보겠다.

스타카토, 인생을 뒤바꾸는 사건들

자기 자신을 먼저 바꿔라

협상을 하면서 배운 것 중 하나는
내가 변하기 전에는 남을 바꿀 수 없다는 것이다.[25]
_ 넬슨 만델라

빅터 프랭클 외에 넬슨 만델라 역시 나의 영웅이다. 그 또한 크레센
도로 사는 삶의 모범을 보여주었다. 그는 27년 동안이나 감옥에 있었
지만, 남아프리카공화국 최초의 흑인 대통령이 되어 증오에 찬 아파르
트헤이트 시대를 끝냈다.

길고 헛돼 보이는 감옥 생활을 하는 동안 그는 자신의 가장 위대한
일이 여전히 자신 앞에 놓여 있다는 것을 정말로 알았거나 믿었을까?
알 수 없다. 그러나 조국의 위대한 지도자가 되리라고 상상하지 못했
다 하더라도 그는 고통 속에서 자신의 가치관을 지키고 영향력의 범위
를 넓히고 패러다임을 바꾸고 품위 있게 견뎌냈다. 그는 감옥에 있는
동안 자기 자신의 힘을 자각했고 결국 27년 전에 감옥에 들어왔던 사
람보다 훨씬 더 위대한 사람으로 탈바꿈했다. 어떻게 한 걸까?

만델라는 1964년 반역죄로 종신형을 선고받았다. 그는 케이프타운
근처의 가혹한 로벤섬 교도소로 보내져 27년간의 감옥 생활 중 18년
을 바닥이 침대이고 양동이가 변기인 작은 감방에서 지내면서 석회석
채석장에서 고된 노동을 해야 했다. 1년에 한 번 30분 동안의 면회만
이 허용되었고 6개월에 한 번 한 통의 편지만 쓸 수 있었다. 습한 환경
때문에 결핵에 걸린 그는 결국 본토로 옮겨져 다른 두 곳에서 수감 생

활을 9년 더 했다.[26]

　그가 감옥에 있는 동안 그의 말을 인용하거나 그의 사진을 출판하는 일은 금지되었지만, 인종차별에 반대하는 지도자들은 아파르트헤이트 반대 운동의 방향성에 대한 그의 조언을 몰래 전달했다. 그는 감옥에서 상황에 굴하지 않고 스스로 운명을 선택하라는 윌리엄 어니스트 헨리의 시 〈굴하지 않는〉에 영향을 받았다. 그는 다른 수감자들과 이야기할 때 영감의 원천으로 종종 이 시를 인용했다.

　　극에서 극까지 구덩이처럼 캄캄한 밤이

　　나를 덮는 가운데에서도

　　정복당하지 않는 영혼을 주신

　　신들께 감사하네.

　　상황이라는 포악한 손아귀 속에서도

　　움츠리지도, 소리 내어 울지도 않았네.

　　우연이라는 몽둥이에 맞아

　　머리에서 피가 흘러도 굽히지 않았네.

　　진노와 눈물 너머로

　　공포의 그늘이 드리우지만

　　오랜 위협의 세월에도

　　두렵지 않았고 앞으로도 두려워하지 않으리.

천국의 문이 좁아도

죄의 명부가 형벌로 가득해도 상관없다네.

나는 내 운명의 주인이고

나는 내 영혼의 선장이니.[27]

수감 생활을 하는 동안 만델라는 남아프리카공화국 사람들을 이끌고 나아가기 위해서는 자신부터 바뀌어야 한다는 사실을 깨달았다. 로벤섬에 갈 때 그는 자유를 얻기 위해 폭력을 사용하는 성난 사람이었지만, 감옥에서 나올 때는 적의 말을 듣고 용서하는 법을 배운 사람이 되어 있었다. 이것은 그가 조국을 화합으로 이끄는 데 촉매제 역할을 했다.

개인을 변화시키는 주된 동인은 고통이다. 좌절은 고통으로 이어지며, 고통은 분노 또는 겸손 중 한 곳으로 향한다. 변화된 만델라는 자신도 상상하지 못했던 일을 하게 되었다. 아프리카너[남아프리카에 사는 네덜란드계 백인]들과 친구가 된 것이다. 그는 아프리카너의 언어를 배우고 그들의 문화를 공부하고 그들과 함께 교회에 가고 자신의 마음은 물론 그들의 마음까지 바꿔놓았다. 그리고 용서하는 법도 배웠다. 그는 그들과 진실한 우정을 나눴고 그 우정은 그의 삶이 끝날 때까지 계속되었다.[28]

1990년 2월 11일, 남아프리카공화국의 빌럼 더 클레르크 대통령은 인생의 3분의 1을 감옥에서 보낸 만델라를 석방했다. 그가 죄수로 있는 동안 정부가 사진을 공개하지 않았기 때문에 그는 세계에서 가장 유명하지만 눈에 잘 띄지 않은 정치범이었을 것이다.

그는 나중에 자신의 자서전에 이렇게 썼다. "드디어 감옥 문을 통과할 때, 일흔한 살의 나이에도 인생이 다시 새롭게 시작되고 있다는 걸 느꼈습니다."[29] "억울한 마음과 증오를 뒤로하지 못했다면 저는 아직도 감옥에 있었을 것입니다."[30]

그때도 여전히 아파르트헤이트는 남아프리카공화국의 법이었지만, 더 클레르크가 인종차별을 철폐하기 위해 대대적인 변화를 일으키기 시작한 시기였다. 희망과 평등의 시대가 열렸고 이듬해 증오의 대상이었던 아파르트헤이트는 폐지되었다.

4년 후인 1994년에 남아프리카공화국 최초로 국가를 온전히 대표하는 다인종 선거가 열렸는데 투표를 기다리는 줄이 그렇게 긴 것은 처음이었다. 놀랍게도 선거는 국민들이 공동의 대의를 위해 힘을 모은 덕분에 평화롭게 진행되었다. 만델라는 남아프리카공화국의 대통령으로 선출되었고 더 클레르크가 그의 첫 번째 부통령으로 선출되었다.

입장이 뒤바뀐 백인 소수자들은 처음에 대통령이 된 만델라의 보복을 두려워했으나 만델라는 차이를 이해하고 화해를 이루어내기 위해 심혈을 기울였다.[31]

당선 1년 뒤에 치러진 럭비 월드컵 당시 만델라는 결승전을 앞둔 남아프리카공화국 럭비 국가 대표 팀을 응원하기 위해 스프링복스의 녹색 저지를 입고 요하네스버그 경기장에 모습을 드러냈다. 경멸의 대상인 녹색 유니폼과 백인으로만 구성된 아프리카너 팀은 아파르트헤이트 시대의 흑인들이 받은 억압을 가장 함축적으로 보여주는 상징이었다. 만델라의 행동은 흑인과 백인 모두 그냥 지나칠 수 없는 엄청난 화해의 몸짓이었다. 경기가 끝난 후 만델라는 다시 경기장으로 나와 대표 팀의 우승을 축하하고 주장에게 트로피를 수여했다. 적대감을 제쳐두고 하나의 국가로 단결해야 할 때라는 강력한 메시지였다.[32] 자신들의 새 흑인 대통령이 럭비 국가 대표 팀 유니폼을 입고 조국의 승리를 축하하는 모습에 6만 3,000명이라는 어마어마한 수의 백인 군중이 벌떡 일어나 "넬슨! 넬슨! 넬슨!"을 외쳤다.[33]

전 세계에서 희생과 화해의 상징이 된 만델라는 2013년 12월 5일 95세의 나이로 세상을 떠났다. 1993년에 그는 더 클레르크와 공동으로 노벨 평화상을 받았다. 남아프리카공화국은 만델라가 67년간 추진한 활동과 공공사업을 돌아보는 방식으로 그의 삶을 추모했다.[34]

좌절과 궁극의 승리로 축약되는 만델라의 삶은 난관과 좌절을 겪은 뒤에도 크레셴도로 사는 법을 보여준 아름다운 예다.

- 상황이나 타인을 바꾸려 하기 전에 스스로 변화한다(내부에서 외부로).
- 억울한 마음과 증오를 뒤로하고 패배와 절망에 몸을 맡기지 않는다.
- 용서의 힘으로 치유하고 목표를 향해 정진한다.

**저는 근본적으로 낙관주의자입니다.
머리는 항상 태양을 향하고**

발은 계속 앞으로 내딛는 것이 낙관주의입니다.
인간성에 대한 저의 신념이 혹독한 시험을 받을 때
암울한 순간도 많았지만
저는 절망에 저 자신을 포기하지 않았고
포기할 수도 없었습니다.
그 뒤에는 패배와 죽음뿐이었으니까요.[35]

_ 넬슨 만델라, 《자유를 향한 머나먼 길》

만델라와 마찬가지로 엘리자베스 스마트는 어린 나이에도 비극적인 과거가 미래를 옭아매도록 놔두지 않았다. 그녀가 집에 돌아온 날, 그녀의 어머니는 행복을 되찾는 방법에 대한 최고의 조언을 해주었다.

엘리자베스, 이 사람이 한 일은 끔찍한 일이야. 그가 얼마나 사악하고 악랄한지 말로 다 표현할 수 없구나! 그는 네 인생에서 되찾을 수도 없는 9개월을 빼앗았지. 하지만 네가 그 사람에게 가할 수 있는 최고의 벌은 행복하게 사는 거란다. 네 삶을 살고 정진하는 거야. 그러니 행복하게 살면 돼, 엘리자베스. 네가 스스로 불쌍히 여기거나 일어난 일을 곱씹고 고통에 매달린다면, 그 사람이 네 인생을 더 훔쳐 갈 수 있게 허용하는 것과 마찬가지야. 그러니까 그러지 말렴! 매 순간을 자신을 위해 살아. 그러면 나머지는 하느님이 알아서 해주실 거야.[36]

구조된 지 6년이 지난 뒤 그녀는 자신이 매일 감내했던 성적 학대를

스타카토, 인생을 뒤바꾸는 사건들

포함하여 브라이언 데이비드 미첼이 자신에게 한 모든 일을 용감하게 증언했다. 법원의 판결이 나온 뒤 그녀는 그에게 이렇게 말했다. "당신은 자신이 한 일이 잘못되었다는 것을 알고 있었습니다. 당신은 알면서도 그런 짓을 했습니다. 하지만 저는 멋진 인생을 살고 있다는 걸 당신이 알았으면 합니다."[37]

궁극적으로, 그녀는 보다 나은 삶을 위해 레이 힌턴이 내린 것과 같은 결정을 내렸고 힘든 경험에 어떻게 대응할지 선택했다.

> 저는 단지 선택을 한 것입니다. 누구에게나 삶은 여정입니다. 누구나 고난에 직면하죠. 좋을 때도 있고 나쁠 때도 있습니다. 우리는 모두 인간이지만 자기 운명의 주인이기도 합니다. 삶에 어떻게 반응할지는 우리가 결정하는 것입니다. 그렇습니다. 저에게 일어난 일이 삶의 장애물이 되도록 놔둘 수도 있었지만, 저는 일찍이 한 번뿐인 인생을 그렇게 허비하지 않기로 결정했습니다.[38]

그녀는 자신의 믿음과 신념, 가족, 친구, 지역 사회의 사랑과 지원, 승마와 말 돌보기, 하프 연주를 통해서 치유와 행복으로 가는 길을 찾았다.

그녀는 또한 자신의 삶이 준 좋은 것들에 대해 감사를 표하면서 납치범들을 용서할 용기와 힘을 얻었다고 믿는다. 감사와 용서는 삶을 치유하고 즐길 수 있는 강력한 도구다!

당신의 삶을 재창조하라

데이브의 킬러 브레드Dave's Killer Bread, DKB는 오늘날 많은 식료품 점에서 볼 수 있는 맛있고 건강한 빵 브랜드다. 기타를 연주하는 근육질 남성의 사진과 데이브의 감동적인 사연이 뒷면에 실린 포장 봉투를 본 적이 있을 것이다. 사실 그의 사연에는 훨씬 더 특별하고 많은 뒷이야기가 담겨 있다.

데이브의 아버지 짐 달은 1970년대에 오리건주 포틀랜드에 있는 작은 빵집을 사서 당시에는 보기 드물게 동물성 지방을 사용하지 않고 통곡물을 사용해 온갖 종류의 맛있는 빵을 구워 발아 밀 빵의 선구자가 되었다. 짐의 아들인 글렌과 데이브는 빵집에서 아버지와 함께 일했지만, 데이브는 잠시도 가만있지 못하는 반항적인 아들이었고 가족 사업에 열정이 없었다. 데이브는 불안을 해소하는 방법으로 마약에 의존했고 그의 삶은 엉망이 되었다. 그는 마약 소지, 절도, 폭행, 무장 강도 혐의로 체포되었고 주 교도소에서 15년형을 선고받았다.

한편 글렌은 아버지에게서 빵집을 사들여 네이처베이크NatureBake로 이름을 바꿨다. 데이브는 2004년 마침내 재활 프로그램을 완료하고 조기 석방 자격을 얻게 되었다.

놀랍게도 데이브의 가족은 그를 환영해주었고 형 글렌은 그에게 가장 필요했던 일자리를 주었다. 데이브는 형 글렌이 자신에게 완전히 새로운 삶이라는 두 번째 기회를 주었다고 믿는다. 이듬해에 데이브는 자신이 개발한 특별한 빵을 팔기 위해 조카와 함께 포틀랜드의 파머스

마켓을 찾았다. 빵은 순식간에 품절되었고 그렇게 해서 데이브의 킬러 브레드가 탄생했다.

가을이 되자 DKB 제품은 포틀랜드 전역의 식료품 매장 선반에 등장했다. 35명이던 직원 수는 300명이 넘었다. 현재 DKB 제품은 미국과 캐나다 전역에서 구매할 수 있으며, 40만이 넘는 충성 고객을 보유하고 있다. DKB는 "우리는 인생을 바꿀 수 있는 두 번째 기회를 제공한다"라는 독특한 철학을 내세우고 있다.

> 우리는 모든 사람이 위대해질 수 있다고 믿습니다.
> 우리는 또 재창조의 힘을 믿으며 두 번째 기회가
> 지속적인 변화로 이어지도록 하는 데 전념하고 있습니다.
> 너무나 많은 고용주가 이런 기회를 제공하기를 주저하며
> 추진력, 헌신, 성공 의지를 지닌 많은 인재가
> 기회를 얻지 못하고 있습니다.[39]
>
> _ 데이브 달

DKB 직원 중 3분의 1이 중범죄 전과가 있는 사람들이다. 생산부장은 감옥에서 나왔을 때 일할 기회를 얻을 수 있을지가 가장 큰 걱정이었다고 말했다. 전과자는 석방된 후 극적인 삶의 변화를 이뤄내지 못하면 75퍼센트가 5년 이내에 다시 감옥에 가게 된다고 한다. 이 과정에서 고용은 매우 중요한 단계다.

데이브는 대량 투옥의 부정적인 영향과 재범을 줄일 수 있다는 신념으로 '두 번째 기회인 고용Second Chance Employment'을 장려하는 데이브의 킬러 브레드 재단Dave's Killer Bread Foundation을 설립했다.

DKB는 정부, 비영리 조직, 기업 관계자들이 한자리에 모여 전과자가 낙인을 제거하고 새 삶을 살 수 있게 돕는 방안을 논의하는 두 번째 기회 회담Second Chance Summits을 여러 차례 개최했다. 인생을 바꿀 준비가 된 사람에게 두 번째 기회를 주는 것은 변화를 가능케 하며, 생계유지를 넘어서 삶을 영위할 기회를 주는 것이다.

데이브는 자신도 여전히 고군분투하고 있지만, 계속해서 좌절을 딛고 삶을 재창조하고 있다고 말한다. "자기 자신의 약점을 인지하고 인정해야 합니다. 많은 고통을 겪은 뒤에 전에 사기꾼이었던 사람이 세상을 더 나은 곳으로 만들기 위해 차근차근 노력하는 정직한 사람으로 바뀌었습니다."[40]

삶을 송두리째 뒤바꾼 사건을 겪은 뒤에 다시 시작하는 것은 어렵긴 하지만 가능한 일이며, 오나의 사례에서 볼 수 있듯이 누구나 타인의 삶에 긍정적인 영향을 줄 수 있다.

자녀보다 오래 살기를 바라는 부모는 없지만, 오나는 70대에 자녀 넷 중 셋을 땅에 묻었다. 외동딸은 겨우 열여섯 살에 비극적인 교통사고로 사망했고 성인이 된 두 아들은 딸이 사망하고 수년 뒤에 암으로 죽었다.

오나는 슬픔을 뒤로하고 관심을 어린아이들에게로 돌려 초등학교에서 흔치 않은 과목인 시와 글쓰기를 가르치는 데 열정을 쏟았다. 그녀는 아이들에게 관심이 많았고 창의적이며 관대한 선생님이었는데, 특히 힘들어하는 학생과 교사들을 도우려고 노력했다. 38년 동안 아이들을 가르친 그녀는 자신의 지역구에서 우수한 교사로 선정되는 영예를 안았고 배움에 대한 애정과 자신감을 키워주는 방식으로 수백 명의 삶을 축복했다.

그녀는 은퇴한 뒤에도 인생을 재창조했다. 90세를 넘긴 나이에도 젊은 사람조차 힘들어할 정도의 일정을 소화하고 있다. 아침 일찍 일어나 정원을 가꾸고 인도주의 단체와 교회에서 봉사 활동을 하고 몸이 아프거나 차가 없는 사람들에게 정기적으로 밀과 빵을 가져다주며 새로운 것을 배우고 10년 넘게 분기별 지역 소식지의 편집자로 일하고 있다. '노인들(일부는 그녀보다 어리다!)'이 각종 활동과 문화 행사에 참여할 수 있도록 정기적으로 차편도 제공한다. 지금은 건강에 문제가 생겼지만, 자신의 인생사를 글로 쓰는 것을 포함해 동시에 진행하는 많은 프로젝트를 마무리할 시간이 남아 있기를 바라며 왕성하게 활동하고 있다.

오나의 상황은 그녀를 타인에게 깊은 관심을 가지고 배려하는 섬세한 사람으로 만들었다. 그녀는 아름다운 일몰이나 선명한 가을의 색을 즐기기 위해 잠시 숨을 고르기도 하고 사소한 일이라도 호의를 베푼 사람에게 사려 깊은 감사의 편지를 쓴다. 그녀를 아는 사람들은 마음 깊이 존경하고 사랑하며, 그녀를 잘 모르는 사람들은 그녀의 밝고 긍정적인 태도를 보고 그녀가 과거에 엄청난 고통과 가슴앓이를 겪었다는 사실을 짐작하지 못한다.[41]

그녀는 자기 몫 이상의 좌절을 경험했지만, 크기와 강도의 증가를 나타내는 음악 기호 크레셴도(◁)처럼 자신의 인생을 계속 확장하며 다른 사람들을 축복하고 있다.

삶을 뒤바꾸는 사건을 겪는 도중이나 겪은 뒤 크레셴도로 산다는 것은 다음을 의미한다.

- 신념을 갖고 두 번째 기회를 준다.
- 절대 다른 사람을 포기하지 않는다.
- 새로운 현실에서 삶을 재창조하려고 의도적으로 노력한다.

> 나는 환난 속에서 웃을 수 있고, 고난에서 힘을 얻으며,
> 반성을 통해 용감해질 수 있는 사람을 사랑한다.
>
> _토머스 페인

엘리자베스 스마트는 자신이 겪은 일을 종종 팔이나 다리에 입은 깊은 상처에 비유한다. 상처를 깨끗이 소독하고 약으로 치료해 감염을 막는 것을 선택할 수 있다. 흉터가 남을 수도 있지만, 상처는 결국 낫는다. 흉터가 완전히 없어질 수도 있다. 반대로 상처를 그대로 놔두는 것을 선택할 수도 있다. 그렇게 하면 상처는 저절로 나을 수도 있지만, 덧나서 피가 나고 곪아 감염될 수도 있다.

상처를 제대로 치료할지 말지는 선택의 문제이며, 삶을 뒤흔드는 사건에 어떻게 대응할지 선택하는 것도 마찬가지다. 오나는 타인에게 봉사하는 길을 선택함으로써 자신의 삶을 재창조했고 엘리자베스는 모든 생존자가 회복에 이르는 자신만의 길을 찾아야 한다고 믿는다. 상담이나 약물 치료, 심리 치료를 받을 수도 있고, 전에 해본 적 없는 멋진 일에서 열정을 발견할 수도 있다. 지원과 보살핌이 있다면 치유의 때는 온다.

7

나만의 이유를 찾으라

FIND YOUR "WHY"

살아야 할 이유가 있는 사람은
어떤 상황에서도 어떻게든 견뎌낸다.

_ 니체

완벽하게 계획했던 삶이 무너지면 당신은 어떻게 할 것인가? 어떻게 대응할 것인가? 어떻게 수습하고 정진할 것인가?

어떤 멋진 동네에 망가진 결혼 생활을 상기하는 방치된 집이 하나 있었다. 집을 소유한 부부가 이혼한 뒤 화가 난 남편은 전처(그리고 그녀의 편을 들어준 이웃들)에게 앙심을 품고 일부러 10년 넘게 집을 방치했다. 집은 칠이 벗겨지고 지붕은 망가졌으며 덧문은 부서진 채 올라가 있고 잔디는 잡초가 가득하고 누렇게 변한 상태였다. 이 지독한 남자는 전처와 돈을 나누기 싫다는 이유로 집을 다른 사람에게 팔지도 않았다.

이 남성은 새로운 삶의 목적을 찾는 대신, 파탄 난 결혼으로 인해 자기 삶이 정의되고 파괴되도록 내버려두었다. 크레셴도(◁)로 사는 것의 반대말은 소리의 크기와 강도를 줄인다는 뜻의 디미누엔도(▷)

로 사는 것이다. 복수심에 불타는 남자에게 물어보고 싶었다. "당신은 왜 전처가 당신의 인생을 망치고 계속 중요한 자리를 차지하게 내버려 둡니까? 왜 이혼하고 나서 새로운 삶을 시작하지 않으셨나요?" 억울한 마음, 용서하지 못하는 마음 때문에 그는 일어난 일을 받아들이지 못하고 새로운 목적과 행복을 찾지 못하며 자신의 영혼과 미래를 축소하고 있었다.

이와는 대조적으로 큰 비극을 맞았으나 그 비극이 자신을 파괴하도록 놔두지 않은 사람들을 알게 되고 그들의 이야기를 듣고 읽으면서 나는 큰 영감을 받았다. 그들은 매일 아침 일어나야 하는 새로운 이유를 찾았다. 그들은 세상을 더 나은 쪽으로 바꾸기 위해 전진하는 데서 삶의 목적을 찾았다.

1985년 6월 23일 만자리 산쿠라트리와 그녀의 아들 스리키란(6세), 딸 사라다(3세)는 런던에서 휴가를 보내기 위해 캐나다에 있는 집에서 에어인디아 182편에 탑승했다. 비행기가 아일랜드 해안에 접근할 무렵, 시크교도 분리주의자들이 기내에 설치한 폭탄이 터져 탑승자 329명 전원이 사망했다. 이는 캐나다 역사상 최대 규모의 대량 살상 사건으로 남았다. 시체는 한 구도 발견되지 않았다.

아내와 아이들이 죽었다는 사실이 믿기지 않았던 찬드라세카르 산쿠라트리 박사(이하 찬드라 박사)는 이후에도 3년 동안 오타와에서 생물학자로 힘겹게 일상을 이어갔다. "저는 가족들이 어딘가에 착륙했고 누군가에게 구조됐을지도 모른다고 생각했습니다." 3년 동안 기계처럼 움직였고, 사는 게 사는 것 같지 않았던 찬드라 박사는 개인적인 고통

을 조국 인도를 축복할 기회로 바꾸자는 이타적인 결정을 내렸다.[42]

> 저는 제 인생을 가지고 유용한 무언가를 하고 싶었고, 목적이 필요
> 했습니다. 삶은 우리가 의미 없다고 생각할 때 의미가 없어지는 것
> 이죠. 우리는 삶에 의미를 부여하고 우리의 시간과 몸과 말을 사랑
> 과 희망의 도구로 바꿀 힘을 가지고 있습니다.[43]

찬드라 박사는 64세에 20년간 살았던 오타와에서 생물학자로 일하
는 것을 그만두고 집과 소유물을 판 뒤 인도로 돌아갔다. 그의 목표는
외딴 지역에 사는 가난하고 궁핍한 사람들의 삶의 질을 향상하는 것이
었다. 그는 즉각적으로 눈에 띄는 두 문제, 실명과 교육에 끌렸다.

인도 인구의 약 75퍼센트(7억 5,000만 명 이상)는 농촌에 살고 있으며 그
중 60퍼센트가 빈곤층이다. 농촌 사람들은 온종일 뜨거운 태양 아래에
서 일하는데, 먹는 것이 보잘것없어 이중 약 1,500만 명이 실명한 상태
였다.

찬드라 박사는 빈곤층 성인 대부분이 글을 읽을 수도 쓸 수도 없고
자녀들 역시 초등학교 중퇴율이 50퍼센트가 넘는다는 사실을 알게 되
었다. 그래서 그는 깊은 슬픔을 뒤로하고 평생 모은 돈으로 가난한 사
람들의 건강관리와 교육을 개선하는 것을 사명으로 하는 산쿠라트리
재단(아내의 이름을 따서 지었다)을 설립했다. 그는 쿠루투Kuruthu의 작은 시
골 마을에 있는 아내의 생가 근처 3에이커[약 3,672.52평] 부지에 학교와
안과 병원을 세웠다.

오늘날 산쿠라트리 재단은 세 가지 프로그램을 운영하고 있다.

초등학교와 중학교로 구성된 사라다비디알라얌학교(딸의 이름을 따서 지었다)는 중퇴율이 0퍼센트다. 농촌 지역 학생들에게 도서, 교복, 식사, 건강검진을 무료로 제공하며, 학습 의지와 규율을 지키기만 하면 다닐 수 있다. 1학년으로 시작했지만, 현재는 9학년까지 있다.[44]

2019년 1월 기준으로 농촌 지역의 2,875명이 사라다학교에서 교육받았고 불우한 가정 아동 661명이 장학금을 받아 다양한 고등학교와 대학에서 교육을 이어가고 있다.

사라다학교에서 학업을 마친 한 가난한 학생은 이렇게 말했다. "저는 산쿠라트리 재단과 찬드라 박사님께 빚을 졌습니다. 이들의 도움이 없었다면 아버지의 뒤를 따라 육체노동자가 되었을 겁니다." 이 청년은 교육을 받은 덕분에 대입 시험에서 평균 96점을 받아 명문 공과대학에 입학했다.

스리키란 안과연구소(아들의 이름을 따서 지었다)는 현재 이 지역에서 세계적인 수준의 안과 의료 서비스를 제공하고 있다. 연구소는 5개 건물로 구성되어 있으며 인도의 6개 지역에서 안과 의료 서비스를 제공한다. 같은 버스가 아침에는 학생들을 학교로 태워 오고 오후에는 농촌 지역 환자를 데려온다. 인도 정부는 높은 기준으로 의료기관을 선도하는 스리키란 안과연구소를 인도의 안과 의사 훈련 기관 11개 중 한 곳으로 인정했다.

"우리의 사명은 연민을 가지고 모든 사람에게 공평하고 접근 가능하며 저렴한 안과 의료 서비스를 제공하는 것입니다." 찬드라 박사가 자랑스럽게 말했다. 스리키란 안과연구소는 환자가 병원에 있는 동안 시력검사, 수술, 약물, 숙박, 음식을 무료로 제공한다. 연구소는 "눈이 보이지 않는 사람들의 삶에 등불을 켜자"라는 문구를 영감의 원천으로 삼고 있다.[45]

1993년부터 크게 성장한 연구소는 현재 15개의 센터를 운영한다. 2022년까지 350만 명의 환자를 치료했고 3만 4,000건의 수술을 수행했으며, 수술을 받은 환자 1,000명 이상이 어린이였고 수술의 90퍼센트는 도움이 필요한 사람들에게 무료로 제공되었다.[46]

찬드라 박사는 자신이 하는 일이 특별하지 않다고 말한다. "저는 남을 돕기 위해 최선을 다하는 평범한 인간일 뿐입니다. 가족이 저와 매우 가까이 있는 것처럼 느껴집니다. 이곳에 저와 함께 있다는 느낌이 들어요." 그리고 이렇게 덧붙였다. "이것이 제게 큰 힘이 됩니다."[47]

찬드라 박사는 자신의 고통을 뒤로하고 세상을 더 건강하고 행복한 곳으로 만들려는 이타적인 노력을 기울였고, 이는 그가 삶의 '이유'를 찾고 크레셴도로 사는 데 도움이 되었다.

저는 장애를 주신 하느님께 감사드립니다.
저는 장애를 통해 저 자신과 일, 그리고 신을 발견했습니다.
_ 헬렌 켈러

의미를 찾는 여정

독일 강제수용소에서 살아남은 뒤 자신의 경험을 《죽음의 수용소에서》라는 책으로 쓴 빅터 프랭클은 내가 가장 존경하는 사람이다. 그의 책은 사람을 움직이는 주된 동기가 삶의 목적과 의미라는 핵심 메시지를 전한다. 그는 큰 고통을 겪었지만, 상처는 결국 치유된다는 것을 알았고 여전히 해야 할 중요한 일이 있다고 진심으로 믿었다.

그는 투옥되어 있는 동안 참상에 집착하기보다 상상력과 훈련을 통해 마음의 눈으로 미래의 대학생들 앞에서 자신이 지금 경험하고 있는 일에 대해 강의하는 모습을 그려보고는 했다. 상상은 그에게 더 나은 미래를 기대하고 인내할 동기와 목적을 심어주었다. 그는 자신의 경험과 관찰을 통해 이유 또는 '왜'에 대한 답인 목적의식을 가지면 역경에 직면해도 살아남을 수 있다고 확신하게 되었다.

> 우리에게 정말 필요한 것은 삶에 대한 태도를 근본적으로 바꾸는 것이다.
> 우리는 절망한 사람에게 우리가 삶에서 기대하는 것이 아니라 삶이
> 우리에게 기대하는 것이 무엇인지가 중요하다는 사실을 가르쳐야 한다.
> 우리는 삶의 의미를 물을 게 아니라, 매일, 매시간 삶이
> 우리에게 던지는 질문에 대해 생각해야 한다.[48]
> _ 빅터 프랭클, 《죽음의 수용소에서》

프랭클은 나중에 살아남을 사람을 예측하기 위해 자신이 적용한 기준이 전부 틀렸다고 썼다. 그는 지능, 생존 기술, 가족, 건강 상태를 조

사했지만 이러한 요소들로는 생존 이유를 설명할 수 없었다. 유일하게 중요한 변수는 미래가 있다는 믿음, 자신이 해야 할 중요한 일이 아직 남아 있다는 믿음이었다. 그는 수용소에서 내면의 힘을 회복하기 위해서는 먼저 미래의 목표를 보여줘야 한다는 것을 깨달았다. 그는 인생에서 더 기대할 것이 없다고 생각하며 자살을 진지하게 고려했던 두 남자에 관해 이야기했다.

> 두 사람 모두에게 삶이 여전히 그들에게 기대하는 바가 있음을 깨닫게 해줘야 했습니다. 미래에 할 일이 있다는 것을요. 한 남성은 외국에서 자신을 기다리는 사랑하는 자녀가 있었습니다. 다른 남성은 과학자였고 저술하고 있던 도서 시리즈가 아직 마무리되지 않은 상태였어요. 다른 사람이 할 수 없는 일이었고, 아버지라는 자리 역시 다른 사람이 대신할 수 없었죠. 자신이 대체 불가능하다는 사실을 깨달은 사람은 자기의 존재와 생존에 대한 막중한 책임이 자신에게 있음을 알게 됩니다. 자신을 애타게 기다리는 사람이나 미완의 일에 대한 책임을 의식하면 결코 목숨을 버릴 수 없어요. 자신이 존재하는 '이유'를 아는 사람은 '어떻게든' 견디게 됩니다.[49]

죽음의 수용소에서 살아남은 빅터 프랭클이 집중한 것, 그의 가장 위대한 업적과 기여의 계기는 삶의 의미를 찾는 여정의 중요성을 이해한 것이었다. 그는 삶의 '이유'를 찾는 것이 생존의 방법일 뿐 아니라 모든 사람의 삶에 고유의 목적이 있다는 믿음을 심어준다는 것을 발견했다. 궁극적으로 프랭클은 사람들이 삶의 이유를 발견하는 데 중요한 역할을 했고, 그가 1946년에 쓴 《죽음의 수용소에서》는 그가 사망한 1997년까지 24개 언어로 번역되어 1,000만 부 이상 판매되었다.

살면서 만난 역경에서 배우는 소중한 교훈

사막에 만발한 선인장 꽃을 본 적이 있는가? 선인장 꽃은 색상이 매우 선명해 "대자연의 불꽃놀이"로도 불린다. 어떻게 가시로 뒤덮인 못생긴 선인장이 믿기 힘들 정도로 아름다운 꽃을 피울 수 있을까? 사과로Saguaro 같은 일부 선인장은 특정 날씨에는 가지에서 뿌리를 내리지 못하기 때문에 씨앗부터 길러야 하는데, 그러면 처음 꽃을 피우기까지 40~55년이 걸린다![50]

상상할 수 있는가? 반세기 동안 꽃 한 송이 피우지 못하고 아무런 생산 능력이 없는 듯 보였던 마른 식물에서 꽃이 나온다. 아름다운 꽃이! 인생의 어려움을 극복하는 과정을 이보다 훌륭하게 설명하는 시각적 비유가 또 있을까? 선인장 꽃처럼 인내를 가지고 끈기 있게 나아가다 보면, 종국에는 난관들이 처음과는 다르게 보인다. 어려움과 좌절은 고통과 아픔만 동반하는 듯 보이지만, 그것을 견뎌내고 시간이 지나면 가치 있고 유용한 교훈으로 변한다. 고난 뒤에는 잃는 것만큼 얻는 것도 많다는 사실을 기억하라.

스타카토, 인생을 뒤바꾸는 사건들

역경보다 좋은 스파링 파트너는 없습니다.
아름답지 않은 것이 진정한 축복이었습니다.
아름답지 않은 덕분에 저는 내적 역량을 계발해야 했습니다.
예쁘다는 것은 불리한 조건입니다.

_ 골다 메이어

우리는 좌절, 문제, 슬픔을 경험하면서 고통을 통해 공감하는 법과 믿음, 용기, 인내, 봉사, 사랑, 감사, 용서의 미덕을 배운다. 이 과정에서 큰 손실을 보지만 가장 진정한 자아를 발견함으로써 놀라운 것을 얻기도 한다. 셰익스피어가 말했듯 "역경의 효용은 달콤하다".

역경을 극복하려면 다음과 같은 행동이 필요하다.

- 보람 있는 새로운 목적을 찾는다. 목적을 성취해야 하는 이유를 찾는다.
- 타인의 삶을 개선하기 위해 노력한다. 선을 위한 촉매제가 된다.
- 우리의 고유한 능력과 성격에 적합한 기회를 잡기 위해 준비한다.

당신이 준비되어 있고 실질적으로 크레센도 정신을 추구한다면 목적이 풍부한 삶을 기대해도 좋다.

엘리자베스 스마트는 어머니의 조언대로 시련을 겪은 뒤 의식적으로 행복한 삶을 살기로 선택했다. 그녀는 ABC 뉴스의 특집 해설자로 일했고, 프랑스에서 교회 선교사로 봉사했으며, 대학을 졸업하고 결혼해서 현재 세 자녀를 두고 있다. 그녀는 부모의 도움과 지원으로 아동에 대한 약탈적 범죄를 근절하기 위해 2011년(납치 사건이 발생한 지 만 8년 뒤)에 엘리자베스 스마트 재단Elizabeth Smart Foundation을 설립했다. 재단 설립 목적은 "미래의 아동 대상 범죄를 예방하려면 우리는 어떻게 해야 할까요?"라는 스마트의 질문에 대한 답을 찾는 것이었다. 이 질문은 재단이 존재하는 '이유'를 말해준다. 재단의 목표는 교육을 통해 아이들의 역량을 강화하고 아이들의 선택을 이해하고 피해자를 구조하는 법 집행 기관을 지원하는 것이다.[51]

삶을 뒤바꾸는 사건을 만났을 때 삶의 '이유'를 찾는 일은 이후 크레센도 정신으로 살기 위해 중요한 일이다. 좌절을 딛고 일어난 사람들의 사례에서 보았듯이, 삶의 이유를 찾으면 삶의 새로운 의미와 목적을 발견하게 된다.

용기 있는 선택을 하라

우리를 인간으로 만드는 것은 선택하는 능력이다.
_ 매들린 랭글

앤서니 레이 힌턴이나 엘리자베스 스마트처럼 극복하기 힘든 장애물에 부딪힌 사람들은 어떻게 생산적인 삶을 영위할 수 있었을까? 어떻게 엄청난 좌절을 딛고 일어나 성공을 이루고 타인의 삶을 개선하기까지 했을까? 그들은 자신에게 선택의 여지가 있다고 믿었다.

1990년에 예기치 않게 아버지를 잃은 마이클 J. 폭스는 그때가 "인생에서 가장 힘든 시기"였다고 한다. 그는 같은 해 한창 일할 서른이라는 젊은 나이에 파킨슨병 진단을 받고 앞으로 10년 더 일할 수 있다는 말을 들었다. 그는 이렇게 썼다. "제 삶은 끔찍한 수렁 속으로 빠져들고 있었습니다."

처음에 마이클은 현실을 부정하고 술을 마시며 위안을 얻었다. 그러나 이런 행동은 회피하려는 시도일 뿐이라는 사실을 깨달았다.

> 질병과 그 증상, 온갖 어려움에서 벗어날 수 없었던 저는 그것을 받아들였지만, 단순히 현실을 인정한 것에 불과했습니다. 저는 파킨슨병에 걸렸다는 사실이 어쩔 수 없는 현실임을 깨달았습니다. 하지만 그 외 모든 것은 제게 달려 있었습니다. 저는 이 질병을 더 알아보기로 선택했고 좋은 치료법을 선택했습니다. 덕분에 병의 진행 속도를 늦출 수 있었고 몸 상태도 훨씬 나아졌습니다. 한결 더 행복했고 전처럼 고립감을 느끼지 않았으며, 관계도 회복되었습니다. 상황이 좋지 않다면 숨기지 마십시오! 시간이 걸리겠지만, 결국 당신은 심각한 문제들은 유한하고 할 수 있는 선택은 무한하다는 것을 알게 될 겁니다.[52]

폭스는 파킨슨병의 '얼굴' 역할을 하며, 상원의 한 소위원회로부터 의학 연구에 필요한 자금을 확보하기 위해 자신의 증상이 잘 드러나도록 약물 치료를 중단하는 대담함까지 보였다. 파킨슨병 진단을 받은 뒤 낙관적이고 영감을 주는 여러 권의 책을 저술하기도 했다. 《미래로 가는 길에 벌어진 재미있는 일: 우여곡절과 교훈A Funny Thing Happened on the Way to the Future: Twists and Turns and Lessons Learned》에서 그는 자신의 성공 비결이 "과거를 뒤로하고 이 순간에 사는 것"이라고 했다.

> 세상에서 가장 무서운 사람은 유머 감각이 없는 사람이다.
> _ 마이클 J. 폭스

아내 트레이시 폴런, 네 자녀와 함께하는 폭스의 삶은 그의 예상과 달랐지만, 충만하고 행복했다. 그는 수용과 감사라는 두 가지 원칙을 매일 의식적으로 실천한다.

> 이미 벌어진 일과 나중에 벌어질지 모르는 일보다 지금 벌어지는 일이 중요합니다. 현재를 즐기기에 지금보다 좋은 때란 없죠. 현재는 당신의 것입니다. 사진을 찍으세요. 웃기만 하면 됩니다.[53]

글을 쓰지도 타자를 치지도 못하는 폭스는 코로나19가 기승을 부리는 동안 비서의 도움을 받아 힘겹게 "계시적 회고록"을 구술했다.《미래라는 시간은 없다, 죽음을 생각하는 낙관론자No Time Like the Future: An Optimist Considers Mortality》는 30년째 불치병을 안고 살아가는 그의 모습을 가감 없이 보여준다. 그는 연기를 할 때와 마찬가지로 자신의 질병과 관련된 활동에 전념하고 전문성을 키우며 수년간 자신의 이름을 딴 재단을 통해 10억 달러나 되는 연구 자금을 모으는 데 기여했다.[54]

폭스는 이제 연기 활동을 많이 하지는 않지만, 사람들 대부분은 그가 만성질환을 앓고 있는 사람들에게 영감을 주며 전보다 더 중요한 역할을 하고 있다고 말한다. 그는 자신의 인생을 송두리째 바꾸는 질병에 걸렸지만, 의식적으로 크레셴도로 살며 주어진 삶에 최선을 다하기를 선택했다. "저는 어려움에 강한 내성이 있습니다. 파킨슨병과 함께 사는 법을 배웠더니 좋은 일이 생겼습니다." 그가 인정했다. 그는 좋은 일은 또 일어난다며 미래를 낙관적으로 전망한다. 그는 믿는다. "미래는 절대 없어지지 않습니다. 당신의 미래는 당신이 포기하는 순간 사라지는 것입니다."[55]

그의 좌절 극복 능력은 다음의 요소를 포함한다.

- 심각한 문제는 유한하지만, 선택은 무한하다는 것을 이해한다.
- 과거를 뒤로하고 현재를 산다.
- 낙관주의와 긍정적인 전망을 선택한다.

감사는 낙관주의를 지속 가능하게 만든다.
감사할 것이 없다고 생각되면 계속 찾으라.

_ 마이클 J. 폭스

물론 모두가 마이클 J. 폭스처럼 많은 자원을 가지고 있는 것은 아니다. 그러나 "보통 사람들"도 좌절을 겪은 뒤에 크레셴도로 살고 특별한 일을 하기로 선택하면 큰 변화를 일으킬 수 있다.

1975년 5월 11일, 릭 브래드쇼는 친구와 함께 남부 유타의 파월 호수로 떠나 보트를 타고 수영을 하며 여유로운 시간을 보냈다. 어느 날 밤, 물에 빠진 가방을 찾으려고 물속으로 뛰어든 그는 호수 기슭에서 30미터가 넘게 떨어진 지점이었음에도 물이 별로 깊지 않아 모래 속에 처박히고 말았다.

이 사고로 그는 척수가 손상되어 사지가 마비되었다.

처음에 릭은 스물두 살에 노인들과 함께 생활 지원 센터에서 살아야 할지도 모른다고 생각했다. 그다지 유쾌하지 않았던 이 생각은 다른 선택지를 찾아 나서도록 동기를 유발하기에 충분했다.

마비된 몸을 이리저리 움직이다 자세를 제대로 잡지 못하거나 균형을 잃으면 다른 사람이 도와주기 전까지 꼼짝없이 그 자세로 가만히 있어야 해요. 그래서 우아하게 넘어지는 법을 먼저 익혔습니다. 저는 이 성공을 떠올리면서 모든 일에 적용할 수 있겠다고 생각했어요.

그는 예전 능력을 되찾을 수 없다는 사실을 깨달았지만, 연습하려는 의지와 인내만 있으면 단련할 수 있는 다른 기술이 많다는 사실도 깨닫게 되었다.

뭘 해도 서투를 것을 알고 있으니까 잘하지 못해도 괜찮은 자유가 있었고 나아질 것이라는 확신이 있었습니다. 그러면서 '실패'는 관여하고 있다는 신호이며 시도하지 않는 것보다 성공에 가까운 것임을 깨달았습니다. 실패는 성공으로 이어집니다.

불가능해 보이는 도전에 직면한 릭은 독립적으로 생활하고 활동할 수 있는 수준에 도달하기까지 "수천 번에 이르는 믿음의 도약"을 했다. 부상을 당한 지 불과 10개월 뒤에 대학에 입학한 그는 글도 거의 쓸 수 없었고 어떻게 대학 생활을 해야 할지 전혀 몰랐던 터라 엄청난 믿음의 도약이 필요했다.

일을 해서 버는 돈은 정부에서 받는 지원금보다 적었지만 릭은 곧 정부 지원금을 포기하고 자신이 치료받는 병원에서 일하기로 마음먹었다. 그는 메디케이드를 통해 받던 의료 혜택도 잃고 자신이 직접 번 돈으로 매달 1,000달러를 지불해야 했다. 릭은 "느긋하게 사람들의 돌봄을 받으며 남은 생을 보내는 편이 쉬웠을 겁니다"라고 말했다. 하지만 그는 정부에 의존해 사는 것이 자활 능력을 상실한 것처럼 느껴졌다고 한다.

마비가 심각한 수준이라는 현실은 받아들여야 했지만, 제가 중요하게 생각하는 것을 얻는 방법은 재정의할 수 있다는 사실을 깨달았습니다. 저의 진정한 욕망은 결혼하고 사랑받고 가족과 함께 지내고 좋은 직업을 갖고 배우고 여행하는 것이었습니다. 모든 것이 여전히 가능하다는 것을 깨달았어요.[56]

릭은 다음을 선택했다.

- 선입견과 편견에 도전한다.
- 용기 있는 "믿음의 도약"을 한다.
- 자신을 지켜보고 있는 사람들에게 좋은 본보기가 된다.

릭은 자신이 중요한 일을 하기로 되어 있다는 느낌을 받았다. 그는 가족에게 "나를 지켜보는 사람들에게 좋은 본보기가 되는 것이 내 사명이라면 저는 그렇게 하기 위해 최선을 다할 겁니다"라고 말했다.

릭은 결국 새로운 직업을 찾았고 멋진 여성과 결혼했으며 다른 사람들처럼 돈을 벌어 세금을 내고 한 번 거둔 직업적 성공이 다른 성공으로 이어진다는 것도 발견했다. 사고를 당한 지 수십 년이 지난 지금, 아침에 일어나 일터로 향하기를 즐기는 그의 삶은 절대 평범하지 않다. 최근에는 박사 학위와 권위 있는 건강 리더십 교육과정을 마치고 다음에 일어날 일을 기대하고 있다.[57]

위대한 훈련은 엄청난 힘을 가져다준다.
_ 로버트 슐러

마이클 J. 폭스와 릭 브래드쇼는 상황에 휩쓸리지 않고 자신의 미래를 스스로 결정하도록 의식적인 선택을 함으로써 엄청난 어려움을 극복할 용기를 얻었다.

나는 새로운 일을 하거나 안전지대를 벗어나야 하는 도전에 직면한 아이들에게 "힘든 순간에 강해지는 것"을 선택하라고 가르친다. 힘든 순간을 극복하기 위해서는 엄청난 자기 수양과 용기가 필요하다. 그러나 이 순간에 우리가 기른 힘은 우리의 강인함을 증명하고 삶의 다른 순간에도 영향을 미친다.

힘든 시기에 강해지기 위해서는 의식적으로 우리가 직면할 수 있는 상황과 대처 방법을 시각화하고 외부의 압박을 받아도 용기와 원칙을 가지고 앞으로 나아갈 방법을 결정해야 한다.

확고부동하고 인내하면, 대개 힘든 시기가 지난 뒤 고요한 시기가 따라온다.

> 위대한 인물은 잔잔하고 평온한 생활을 하거나 평화로운 곳에서
> 안식을 취할 때 탄생하지 않는다. 강한 정신이라는 습관은
> 어려움과 싸울 때 만들어진다. 절실한 필요는 위대한 미덕을 부른다.
> 마음을 울리는 상황이 정신을 깨우고 고양하면
> 잠자고 있던 자질이 깨어나 영웅적 성격을 형성한다.[58]
> _ 애비게일 애덤스가 존 퀸시 애덤스에게 보낸 편지(1780년 1월 19일)

카르페 디엠, 오늘을 즐겨라!

> 순간을 즐기세요! 디저트가 담긴 카트를 떠나보내야 했던
> 타이태닉호의 모든 여성을 기억하십시오!
> _ 어르마 봄벡

영화 〈죽은 시인의 사회〉에서 로빈 윌리엄스는 남학교의 영어 교사

존 키팅이라는 과도기적 인물을 연기했다. 어느 날 그는 조심스러워하는 학생들에게 영감을 주기 위해 이렇게 외친다. "카르페 디엠. 오늘을 즐겨, 얘들아! 너희의 인생을 특별하게 만들어!"

키팅은 요구받는 것 이상으로 자기 자신을 밀어붙이고 기존 학습 방식에서 벗어나 다른 관점으로 사물을 보라고 학생들을 격려하는 유일한 선생님이었다. 그는 어린 학생들이 새로운 방식으로 자기 자신을 보고 자신의 진정한 잠재력을 발견하고 실패하더라도 새로운 것을 시도하며 불가능해 보이더라도 꿈을 향해 손을 뻗기를 바랐다.[59]

"인생을 특별하게 만들라"라는 키팅의 대사는 꿈을 실현할 힘이 당신 안에 있음을 의미한다. 당신에게 달려 있다! 주도적으로 안전지대의 가장자리나 밖으로 나와 성장하고 확장하라.

우리 가족은 누군가 새로운 것을 배울 기회를 얻거나 도전적인 일을 할 때 "카르페 디엠!"이라고 외쳤다. 우리 부모님은 소로의 말처럼 "삶의 진수를 맛보기 위해" 좋은 기회를 최대한 활용하고 꿈을 실현하기 위해 최선을 다하라고 우리를 격려했다!

아이들이나 노인들은 "오늘을 즐겨라"라는 말의 의미를 이해하는 듯하다. 서두르지 말고 시간 걱정 하지 말고 그 순간을 오롯이 즐겨라. 가게 안으로 정신없이 들어가는 엄마와 거리에서 균형을 잡는 데 열중하는 아이를 본 적이 있는가? 엄마에게 중요한 시간이나 일정은 전혀 모르는 아이는 그 순간을 즐기고, 자신의 도전에 열중한다.

가게나 교회 입구에 앉아 있는 노인과 이야기를 나눠보면 그들이 절대 서두르지 않는다는 걸 알 수 있다. 당신이 서둘러 중요한 일을 하러

가야 한다는 사실을 전혀 모르는 노인들은 당신이 자신과 더 오래 머물며 함께 이야기하고 새로운 농담을 들어주기를 바란다. 양쪽이 다르긴 해도 중간에서 우선순위를 뒤죽박죽 섞어버린 우리와는 달리 그들은 어쨌든 우선순위를 제대로 이해하고 있었다.

2009년, 위스콘신주 허드슨의 사회적 기업가 토드 볼은 책 읽기를 좋아하는 선생님이었던 자신의 어머니에게 경의를 표하기 위해 방 한 칸짜리 작은 학교를 만들었다.

그는 집 앞에 학교에 관한 게시물을 붙이고 학교를 좋아하는 책으로 채운 뒤 이웃과 친구들이 방문해 무료로 책을 읽고 빌릴 수 있게 했다. 이 학교 도서관이 훌륭한 아이디어라고 생각한 이웃들은 그곳을 애용했고 토드는 다른 지역에도 이런 학교를 몇 개 더 만들었다. 토드가 만든 학교를 본 위스콘신대학교의 릭 브룩스는 좋은 책을 공유하고 지역 공동체를 한데 모으는 것을 목표로 테드와 손을 잡았다.

"책을 한 권 가져가고, 새로운 책을 한 권 갖다놓으세요"를 표어로 내세운 이 도서관들은 작은 마을 광장이라고 불렸다. 이 아이디어가 위스콘신 전역에 퍼지자, 설립자들은 리틀 프리 라이브러리Little Free Libraries라는 비영리단체를 결성해 위스콘신뿐 아니라 다른 주에도 이 도서관을 세운다는 '오늘을 즐기는' 결정을 내렸다. 영어권 전역에 있는 2,508개 무료 공공 도서관에 자금을 지원하겠다는 목표를 세운 자선가 앤드루 카네기에게서 영감을 받은 브룩스와 볼은 2013년 말까지 그 수를 넘어서겠다는 목표를 세웠다. 그들은 목표한 날짜를 1년 반 앞두고 자신들이 세운 목표를 초과 달성했다.[60]

리틀 프리 라이브러리는 매년 꾸준히 성장했으며 결과는 놀라웠다. 모든 사람에게 무료로 책을 제공하고 문해력을 증진하는 것을 목표로 하는 세계적인 책 공유 프로그램이자 사회운동이 되었다.[61] 연구에 따르면 책은 아이들의 문해력에 상당한 영향을 줄 수 있지만, 전 세계 어린이 세 명 중 두 명이 빈곤층이며 자신의 책이라고 부를 만한 책을 가지고 있지 않다. 리틀 프리 라이브러리는 가장 필요한 곳에 작은 도서관을 배치하여 이 문제를 해결하고 있다.

책에 대한 접근성을 높인다는 토드의 사명은 전 세계에 도미노 효과를 일으켰다. 2021년 현재, 리틀 프리 라이브러리는 미국 50개 주 전체와 100개 이상의 국가에서 운영되고 있으며 연간 4,200만 권의 책을 공유한다. 도미노처럼 위스콘신에서 캘리포니아, 네덜란드, 브라질, 일본, 호주, 가나, 파키스탄에 이르기까지 전 세계에 12만 5,000개가 넘는 작은 도서관이 생겨났다.

리틀 프리 라이브러리는 이사회에서 후원자, 이웃 관리인, 책을 가져가고 다른 책을 가져다놓는 사람들까지 전적으로 자원봉사자들에 의해 운영되고 있다. 완전히 자율적으로 운영되는 리틀 프리 라이브러리는 자신의 동네에서 주도적으로 행동하는 사람들에 의해 지속되고 있다.[62]

이웃이 서로의 이름을 알고 모든 사람이 책을 접할 수 있는 세상을 꿈꾸는 토드의 비전이 실현되고 있다. 애석하게도 토드는 2018년 췌장암으로 세상을 떠났지만, 책과 배움에 대한 애정이라는 그의 유산은 크레셴도로 계속되고 있다.

스타카토, 인생을 뒤바꾸는 사건들

저는 구역마다 리틀 프리 라이브러리가 있고 모든 사람의 손에
책이 들려 있는 세상이 실현될 것이라고 믿습니다.
저는 사람들이 동네를 가꾸고 공유 체계를 만들고
서로에게서 배울 수 있으며, 함께 세상을 더 살기 좋은 곳으로
만들 수 있다는 걸 깨달을 것이라고 믿습니다.[63]

_ 토드 볼

당신의 '자원'과 '결단력'을 사용해
실행에 옮겨라!

밀물 때 해변으로 떠밀려 왔다가 썰물 때 모래 위에 좌초된 수백 마
리의 불가사리로 덮인 해변을 찾은 두 남자의 이야기는 자주 회자되지
만 강력한 힘을 지녔다.

한 남자는 필사적으로 이리저리 뛰어다니면서 불가사리들을 살리
려고 물속에 던져 넣었다. 다른 남자는 그를 지켜보면서 조롱했다.

그가 물었다.

"지금 뭐 하는 거야? 몇 마리 다시 던져 넣어봐야 별 차이 없어. 살리
기에는 너무 많아!"

남자는 주저하지 않고 불가사리 한 마리를 집어 들고는 다시 바다에
던져 넣었다.

"저 한 마리한테는 엄청난 차이네!"

만약 당신이 〈심슨 가족〉의 팬이라면, 마지가 시 선거에서 아깝게

지고 낙담한 채 집으로 돌아오는 에피소드를 기억할 것이다. 그녀는 남편 호머가 투표하는 것을 잊었다는 사실을 발견하고 경악한다! 마지가 화를 내자 호머는 방어적인 태도를 보인다.

"마지, 나는 겨우 한 사람인데 무슨 차이가 있었겠어?"

마지는 화를 내며 이렇게 대답한다.

"한 표 차이로 졌단 말이에요!"

크레셴도로 사는 것은 단 한 명이라도 자원과 결단력을 사용해 큰 차이를 만들어낼 수 있다는 뜻이다. 당신이 누구든, 돈 혹은 영향력이 있든 없든 "실행에 옮기기만" 하면 된다!

우리 가족은 핑계를 대고 책임을 회피하고 다른 사람이 해결책을 제시해주기를 기다린다면 아이들에게도 항상 이렇게 말한다.

"내 자원과 결단력을 사용한다!"

이제는 우리가 말하기도 전에 아이들이 "알아요. 내 자원과 결단력을 사용한다!"라고 대답한다.

개인이 어떤 차이를 만들어낼 수 있을까?

셀레스트 머겐스는 케냐의 슬럼가에 만연한 빈곤을 해소하기 위해 비영리단체와 함께 일하고 있었다. 아이들을 도울 구체적인 방법을 알려달라고 기도하던 그녀는 전에 생각해본 적 없는 시급한 질문이 생각나 새벽 2시 30분에 잠에서 깼다. "여자아이들이 생리를 할 때 어떻게 하는지 내가 물어본 적이 있었나?" 그녀는 곧바로 답을 알 만한 사람에게 이메일을 보냈다. "아무것도 안 합니다. 자기 방에서 생리가 끝날 때까지 기다려요!"라는 답변이 왔을 때 그녀는 충격에 빠졌다. 케냐 어린이 열 명 중 여섯 명은 위생용품을 사용할 여력이 없다고 했다.

셀레스트는 생리 기간에 학교에 가는 것이 허용되지 않아 여자아이 대부분이 생리가 끝날 때까지 집에 머무른다는 사실을 알게 되었다. 이렇게 많은 수업을 놓치는 것은 소녀들의 미래에 치명적이었는데, 많은 아이가 수업에서 뒤처지고 학교를 중도에 그만두었다. 학교를 졸업하지 못한 아이들은 괜찮은 일자리를 구할 수 없어 어린 나이에 부모의 손에 이끌려 결혼을 하고 보다 나은 미래를 꿈꿀 기회를 빼앗겼다. 생리용품 부족이라는 단순한 문제가 빠져나오기 힘든 빈곤의 악순환을 만든다는 사실은 믿기 어려웠다.

그래서 그녀는 몇몇 친구들과 함께 소녀들이 학교에 가지 못한 날을 보상하는 것을 주된 목표로 하는 풀뿌리 비영리 자원봉사 단체 데이스 포 걸스Days for Girls를 설립했다. 데이스 포 걸스의 사명은 전에는 아무것도 사용할 수 없었던 여성과 소녀들에게 재사용이 가능한 위생용품을 공급하여 전 세계의 건강과 존엄성, 교육을 회복하는 것이다.

재사용이 가능한 여성 위생용품은 전 세계의 자원봉사자들과 지역 사회의 여성들이 사랑을 담아 만든다. 이 모든 노력이 당황하거나 수치심을 느끼지 않고 학교에 다닐 수 있게 된 소녀들의 삶을 바꿔놓았다. 빈곤의 악순환은 끊을 수 있다. 학교에 다니는 소녀들은 자신감을 키우고 건강한 지역 사회를 조성하며 자신의 미래를 완전히 바꿔놓을 수 있다. 케냐의 노린은 "위생용품이 있을 때 우리는 세상에서 위대한 일을 해낼 수 있습니다"라고 썼다. 이러한 영향을 관찰한 페드로 산체스 박사는 "교육을 받은 소녀는 지역 사회 발전에 상당한 영향을 미칠

수 있습니다"라고 말했다.[64]

관리만 잘하면 최대 3년까지 사용 가능한 재생 생리대는 일회용 생리대 360개 분량과 같다.

가장 중요한 것은 소녀들과 여성들 모두 품위를 유지하면서 학교에서 잃어버린 180일을 되찾았고 36개월 동안 경력 단절 없이 일할 수 있게 되었다는 것이다. 데이스 포 걸스의 위생용품이 배포된 뒤에 소녀들의 결석률은 우간다는 36퍼센트에서 8퍼센트로, 케냐는 25퍼센트에서 3퍼센트로 급격히 떨어졌다. 소녀들은 1억 1,500만 일을 되찾았고 소녀들의 교육, 품위, 건강이 개선되고 기회가 확대되었다.

현재 데이스 포 걸스는 1,000여 곳에 약간 못 미치는 지부와 팀, 기업, 정부 및 비정부 조직과 연합 관계를 맺고 있으며, 2022년 5월 기준 144개국에서 250만 명 이상의 여성과 소녀들에게 도움을 주고 있다. 데이스 포 걸스는 여성들에게 힘을 실어주고 여성을 결속시키며, 세계 곳곳의 지부에 7만 명의 자원봉사자를 보유하고 있다. 전 세계에서 크고 작은 방식으로 참여하기를 원하는 누구에게나 자원봉사 기회가 열려 있다.[65]

2019년 셀레스트는 데이스 포 걸스의 창립자이자 CEO로 사람들이 섬길 이유를 찾는 것을 적극적으로 도운 공로로 글로벌영웅상Global Hero을 받았다. 그녀의 모든 노력과 성과는 질문하고, 필요에 응하고, 해결책을 찾는 데서 시작되었다.

우리가 아직 묻지 않은 다른 질문에는 무엇이 있을까?

주님, 제가 할 수 있다고 생각하는 것보다
항상 더 많은 것을 열망하게 해주십시오.

_ 미켈란젤로

과도기적 인물이 되어라

좌절감을 안기는 사건은 사람들을 이전 세대로부터 물려받은 **각본**에서 벗어나게 하는 촉매제 역할을 할 수 있다. 의식하든 의식하지 않든, 우리는 정신과 마음 깊숙이 박힌 파괴적이고 제한적인 신념에 따라 살고 있는지도 모른다.

- "우리 가족 중에 대학에 간 사람은 아무도 없어. 우리 집안은 공교육을 좋아하지 않아."
- "머피 가문 사람들은 전부 성질이 불같아! 아일랜드인의 피가 섞여 있어서 그래."
- "우리 아버지도 날 훈육할 때 이성을 잃었어. 자기 부모랑 똑같이 하게 되는 거야."
- "오빠랑 나 둘 다 한 직장을 꾸준히 다니지 못해. 자기 파괴적인 성향이 있어."
- "우리 집안 여자들은 대부분 이혼했으니 우리도 이 전통을 따를 수밖에 없을 거야."

당신에게 성적 학대나 유기, 알코올의존증 등의 가족력이 있을 수 있다. 이러한 경우 매우 어렵겠지만 현실을 충분히 자각하여 부정적이고 파괴적인 각본에서 의식적으로 벗어나야 한다.

> 사람을 바꾸려면 자기 자신에 대한 인식부터
> 바꿀 수 있게 해야 한다.
> _ 매슬로

당신이 악순환을 끝낼 수 있다. 집안 내에서 다음 세대를 위한 과도기적 인물이 될 수 있다. 당신의 결정은 당신의 일생에 영향을 미치는 것을 넘어 미래 세대에 엄청난 이익을 안겨줄 수 있다.

클래식 뮤지컬 〈카멜롯〉에서 랜슬럿은 자신의 불륜을 정당화하고 변명하며 아서 왕에게 체념한 듯한 목소리로 "운명이 내게 친절하지 않았다"라고 말한다. 그가 진짜 하려는 말은 "일이 그냥 벌어졌고 나는 할 수 있는 게 아무것도 없었다"라는 것이다. 하지만 격정적으로 말하는 그에게 아서 왕은 지혜롭게 대답한다.

"랜슬럿, 운명은 결정권이 없네! 우리의 욕정이 우리의 꿈을 파괴하도록 내버려둬서는 안 되는 걸세."[66]

삶이 무엇을 주든, 어떤 상황에 직면하든, 자기 삶은 스스로 결정하는 것이다. 크레셴도 정신을 통해 스스로 변화한 당신은 낡은 각본의 대물림을 끊을 수 있다.

과도기적 인물은 집안과 사회에 강력한 영향력을 미칠 수 있다. 그런 사람을 알고 있는가? 당신은 누군가에게 그런 사람이 될 수 있는가?

성경의 잠언에는 "비전 없는 백성은 망한다"라는 현명한 구절이 있다. 비전은 상상력과 지혜를 사용해 미리 생각하고 미래를 계획하는 능력이다. 비전은 당신이 있어야 할 곳과 이유, 그곳에 도달하는 방법, 즉 어떻게 "끝을 생각하며 시작하는지(《성공하는 사람들의 7가지 습관》 중 두 번째 습관)"에 대해 장기적인 전망을 제공한다.

말랄라 유사프자이는 파키스탄 전역의 어린이와 여성을 위해 과도기적 인물이 되겠다는 비전과 불굴의 의지를 가진 사람이었다. 탈레반이 고향 스와트밸리Swat Valley에서 소녀들이 학교에 가는 것을 금지하자 어린 소녀였던 말랄라는 2008년 9월 페샤와르에서 "어떻게 감히 탈레반이 내 기본권인 교육받을 권리를 빼앗는 건가요?"라는 용감한 제목의 연설을 했다. 교육은 그녀의 가문에서 매우 중요한 것이었다. 그녀는 자신에게 지대한 영향을 미친 반탈레반 운동가인 자신의 아버지(자신의 권리를 찾는 데 있어 과도기적 인물)가 설립한 학교에 다녔다.

겨우 열두 살이었을 때, 말랄라는 탈레반 통치하에서의 삶과 소녀들의 교육에 대한 견해를 담은 글을 자신의 블로그를 통해 BBC에 가명으로 게재했다. 이 활동으로 당시 세계에서 가장 유명한 10대 중 한 명이 되었다. 2011년 그녀는 남아프리카의 저명한 활동가 데즈먼드 투투 대주교는 그녀를 국제어린이평화상 후보로 지명했다. 그녀는 국제어린이평화상은 수상하지 못했지만 같은 해 제1회 파키스탄 전국청소년평화상을 받았다.

나와즈 샤리프 총리는 말랄라의 수상을 축하하며 "그녀는 파키스탄의 자랑입니다. 그녀가 한 일은 타의 추종을 불허합니다. 전 세계의 소녀들과 소년들은 그녀와 함께 투쟁과 헌신에 앞장서야 합니다"라고 말했다.[67]

그러나 인터뷰와 공개 연설은 그녀를 위험에 노출시켰다. 살해 협박문이 문 밑으로 들어오기도 하고 지역신문에 게재되기도 했다. 부모님은 걱정이 되었지만, 탈레반이 설마 어린아이를 해치리라고는 생각하지 않았다. 그러나 말랄라는 위협이 실재한다는 것을 알았다.

> 저에게는 두 가지 선택지가 있었습니다. 하나는 침묵하고 살해당하기를 기다리는 것. 두 번째는 목소리를 내고 살해당하는 것. 저는 두 번째를 선택했습니다. 목소리를 내기로 결정한 것입니다. 저는 모든 어린이가 양질의 교육을 받고 여성이 평등한 권리를 누리며 세계 곳곳에서 평화가 지켜지는 것이 보고 싶은 고집스럽고 열성적인 사람일 뿐입니다. 교육은 삶의 축복이자 필수재입니다.[68]

2012년 10월 9일, 말랄라가 타고 있던 학교 버스에 올라탄 탈레반 병사가 이름을 물어 그녀를 찾고는 머리에 권총을 대고 세 발을 쐈다. 총알 하나는 그녀의 왼쪽 이마를 강타하고 얼굴을 관통한 뒤 어깨에 박혔다. 다른 두 발을 맞은 그녀의 친구들 역시 부상을 입었지만, 말랄라의 부상만큼 심각하지는 않았다.

용감하게 탈레반에 대항한 열다섯 살 소녀를 살해하려는 시도는 파키스탄 내뿐 아니라 전 세계적으로 격렬한 항의와 말랄라에 대한 열렬한 지지를 촉발했다. 그녀가 총에 맞은 지 3일이 지난 뒤에 파키스탄의 이슬람 성직자 50명이 그녀를 살해하려 했던 탈레반을 규탄했으나 탈레반은 오히려 그녀의 아버지까지 살해하겠다는 협박을 반복하는 대담함을 보였다.

말랄라는 총에 맞은 뒤 수일 동안 의식을 찾지 못하고 위독한 상태였다. 상태가 안정되자 그녀는 영국으로 옮겨져 여러 차례 수술을 받았다. 기적적으로 뇌 손상은 심각하지 않았다. 이후 그녀는 자신을 향한 국제 사회의 압도적인 지지와 기도에 감사를 표했다. 계속되는 위협에도 불구하고 그녀는 2013년에 학교로 돌아와 교육의 힘을 옹호하는 용감한 행보를 지속했다.

이러한 노력은 그녀의 목표이기도 한 모든 어린이를 위한 교육이라는 중요한 운동을 촉발했다. 유엔 글로벌 교육 특사이자 전 영국 총리 고든 브라운은 말랄라의 명의로 200만 명의 서명을 받아 2015년 말까지 전 세계의 모든 어린이가 학교에 다닐 수 있게 하자는 내용의 유엔 탄원서를 제출했다. 이는 파키스탄 최초의 무상 및 의무 교육 권리 법안의 통과로 이어지면서 파키스탄의 교육에 실질적인 변화를 가져왔다.[69]

2013년 7월 12일 자신의 열여섯 번째 생일날 말랄라는 특별히 소집된 유엔 청소년 의회에서 500명이 넘는 청중 앞에서 연설했다. 총에 맞고도 살아남아 연단에 선 그녀의 강인한 모습은 청중에게 깊은 감동을 주었고 교육에 희망이 있다는 자신의 메시지에 대한 강력한 증거가 되었다. 나이는 어렸지만, 그녀의 말에 모든 사람이 열광했다.

친애하는 동료 여러분, 10월 9일 탈레반은 제 왼쪽 이마를 총으로 쏘았습니다. 제 친구들도 쐈습니다. 총알이 우리를 침묵하게 하리라고 생각했지만, 그들은 실패했습니다! 침묵을 깨자 나약함과 두려움, 절망은 사라졌습니다! 강인함과 힘, 용기가 생겼습니다. 저는 모든 어린이의 교육권을 옹호하기 위해 이 자리에 있습니다. 우리는 우리가 하는 말의 강인함과 힘을 믿어야 합니다. 우리의 말은 세상을 바꿀 수 있습니다. 그러니 문맹, 빈곤, 테러리즘에 맞서 영광스러운 투쟁을 벌이고 책과 펜을 듭시다. 책과 펜은 우리의 가장 강력한 무기입니다. 한 명의 어린이, 한 명의 선생님, 한 자루의 펜, 한 권의 책이 세상을 바꿀 수 있습니다. 교육만이 유일한 해결책입니다. 교육이 먼저입니다.[70]

말랄라 유사프자이는 결국 17세의 나이로 역대 최연소 노벨 평화상 수상자가 되었다. 그녀는 또한 "교육이 없다면 평화도 없을 것"이라며, 세계어린이상 상금으로 받은 5만 달러 전액을 가자 지구에 유엔 학교를 재건하는 데 기부했다. 영향력 있는 과도기적 인물인 말랄라는 언젠가 조국의 지도자인 총리가 되기를 희망하고 있다.[71] 이제 비전에 관해 이야기해보자.

> 사람들은 존재하는 것들을 보고 "왜지?"라고 말하지만,
> 나는 존재하지 않는 것들을 꿈꾸며 "왜 안 돼?"라고 말한다.
> _ 조지 버나드 쇼

대의를 위해 헌신하는 사람 한 명이 미치는 영향력은 자신에게 일어나는 일에 어떻게 대응할지 의식적으로 선택하는 모든 사람에게 전파된다.

말랄라의 용기와 비전은 우리에게 좌절을 극복하기 위한 토대가 된다.

- 가족이나 지역 사회에서 과도기적 인물이 되는 것을 선택한다.
  부정적이고 파괴적인 행동이 계속되는 것을 막는다.
- 자신에게 일어나는 일에 어떻게 반응할지 선택할 능력과 힘이
  있음을 믿는다.
- 변화에 대한 비전을 품고 헌신하는 사람의 힘을 사용한다.

> 가장 주목할 만한 승자는 대개 가슴 아픈 난관을
> 만난 뒤에 승리하였음을 역사는 보여주었다.
> 그들은 패배에 낙담하기를 거부하였기에 승리했다.
> _ B. C. 포브스

엘리자베스 스마트 역시 과도기적 인물이 되어 크레셴도로 사는 것의 힘을 보여주었다. 그녀가 겪은 시련이 공개된 뒤에 의회에서 개발한 프로그램은 실종 아동을 찾는 중요한 수단이 되었다. 2003년 엘리자베스와 그녀의 아버지 에드 스마트는 조지 W. 부시 대통령이 납치된 어린이를 위한 앰버 경고 보호법AMBER Alert Protect Act에 서명하는 자리에 초대되었다. AMBER는 '미국 실종아동 긴급 방송 조치America's Missing: Broadcast Emergency Response'의 약자다.

오늘날 이 시스템은 계속 확장되고 있다. 2013년 1월부터 앰버 경보는 전국의 휴대전화 수백만 대로 자동 전송되었으며, 2021년 12월 31일 기준 1,111명의 어린이가 성공적으로 구조되어 귀환했다.[72]

엘리자베스는 법무부와 협력해 생존자를 위한 안내서 《당신은 혼자가 아닙니다: 납치에서 역량 강화까지 You're Not Alone: Journey from Abduction to Empowerment》를 제작했다. 안내서는 비슷한 경험을 한 어린이들에게 포기하지 말라고 격려하고 비극적인 사건이 발생한 뒤에도 삶은 계속된다고 말한다.[73]

엘리자베스는 엘리자베스 스마트 재단을 통해 학대를 당한 후 행복한 삶을 되찾은 사람으로서 수많은 피해자에게 영감을 주는 본보기가 되었다. 그녀는 학대, 납치, 인터넷 음란물에 노출된 아동 피해자를 위한 예방 및 회복 프로그램을 지원하기 위해 자신의 이야기를 공유했다. 그녀는 강한 목소리로 피해자와 생존자 그리고 그 가족에게 힘을 실어주고 있다.[74]

엘리자베스 스마트 재단은 래드키즈 radKIDS와도 협력했다. 래드 rad는 '방어로 공격에 저항하라 Resist Aggression Defensively'의 약자로 아동 범죄 예방을 목적으로 세워진 비영리 프로그램이다. 래드키즈는 어린이들에게 위험한 상황을 인식했을 때 어떤 선택지가 있는지 교육하며 어린이 안전 교육 분야를 선도하는 단체다. 래드키즈 소속 강사 6,000명은 미국 46개 주와 캐나다에서 혁신적인 학교 커리큘럼을 통해 30만 명의 어린이를 가르치고 있다.

래드키즈의 프로그램을 이수한 어린이 30만 명 중 150명은 납치되었다가 구조되었고 수만 명이 성폭행과 잠재적 인신매매 위험에서 벗어났다. 학생들은 프로그램에서 배운 새로운 행동 수칙을 사용해 가족의 품으로 안전하게 돌아갔다. 통계에 따르면 반격하고 비명을 지르고 저항하는 어린이의 83퍼센트가 공격자에게서 벗어날 수 있다고 한다. 레드키즈는 아이들이 자신감과 자부심, 안전 수칙을 가지고 두려움을 극복하고 위험한 상황에 맞설 수 있도록 교육한다. 프로그램을 통해 얻은 정보와 훈련 덕분에 성폭행과 학대를 당한 어린이 수만 명이 목소리를 내고 학대를 중단하는 데 필요한 도움을 받았다. 수천 명이 괴롭힘과 또래 폭력에서 벗어났다.[75]

엘리자베스는 어린 나이에 납치되는 시련을 겪고도 아직 중요한 일이 자기 앞에 놓여 있다는 사실을 명확히 함으로써 크레셴도로 사는 삶의 멋진 본보기를 보여주었다. C. S. 루이스가 지적한 바와 같이, 그녀의 고난은 그녀만이 성취할 수 있는 특별한 운명에 대비해 그녀를 준비시킨 것이다. 엘리자베스는 이렇게 말한다.

> 어려움을 겪고 나서 전보다 더 깊이 타인을 이해하고 공감할 수 있게 되었다는 사실을 깨달았습니다. 어려움에 직면했을 때는 아주 쉽게 화가 나거나 속이 상할 수 있어요. 하지만 혹독한 시험을 통과하고 나면 타인을 도울 기회가 생깁니다. 시험을 겪지 않았다면 불가능했을 변화를 일으킬 수 있게 됩니다. 어려운 일을 겪었기 때문에 타인을 도울 수 있게 된 것입니다. 다른 피해자들에게 손을 내밀어 행복해지는 방법을 배우는 것을 도울 수 있습니다. 이런 끔찍한 경험을 하지 않았다면, 이런 문제들에 관심을 가지고 관여하지 않았을지도 모릅니다. 다른 사람들을 도울 기회가 있어서 감사합니다. 그들은 제 삶에 있어 축복입니다. 감사는 건전한 시각을 갖는 데 도움이 되었습니다.[76]

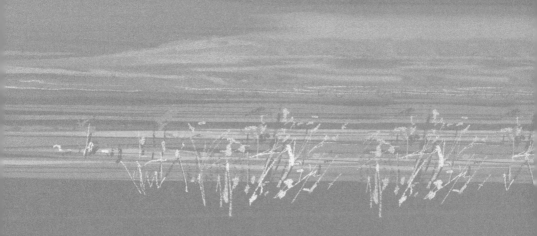

4부

라르고와 아첼레란도,
인생의 후반부

THE SECOND HALF OF LIFE

largo(lar-go)

〔부사/형용사〕느린/느리게, 폭넓은/폭넓게, 장중한/장중하게.
풍부함과 관대함을 뜻하는 라틴어 'largus'에서 유래함.

accelerando(ac-ce-le-ran-do)

〔부사/형용사〕빠른/빠르게.
속도를 높이라는 뜻의 라틴어.

**우리 앞에는 우리가 뒤에 남겨둔 것보다
훨씬 좋은 것들이 있다.**

_ C. S. 루이스

    몇 년 전, 내가 만든 크레셴도로 산다는 개념을 사람들에게 가르치다
가 주변 사람들의 참여를 적극적으로 유도하는 한 남자분을 보게 되었다.
나는 그와 어서 이야기를 나눠보고 싶었다. 강의가 끝나자 그는 내년에
65세가 되는 순회 판사라고 자신을 소개하며 이제 은퇴할 때가 왔다는 것
을 받아들이려던 참이었다고 했다. 아직 기여해야 할 것이 더 남아 있고
그럴 수 있는 위치에 있다는 사실을 깨닫자 그의 머릿속에 불이 켜졌다.
왜 지금 그만둬야 하는가? 그는 스스로 물었다. 수년 동안 그의 섬김은 지
역 사회에 긍정적인 영향을 미쳤고 그는 여전히 자기 일에 엄청난 열정
을 품고 있었다. 자신이 잘 아는 문제가 점점 늘어나고 복잡해지자 그는
지역 사회에 도움을 줘야 한다는 생각이 들었다. 크레셴도 정신이라는 프
리즘을 통해 자신의 미래를 상상하면서 가장 중요한 일이 아직 자신 앞에
놓여 있다는 사실을 깨달은 그는 들뜬 모습이었다.
    은퇴 또는 특정 시기에 모든 일을 그만둔다는 개념은 비교적 새로운 개
념이다. 역사적 위인들은 나이가 들었다는 이유만으로 활동을 줄이지 않

왔다. 70대, 80대가 되어도 자기 분야에서 두각을 나타내며 생산적인 활동을 계속했고 여전히 그렇게 하고 있다. 오늘날에도 CEO, 교육자, 변호사, 기업인, 감독, 정치인, 과학자, 농부, 자영업자, 운동선수, 소매업자, 의사 등 각계각층 사람들은 사회가 만든 은퇴라는 개념을 믿지 않는다. 이들은 해마다 무언가에 기여한다. 의학이 눈부시게 발전한 덕분에 한두 세대 전만 해도 기력이 쇠하고 죽었을 나이에 우리는 훨씬 긴 세월 동안 충만한 인생을 영위할 수 있다.

내가 예순넷이 되던 해에 샌드라와 함께 늘 원했던 "꿈의 가정"을 꾸리자 모두가 놀랐다. 손주들이 사촌들과 친한 친구가 되고 식구들이 모여 함께 휴식을 취하고, 즐기고, 세대를 뛰어넘어 서로 응원하는 멋진 가족 문화가 있는 집을 원했던 우리는 아홉 자녀가 대부분 성장한 뒤에 작업에 착수했다.

아들 데이비드는 내가 상상해온 일을 "말년"에 현실로 이루어낸 것을 놀라워했다. 아들은 건설 현장에 서서 팔을 크게 벌리고 경외하는 눈으로 나를 바라보며 "인생의 해가 질 무렵에도 그는 창조했네!"라고 외쳤다.

나를 포함한 모두가 재미있어하며 크게 웃었지만, 나는 항상 우리 가정이 보다 큰 무언가의 일부가 되어야 하며, 이를 실현하려면 아직 해야 할 일이 많이 남아 있다고 생각했다. 나의 계획이 완성된 이후 우리 집은 회복과 안식의 장소, 웃음과 가르침의 장소, 번창하는 후손을 위한 모임 장소로 앞으로도 오래오래 즐길 수 있는 곳이 되었다.

당신이 해야 할 가장 중요하고 멋진 일이 당신을 기다리고 있으므로 나이와 상관없이 타인을 섬기고 축복할 기회를 열어두는 것이 중요하다는 것을 깨닫기를 바란다! 나는 이를 절대적으로 믿는다. 인생의 초반 3분의 2가 마지막 3분의 1을 준비하는 시기인 경우가 많은데, 그 시기에 당신의 삶에서 가장 훌륭한 일을 하게 될 것이다.

영국의 가장 어두운 시기로 일컬어졌던 1940년, 처칠은 예순여섯에 총리가 되는 것을 두고 이렇게 말했다. "운명과 함께 걷고 있는 듯했고, 지난 모든 세월이 이때와 이 시험을 위한 준비에 불과했던 것처럼 느껴졌다. 총리직에 대해 내가 많이 알고 있다는 생각이 들었고 실패하지 않으리라는 확신이 들었다."[1]

삶에서 이 시기는 그 어느 때보다 많은 자원과 경험, 지혜를 갖추고 있는 때다. 은퇴를 고려하기에는 아직 도와야 할 사람들과 성취할 일이 너무 많다. 일을 그만두거나 직장에서 은퇴하는 것은 괜찮지만, 의미 있는 일을 하는 것에서 은퇴해서는 안 된다. 흥미진진한 모험이 당신을 기다리고 있다!

8

추진력을 유지하라
KEEP YOUR MOMENTUM GOING!

나에게 은퇴는 죽음이다!
사람들이 왜 은퇴하는지 모르겠다.

_ 머브 그리핀

나는 세 번째 책《스티븐 코비의 마지막 습관》에서 은퇴와 그에 따른 결과에 관한 통찰력이 담긴 책인 한스 셀리에 박사의《삶의 스트레스Stress of Life》를 인용했다.

대부분의 경우 나이가 들면 휴식이 필요하지만, 모든 사람에게 노화가 동일한 속도로 진행되는 것은 아니다. 몇 년은 더 사회에 유익한 일을 할 수 있는 귀한 사람들이 활동 욕구와 능력이 여전히 높은 나이에 강제로 퇴직하면서 육체적으로 병들고 급격히 노화했다. 이 심인성 질환은 너무나 흔히 발생해 '은퇴병'이라는 이름이 붙었다.

셀리에 박사는 자신의 저서에서 디스트레스distress('dis'는 '나쁜'이라는 뜻의 접두사)라고 불리는 불쾌하고 해로운 스트레스와 유용하고 좋은 유스트레스eustress('eu'는 '좋은'이라는 뜻의 접두사)를 구별한다. 그는 일을 할 때처럼 무언가에 연결되어 있지 않으면 인체의 면역 체계가 느려지고 퇴행이 가속화된다는 것을 발견했다. 그러나 의미 있는 일이나 프로젝트를 하면 유스트레스(유익한 스트레스)가 발생하고 성취감을 느끼고 목적의식을 가지게 된다.[2]

셀리에 박사는 우리가 현재 있는 자리와 있기를 원하는 곳, 즉 영감을 주는 목표 사이에 존재하는 유스트레스가 삶을 지탱하므로 긴장이 없는 상태를 추구하는 사람들은 실제로는 수명이 더 짧다고 믿었다. 타인에게 의미 있는 일을 할 때 우리의 삶도 의미 있는 삶이 된다.

《50가지 간단한 장수의 비결50 Simple Ways to Live a Long Life》에서 수잰 보핸과 글렌 톰프슨은 삶의 긍정적인 목적과 만족감을 개발하라고 장려하는, 일본에서 널리 알려지고 실천되는 철학 이키가이ikigai, 生き甲斐(존재의 이유, 삶의 원동력)에 대해 논의한다. 일본 정부가 홍보하는 이키가이 재단은 가족과 사회 시스템의 부담을 완화하는 방법으로 고령자의 자립을 장려한다. 일본 노인 1,000명 이상을 조사한 연구에 따르면 이키가이를 실천한 노인이 그렇지 않은 노인보다 훨씬 오래 살았다고 한다. "목표 달성에 대한 강한 동기가 있는 사람은 그렇지 않은 사람보다 우울감을 훨씬 덜 느꼈다"라고 보고한 연구도 있다.[3]

자신의 삶에 의미가 있다고 믿는 헝가리 중년 1만 2,640명을 조사한 연구에서 이들의 암과 심장병 발병률은 목적의식 없이 사는 사람들에 비해 현저히 낮은 것으로 나타났다. 세계에서 가장 장수한 사람들을 연구한 블루 존 프로젝트Blue Zones Project는 목적의식이나 침대에서 일어날 이유가 있는 것이 100세 이상 노인들에게서 발견되는 공통적인 특성이라는 것을 발견했다.

이 현상을 연구한 의학 박사 해럴드 G. 코닉은 "자신의 삶이 보다 큰 계획의 일부라고 생각하고 영적 가치에 따라 사는 사람들은 면역 체계가 더 강하고 혈압이 낮으며 심장마비와 암 발병 위험이 낮고 치유가 빠르고 수명이 더 길다"라고 썼다. 베스트셀러 작가이자 초프라 웰니스 센터Chopra Center for Wellness 공동 창립자 디팩 초프라는 "목적은 성취감과 기쁨을 주며, 행복의 경험을 줄 수 있다"라고 확신했다.[4]

의사이자 성공적인 노년 분야의 존경받는 권위자 월터 보츠 박사는 베스트셀러인 자신의 저서 《100세까지Dare to Be 100》에서 아이러니하지만 책임은 나이가 들수록 줄어드는 게 아니라 커져야 한다고 말한다. "나이가 들수록 우리는 더 많은 책임을 져야 합니다. 우리가 환경을 우리에게 맞게 만들었기 때문입니다." 보츠는 우리가 일상적인 업무를 지속하고 숭고한 목적을 위해 재능을 발휘해야 한다고 믿는다. 그러나 우리 사회는 그 반대를 믿도록 우리를 길들여 나이가 들수록 친구, 가족, 사회생활에서 멀어지게 한다.

보츠는 고령자에게 흥미로운 프로젝트와 도전에 몰입해 눈치채지 못할 만큼 시간이 빠르게 지나가는 일의 '흐름'을 경험하기 위해 노력하라고 조언한다. "이렇게 몰두하는 생활을 하면 더 오래, 더 잘 살 수 있을 뿐 아니라 죽을 때도 더 빨리 죽을 수 있죠. 액셀을 밟고 가는 게 좋습니다. 허송세월하지 마세요!"[5]

나이가 들수록 뒤로 물러나는 흐름을 거스르고 자기 자신과 타인에게 의미와 목적을 부여해주는 프로젝트에 관여하라. 사회가 퍼뜨리는 정신적, 사회적 전염병인 '은퇴병'에 걸리지 말라. 주위를 둘러보면 이 흥미진진한 인생 단계에서 행복하고 생산적인 삶을 사는 훌륭한 사람들을 많이 찾아볼 수 있다. 다양한 직업군의 사례가 있다. 이들은 삶에 기여할 것이 아직도 많이 있으며, 은퇴병에 대한 해독제가 목적의식이라고 믿는다.

조지 번스는 여러 세대에 걸쳐 연극, 라디오, 텔레비전, 영화, 스탠드업 코미디, 음악, 책, 영화 등에서 성공적인 경력을 쌓은 몇 안 되는 엔터테이너 중 한 명이다. 그의 경력은 무려 93년 동안 지속되었다! 그는 〈선샤인 보이The Sunshine Boys〉로 80세에 역대 최고령 아카데미 남우조연상 수상자가 되었다. 당시 번스는 35년 동안 주연에서 밀려나 있었는데, 그는 이를 두고 소속사에서 자신의 과도한 노출을 원하지 않는다는 농담을 했다! 그는 오스카상을 받은 뒤에도 크레셴도로 살면서 놀라운 두 번째 경력을 시작했고 90대 이후에도 영화와 TV 프로그램에 출연하며 바쁘게 지냈다.

90대가 된 전설적인 코미디언은 런던 팔라디움에서 자신을 유명하게 만들어준 조연 배우straight man 개그로 자신의 100번째 생일을 자축하며 이렇게 말했다. "저는 지금 죽을 수 없습니다. 스케줄이 잡혀 있거든요!" 그는 총 열 권의 책을 집필했다. 그중 두 권은 베스트셀러가 되었고 한 권은 《100세까지》라는 적절한 제목으로 출판되었다. 그는 자기가 전한 바를 실천하며 마지막까지 일하다가 100세에 죽었다.

그는 연예계에 자기만 남을 때까지 있을 것이라고 농담을 던졌는데, 그가 100세가 되자 정말 그의 말대로 되었다.[6]

허셸 맥그리프는 80대는커녕 50세가 넘는 NASCAR[전미스톡자동차경주협회의 약어로 스톡은 경주용 차를 말함] 드라이버조차 많지 않은 레이싱 세계에서 고정관념을 깬 사람들의 관심을 집중시켰다. 그는 81세에 포틀랜드 국제 레이스웨이Portland International Raceway에서 열린 NASCAR 피처 레이스에 역대 최고령 드라이버로 참가했고 26명 중 13위로 경기를 마쳤다. 그는 단순히 80대 드라이버로 주목받는 데 그치지 않고 60여 년 동안 자신이 사랑했던 스포츠에 복귀하기를 원했다.[7]

많은 사람이 보행기와 휠체어를 타고 다닐 때 허셸 맥그리프는 은퇴할 수 없었다. 열두 차례나 올해의 최고 인기 드라이버Most Popular Driver of the Year로 뽑힌 그는 79세에 미국 모터 스포츠 명예의 전당에 올랐다. 그러나 가장 큰 영예는 2016년에 소수의 드라이버에게만 허락되는 NASCAR 명예의 전당NASCAR Hall of Fame에 다섯 명의 전설 중 한 명으로 헌액된 것이다.[8]

맥그리프는 "여든 살이 되면 어디선가 쇼트트랙 경주를 해보고 싶습니다. 제가 젊은이들을 따라갈 수 있는지 보고 싶군요!"라고 말했다. 그는 자신의 말대로 84세에 소노마 레이스웨이에서 경쟁을 펼쳤다.[9]

연구 결과에 따르면 노년까지 계속 일하는 것은 장수에 도움이 된다고 한다. 3,500명의 로열 더치 셸 직원을 추적한 연구에 따르면 55세에 은퇴한 사람들은 같은 또래의 일하는 사람들보다 향후 10년 안에 사망할 확률이 두 배나 높았다. 12년 동안 1만 6,827명의 그리스 남녀를 추적한 유럽의 한 연구에 따르면 일찍 은퇴한 사람들은 계속 일을 한 사람들보다 사망률이 50퍼센트가 더 높았다. 미국 국립노화연구소National Institute on Aging의 초대 이사 로버트 N. 버틀러 박사는 "일은 인생에 목적이 있다고 생각하게 하는 가장 쉬운 방법이니 가능한 한 오래 일하는 것을 고려하라"라고 말했다.[10]

아서 애스킨은 물리학에 대한 공헌으로 2018년에 노벨상을 받은 레이저 과학자 3인 중 한 명이다. 당시 96세이던 그는 역대 최고령 노벨상 수상자였다. 노벨상은 길고 성공적인 과학 경력의 절정이자 결론인 듯 보였지만 애스킨 본인은 그렇게 생각하지 않았다. 그는 노벨상 관계자들에게 "다음 논문 작업을 하느라 바빠서 수상자 인터뷰에 참석하지 못할 수도 있습니다"라고 말했다. 그는 여전히 과학 분야에 기여할 게 많고 이를 뒤로 미루고 싶지 않았던 게 분명하다![11]

그러나 2019년 10월 독일 태생의 존 B. 구디너프가 최고령 노벨상 수상자 자리를 차지하게 되었다. 구디너프는 97세에 노트북과 스마트폰에 사용하는 리튬 이온 배터리에 관한 연구로 노벨 화학상을 받았다. 그는 기자들에게 "리튬 이온 배터리가 전 세계 통신에 도움이 된 것을 매우 기쁘게 생각한다"라고 말했다. 그는 연구실에서 계속 연구를 하고 있으며 자신이 좋아하는 분야에서 은퇴할 계획이 없는 것으로 알려졌다.[12]

세 아이를 둔 수줍음 많은 전업주부였던 52세 이마 엘더는 가족 사업을 맡아 운영할 계획이 없었지만, 심장마비로 갑작스럽게 세상을 떠난 남편이 운영하던 디트로이트의 포드 대리점을 헐값에 파느냐 직접 운영하느냐 하는 중요한 선택의 기로에 놓였다. 이마는 문제가 많았던 자동차 대리점을 성공적인 사업체로 바꾸면서 자신에게 재주가 있음을 입증했다. 그녀는 제조업체, 은행, 신용 회사를 대하는 법을 배우며 20년 동안 일했고, 70대 후반에 들어 아홉 번째와 열 번째 대리점을 열었다. 그녀는 결국 세계 최고의 재규어 딜러 중 한 명이 되었고 그녀의 엘더 오토 그룹Elder Automotive Group은 미국 최대 규모의 히스패닉계 기업 중 하나가 되었다.

"은퇴는 언제 할 거냐 물으면 저는 재미가 없어지면 하겠다고 답합니다!" 세 손주의 할머니가 된 그녀가 말했다. "일은 저를 살아 있게 하죠." 그녀는 업계에서 선구적인 여성이기도 하다. "여전히 여성은 자동차 대리점을 운영할 수 없다는 인식이 있는 것 같습니다. 하지만 그게 뭐 대수인가요? 전 그냥 그런 인식을 받아들입니다. 제가 그 유리천장을 깨부수라는 것을 아니까요. 나이가 들면 인내하게 됩니다."[13]

엘리엇 카터는 65세에 현악4중주 3번으로 두 번째 퓰리처 음악 부문 상을 받고 86세에 바이올린협주곡으로 첫 그래미 어워드를 수상했다. 그는 90세에 오페라라는 새로운 장르를 시도해 음악계에 충격을 주었다. 〈보스턴 글로브〉는 "다음은 뭘까?"라는 제목의 평론에서 그의 오페라 작품을 극찬했다. 90세에서 100세에 이르는 말년에 그는 40편 이상의 작품을 만들며 놀라울 정도로 왕성하게 활동했다. 카터는 "'늦게 피는 꽃'이라고 하죠! 마음속에 있지만 명확하게 구체화할 수 없었던 것들을 다듬는 데 오랜 시간이 걸렸습니다"라고 설명했다. "마치 새로운 언어를 배우는 것과 같습니다. 기본 어휘를 익히면 쉬워지고 직관적이게 되죠."

자신의 창의성이 절정에 달했다고 느낀 카터는 수년 동안 일찍 기상하는 일과를 지켰다. 그는 100세가 된 뒤에 20곡을 작곡했고 세상을 떠나기 3개월 전인 103세에 마지막 곡을 완성했다. 그는 죽기 직전까지 활동하면서 100세 이후까지 작곡을 해 음악계를 놀라게 했다. 미국 현대음악에서 가장 오래 활동한 주요 작곡가 중 한 사람인 그는 자신의 삶을 통해 "기다리는 자에게 좋은 것들이 찾아온다"라는 것을 보여주었다.[14]

윌리엄스 기계 설비Williams Equipment & Controls Co.의 소유주이자 임원이었던 클레이턴 윌리엄스는 60세에 자신의 성공적인 40년 엔지니어링 경력에 마침표를 찍기로 결심했다. 그러나 그는 은퇴 후 골프를 치거나 휴식을 취하거나 세계 여행을 하는 생활을 추구하지 않았다. 대신, 예술이라는 완전히 다른 일을 시작하는 용감한 결정을 내렸다. 항상 취미로 그림을 그렸고 어머니처럼 아름다움에 대한 예리한 안목을 갖추고 있었던 그는 이제 미술계에 발을 들여놓을 때가 되었다고 느꼈다. 사람들 대부분이 공학과 예술이 정반대 위치에 있다고 생각하지만, 그는 인생 후반기에 완전히 다른 일을 시작하는 것을 주저하지 않고 오른쪽 뇌를 사용하는 데 열심이었다.

그림 기술을 익힌 그는 곧 전업 화가로서 자신과 다른 예술가들의 그림을 전시하고 판매할 수 있는 윌리엄스 파인 아트Williams Fine Art라는 미술관을 열었다. 그는 고전 예술가와 현대 예술가, 지역 예술가의 작품을 전시하고 판매했으며, 작품을 판매한 적이 없는 재능 있는 젊은 예술가들을 홍보하는 것을 좋아했다. 그는 자신이 신뢰하는 멘토들에게서 배우고 공부한 뒤 곧 다양한 예술 세미나를 열어 사람들을 가르쳤다. 미술 전시회에 참가하고 개인전을 열기도 하고 다양한 미술 서적과 잡지에 작품을 싣기도 했다.

80~90대에도 자신의 미술관에서 전업 화가로 활동한 그는 "어떻게 일을 안 할 수 있는지 모르겠습니다. 친구들은 골프를 치고 브리지[카드 게임의 일종]를 해요. 그것도 좋지만, 저한테는 충분하지 않아요. 저는 항상 도전적이고 보상이 있는 프로젝트를 하는 것을 좋아합니다. 매일 무슨 일이 벌어질지 기대가 됩니다!"라고 말했다.

윌리엄스는 수천여 점의 작품을 만들어 판매했고 가족에게 나눠주기도 했다.

작품을 수집하고 파는 일 외에도 수십 년간 자신이 사는 지역 사회의 예술단체와 자선단체에서 부지런히 이사회 활동도 했다. 지역 사회에 필요한 여러 프로젝트에 관여하는 것 외에도 재단을 설립해 6학년 학생들을 개인 지도하고 저소득층 학생들의 고등학교 학비를 후원하고 노숙자들에게 식사를 제공하는 등 도움이 필요한 사람에게 손을 내밀었다.

그는 예술 활동으로 많은 돈을 벌었지만, 그를 움직인 원동력은 돈이 아니었다. 그는 미국 서부 최고의 예술가 메이너드 딕슨의 희귀한 그림을 팔지 않고 오랜 세월 동안 수천 명이 즐길 수 있도록 지역 미술관에 주저 없이 기증했다. 다른 값비싼 그림들도 팔아서 수익을 내기보다 미술관에 기증했다.

자신의 미술관에서 32년 동안 80세가 될 때까지 일하고 그림을 그

렸던 그는 94세가 되어서야 자택에서 그림을 팔기 시작했는데, 계속 예술계에 깊이 관여하고 기여했다. 평생 건강 문제를 겪었지만, 85세가 될 때까지 경쟁적으로 테니스 경기를 뛰어 어린 상대들을 놀라게 했다.

지금도 그는 쉬지 않고 다양한 프로젝트에 깊이 관여하며 크레셴도로 살고 있다. 매일 컴퓨터로 작업을 하고 어머니의 삶을 글로 쓰고 재단을 성장시킬 아이디어를 공유하고 예술 재단 이사로 활동하고 판매할 작품을 들고 찾아오는 사람들을 연결해주고 출간 예정인 예술 서적 작업을 하면서 정신을 예리하게 유지하며 후손들과 함께 보내는 시간을 좋아한다.

그는 "돌이켜 보면, 예술 활동을 하며 보낸 인생 후반기는 사회에 기여하고 환원할 수 있어 가장 보람 있는 시기였습니다. 새로운 친구들을 많이 사귀었고, 가치 있는 기여를 했다고 느낄 수 있어 축복이었습니다"라고 말했다. 놀랍게도 그는 아직도 앞으로 만나게 될 다음 "도전과 보상"을 찾고 있다.[15]

바버라 보먼은 79세에 시카고의 유아교육청장Office of Early Childhood Education이 되어 3만 명의 아이들을 위한 프로그램을 8년 동안 감독했다. 유아교육 분야의 선구자로 알려진 그녀는 일하는 동안 어린아이들을 지원하는 활동을 했다. 세계적으로 유명한 유아교육 전문가인 그녀는 교사, 강사, 작가, 행정가로 활동했으며, 에릭슨 아동발달연구소Erikson Institute for Advanced Study in Child Development의 공동 설립자 3인 중 한 명으로 소장까지 지냈다. 그녀는 쉬지 않고 수준 높고 광범

라르고와 아첼레란도, 인생의 후반부

위한 유아교육과 훈련을 추구해왔으며, 81세에 오바마 정부에서 교육부 장관의 자문 위원으로 일했다.[16]

마음 깊이 아이들을 사랑하는 선생님인 그녀는 91세의 나이에도 교육이라는 대의를 위해 활동하고 있으며, 매주 일요일 15~25명을 저녁식사에 초대하는 것을 즐긴다. "50년 동안 이렇게 살아왔습니다. 덕분에 젊게 살고 있죠." 그녀가 설명했다.

나이 드는 것이 현저한 장점이라고 믿는다는 그녀는 이렇게 말했다. "경력을 걱정하지 않으니 옳다고 생각하는 일을 할 수 있게 됩니다. 나이가 들면 조바심이 생겨요. 시간이 얼마나 남았는지 알 수 없으니 중요하지 않은 일에 시간을 낭비하지 않게 됩니다."[17]

다양한 이야기와 사례를 공유하면서 당신에게 죄책감을 불러일으켰으니, 이 중요한 시기에 할 수 있는 일을 생각하는 계기가 되기를 바란다. 나의 목표는 '은퇴병' 해독제를 주사해 당신이 이 시기에 기회와 보람을 찾을 수 있다고 믿고 목표를 찾게 하는 것이다. 조지 버나드 쇼는 이 장의 요약본이라고 할 만한 말을 했다.

스스로 위대하다고 인정한 목적을 위해 사용되는 것은 삶의 진정한 기쁨이다. 그것은 세상이 당신의 행복을 위해 노력하지 않는다고 불평하고 성내는 이기적인 질병이나 불만 덩어리가 아니라 자연의 힘이 되는 것이다. 나는 공동체에 속하며 살아 있을 때 내가 할 수 있는 일을 하는 것이 특권이라고 생각한다. 더 열심히 일할수록 더 오래 살 것이니 죽을 때는 완전히 소모된 상태였으면 좋겠다. 나는 삶 자체를 즐긴다. 인생은 곧 꺼지는 촛불이 아니다. 인생은 잠시 들고 있는 멋진 횃불 같은 것이니 다음 세대에 넘겨주기 전에 가능한 한 밝게 타오르게 하고 싶다.[18]

경력에서 기여로 전환하기

그러나 "과잉 성취자"로 불리는 이런 사람들과 당신 사이에 공통점이 별로 없다고 생각한다면 어떻게 해야 할까? 당신은 세상을 더 나은 곳으로 만드는 것이 진정한 기쁨이라는 버나드 쇼의 생각에 동의하지 않을지도 모른다. 아마도 당신은 다음과 같은 질문을 하고 있을 것이다.

- 난 일을 그만두고 골프나 여행을 하는 것이 좋은데?
- 왜 이 (미친) 사람들은 오래 일하기를 원하지?
- 난 지쳤어. 저런 에너지와 의지, 열정은 어디에서 나오는 걸까?
- 계속 일하고 섬기고 기여하고 싶은 열망은 타고나는 걸까, 아니면 선택일까?
- 누구나 이런 선택을 할 수 있을까?

먼저, 모두가 쓰러질 때까지 일해야 한다는 말이 아니다! 70대, 80대, 90대까지 일하는 것을 원하지 않는 사람은 당신만이 아니다. 나이가 들면 9시에서 5시까지 일하는 일정을 더는 지키고 싶지 않을 수도 있다. 풀타임으로 일하면서 시간이 없어서 하지 못했던 것들을 해보고 싶을 것이다. 이 시기는 새로운 취미를 시작하고 어떤 것에도 방해받지 않고 가족이나 친구들과 많은 시간을 보내고 여행하고 휴식을 즐기기에 이상적이고 완벽한 때다. 모두 이 인생 단계에서 하기에 좋은 것들이다.

그러나 나는 당신이 혼신의 힘을 다해 무언가에 기여하도록 영감을 주고 싶다. 직장에서는 은퇴해도 괜찮지만, 삶에서 의미 있는 기여를 하는 것에서는 은퇴하지 말라. 새로운 렌즈와 패러다임으로 은퇴를 바라보자고 제안하는 것이다. 일과 경력이 지배적인 위치를 차지하는 삶이 아닌 기여에 초점을 맞춘 삶을 의식적으로 선택하는 크레셴도 패러다임으로.

> 더 이상 타인에게 유용하지 않다면
> 내 삶은 무엇이 되는가?
> _ 괴테

리더십 연구의 선구자로 알려진 워런 베니스는 리더십에 관한 책을 30권 이상 저술했다. 70대와 80대에도 일하고 글을 썼던 그는 85세에 회고록 《여전히 놀라운Still Surprised》을 저술했다. "은퇴에 대한 소고Retirement Reflections"라는 제목의 기사에서 그는 인생의 후반부를 어떻게 바라볼지에 관한 두 가지 생각을 제시했는데, 나도 이에 전적으로 동의한다.

첫째, 성공하는 사람들은 항상 과도기에 있다. "멈추는 법이 없다. 계속 움직인다. 과거의 성취나 은퇴에 대해 생각하지 않는다." 베니스는 처칠, 클린트 이스트우드, 콜린 파월, 그레이스 호퍼, 빌 브래들리, 케이 그레이엄과 같은 사람들을 칭송하며, "이 사람들은 모두 출발이 늦었지만, 절대 설렁설렁하지 않고 계속 정상을 지켰다. 그들은 은퇴나 과거의 성취에 관해 이야기하지 않았다. 늘 자신의 삶을 재설계하고 재구성하고 재창조하느라 바빴다"라고 썼다.

둘째, 성공적인 커리어를 쌓고 성공적인 인생을 산 사람들은 나이가 들어도 변신에 성공한다. 뛰어난 지도자들을 연구한 베니스는 성공적인 변화를 이루어내는 사람들의 다섯 가지 특징을 발견했다. "인생 후반부" 단계에서 커리어에 집중하는 삶에서 의미 있는 기여를 하는 삶으로 전환하고 싶다면 기여와 크레셴도 정신이라는 패러다임을 통해 다음의 다섯 가지 특징을 생각해보자.

1. 강한 목적의식, 열정, 신념, 차이를 만들기 위해 중요한 일을 하려는 마음이 있다.
2. 신뢰할 수 있는 깊은 관계를 발전시키고 유지할 수 있다.
3. 희망을 퍼뜨린다.
4. 일, 권력, 가족 또는 외부 활동 사이에서 삶의 균형을 유지한다. 사회적 지위에서만 자존감을 얻지 않는다.
5. 행동력이 있다. 무모하지 않지만 위험을 감수하기를 주저하지 않는다. 모험과 위험, 약속을 좋아한다.[19]

주변에 이런 특징을 지니고 있으면서 여전히 일을 하고 또래들은 이미 수년 전에 중단한 활동을 계속 즐기는 70대나 80대, 심지어 90대도 찾을 수 있을 것이다. 신체적, 정신적 건강을 유지할 만큼 운이 좋다면 이 나이대에도 여전히 많은 것을 성취할 수 있으며 가족과 지역 사회의 중요한 구성원이 될 수 있다.

눈부신 경력을 뽐내는 크로퍼드 게이츠는 작곡가이자 편곡가로 영화음악을 발표했고 일리노이에서 벨로이트-제인스빌Beloit-Janesville, 퀸시, 록퍼드 교향악단을 이끌며 독창적인 교향곡을 많이 작곡했다.

게이츠는 '은퇴'라고 보기 힘든 은퇴를 하고 수년 뒤 78세에 6개의 교향곡을 작곡했는데, 그중 하나가 국립음악협회National Music Fraternity 창립 100주년을 축하하기 위해 만든 곡이다. 이후에도 그는 오페라 한 작품과 20곡을 더 작곡했다. 그는 90세에도 주 5일 오전에 네 시간(8시부터 정오까지), 오후에 두 시간 동안 작곡을 하는 등 왕성한 활동을 했다. 2018년 96세의 나이로 사망하기 전까지 항상 작업 중이었는데, 평균적으로 6개 이상의 곡을 동시에 만들었다. 그는 "그 어느 때보다 지금이 가장 신난다"라며, "이것은 태도의 문제"라고 했다. 매우 재능 있는 피아니스트인 그의 아내 조지아는 80대에도 일주일에 이틀 정도는 지역 콘퍼런스 센터에서 피아노를 치는 자원봉사를 했다. 그녀는 통찰력 있는 문구로 부부의 철학을 표현했다. "추진력을 유지해야 한다." [20]

나는 추진력을 유지한다는 발상을 좋아한다. 더 이상 직장에서 일하거나 커리어를 쌓을 필요가 없더라도 계속 움직여라. 당신이 경험하며 배운 것은 같은 경험을 해본 적이 없는 사람들에게 매우 유용하고 가치 있는 것이다. 은퇴한 모든 사람이 기여할 게 있는지 찾으려 주위를 살피고 일생에 걸쳐 얻은 경험을 주변에 기꺼이 공유하면 어떻게 될까? 의식적으로 크레센도로 살기로 선택하고, 배우고, 기여하고, 해야할 일이 많다고 믿는다면 앞으로 수년 동안 큰 변화를 불러올 수 있다. 이와는 반대로 이미 최선을 다했으니 앞으로 더 이상 할 수 있는 게 없다고 믿으면, 퇴보하고 디미누엔도로 살게 될 것이다.

> 스무 살이든 여든 살이든 배우기를 멈춘 사람은 늙은 것이다.
> 계속 배우는 사람은 젊다.
> _ 헨리 포드

우리 사회에는 나이가 들면 계속 일하기와 은퇴라는 두 가지 선택지만 존재한다는 해로운 오해가 있다! 둘 중 하나만 선택할 필요는 없다. 기여하기라는 세 번째 대안은 이 두 가지를 모두 포함하기 때문이다. 나는 중요한 인생 단계에서 기여하기를 선택하는 패러다임의 전환을 제안한다. 다음과 같은 그림을 떠올려보자.

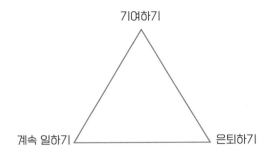

라르고와 아첼레란도, 인생의 후반부

은퇴라는 단어를 보면 뒤돌아보기, 내려다보기, 굴복하기, 철수하기 같은 단어들이 함께 떠오른다. 크레셴도 정신은 그 반대인 아첼레란도를 제안하는데, 이는 속도를 높이라는 뜻이다! 속도를 높이면 뒤돌아보거나 내려다볼 시간은 자연스럽게 없어지고 앞을 내다보고 위를 올려다보며 바로 눈앞에서 벌어지는 일에 온전히 집중하게 된다.

나는 인생의 후반부에 있는 사람 중 두 유형의 사람들에게서 영감을 받는다. '은퇴'했거나 직장을 떠났지만, 여전히 중요한 프로젝트에 참여하고 자기만의 방식으로 기여하는 사람들과 일반적인 나이에 '은퇴'하지 않고 70대, 80대, 90대까지도 계속 일하는 사람들이다. 이들의 공통점은 끊임없이 뭔가에 기여하기를 원하고, 자기 앞에 놓인 중요한 일을 성취하는 것을 목표로 한다는 것이다. 젊은 시절에 위대한 일을 했을 수도 있고 그러지 않았을 수도 있지만, 여전히 타인의 삶을 개선하고 싶다는 마음으로 매일 아침 눈을 뜬다. 그보다 더 중요한 것이 어디 있겠는가?

> 우리는 얻는 것으로 생계를 꾸리지만,
> 주는 것으로 살아간다.
>
> _ 처칠

수명 연구 프로젝트

은퇴하고 해변에서 빈둥대는 것이 좋지 않다는 건 알지만,
스트레스를 많이 주는 지루한 일을 계속하는 것도 좋지 않다.
우리는 이 과도기를 어떻게 건전하게 넘어갈지
생각해볼 필요가 있다.

_ 하워드 프리드먼

심리학 박사 하워드 프리드먼과 레슬리 마틴은 80년에 걸쳐 수명 연구 프로젝트The Longevity Project를 수행했다. 이 프로젝트는 1921년 스탠퍼드 심리학자 루이스 터먼이 샌프란시스코 전역의 교사들에게 잠재력이 큰 사람의 초기 징후를 추적 연구하기 위해 똑똑한 10세와 11세 어린이를 추천해달라고 요청하면서 시작되었다. 1,528명의 어린이를 선발한 그는 처음에는 아이들이 노는 모습을, 그다음에는 아이들이 성장하는 모습을 관찰했다. 그는 아이들과 부모들을 정기적으로 면담하고 수십 년 동안 그들의 삶을 추적하며 성격, 습관, 가족 관계, 영향력, 유전자, 학업 성적, 생활 방식을 연구했다.[21]

정보를 수집한 지 35년 만인 1956년, 루이스 터먼은 80세의 나이로 사망했지만, 그의 팀이 연구를 계속했다. 1990년 하워드 프리드먼과 그의 대학원 조교 레슬리 마틴은 터먼의 연구의 깊이와 특별함을 깨닫고 중단된 연구를 이어가기로 결정했다. 이들은 수십 년에 걸쳐 축적된 데이터를 바탕으로 동일한 질문을 하며 왜 어떤 사람들은 건강하게 장수하고 어떤 사람들은 병에 걸리고 죽는지 분석했다.

프리드먼과 마틴은 터먼이 관찰한 결과를 1년간 연구할 계획이었으나 20년간 더 연구하게 되었고 2011년이 되어서야 결과를 내놓을 수 있었다. 참여자들을 어린 시절부터 죽을 때까지 80년에 걸쳐 추적 관찰한 수명 연구 프로젝트는 그 가치와 차별성을 인정받았으며 심리학 역사상 가장 중요한 연구 중 하나가 되었다.

프리드먼과 마틴은 유전적 요인이 일부 사람들이 더 건강하고 오래 사는 이유를 부분적으로만 설명해준다고 주장한다. 놀랍게도 건강과 행복, 장수에 관한 오랜 신념을 깨는 결과도 나왔다. 다음은 수명 연구 프로젝트에 관한 〈리더스 다이제스트Reader's Digest〉 기사 중 크레셴도 정신과 관련된 부분이다.

1. 행복은 원인이 아니라 결과다

프리드먼에 따르면 "행복한 사람들이 건강하다는 것은 널리 알려진 사실이다. 사람들은 행복이 건강으로 이어진다고 생각하지만, 우리는 연관성을 찾지 못했다. 몰입할 수 있는 일을 하는 것, 좋은 교육, 안정적인 관계, 타인과 관계를 맺는 것. 이런 것들이 건강과 행복을 가져다준다."

다시 말해, 자신이 통제할 수 있는 일에 많이 관여할수록 자기만의 행복을 만들 수 있고 자기만의 각본을 쓸 수 있다는 것이다.

- 관심이 있고 도전적인 일을 선택한다.
- 타고난 능력을 향상하는 교육을 선택한다.
- 긍정적인 방식으로 타인과 관계를 맺는 것을 선택한다.

이 모든 요소가 합쳐져 당신의 삶에 행복을 가져다주고 이는 보다 건강한 생활 방식으로 이어질 수 있다.

2. 스트레스는 그렇게 나쁜 것이 아니다

프리드먼은 "스트레스가 위험하다고들 하지만, 무언가를 성취하는 데 가장 많이 관여하고 헌신한 사람들이 제일 건강하고 오래 살았다. 스트레스에 압도되는 것은 좋지 않지만, 일을 쉬거나 조기 은퇴를 하지 않고 도전하고 인내한 사람들이 더 잘 살았다"라고 썼다.[22]

이 발견은 특히 노년에는 유스트레스를 정기적으로 느끼는 것이 중요하고 건강한 것이라는 셀리에 박사의 말과 일치한다. 사람은 무언가를 생산해야 한다는 압박이나 충족해야 하는 기대가 있을 때 기운이 생기고 긍정적 방식으로 자신을 밀어붙이고 성취할 동기를 느낀다.

미국 심리학회와의 인터뷰에서 프리드먼은 다음과 같이 설명했다.

> 스트레스에 대한 끔찍한 오해가 있습니다. 만성적 생리 장애는 고된 노동이나 사회적 도전, 힘든 직업과는 전혀 다릅니다. '마음을 느긋하게 먹어라' '진정하라' '걱정하지 말고 플로리다로 은퇴하라' 등의 나쁜 조언이 넘쳐납니다. 수명 연구 프로젝트 결과 제일 열심히 일하는 사람이 가장 오래 살았습니다. 책임감이 강하고 성취도가 높은 사람들이 모든 면에서 성공적이었고 그중에서도 자신을 넘어선 무언가와 타인에게 헌신한 사람들이 더욱 그랬습니다.[23]

이번 장의 내용이 잘 기억나지 않는다면 하나만 기억하라. 의미 있는 일에 깊이 관여하는 사람이 오래 산다.

3. 운동의 핵심은 즐기는 것이다

프리드먼과 마틴은 억지로 운동을 하면 역효과가 날 수 있다는 사실을 발견했다. 운동은 중요하지만, 단순히 운동을 하는 것보다 좋아하는 것이 훨씬 더 중요하다. 오랜 세월 동안 앉아 있기만 했어도 시작하기에 늦지 않다. 운동은 시작하기만 하면 남은 삶에 큰 영향을 미친다. 프리드먼은 다음과 같이 설명했다. "우리는 여기서 50대와 60대에 앓다가 죽는 사람과 70대, 80대, 90대까지 잘 사는 사람의 차이를 말하는 겁니다."[24]

운동 경력이 70년에 가까운 배우 딕 반 다이크는 좋든 싫든 매일 체육관에 가서 운동하려고 의식적으로 노력한다. "사람은 일을 그만두고 무언가를 하지 않으면 녹슬기 시작합니다. 사람들은 나이가 들면서 나타나는 허약함을 너무 쉽게 받아들여요. '이건 더 이상 못하겠네, 이 능력은 사라졌어'라고 하죠. 하지만 실은 할 수 있어요! 너무 늦은 때란 없습니다. 90세 노인도 일어나서 움직이기 시작하면 자기가 할 수 있는 것에 놀라게 될 겁니다." 2018년 그는 자신이 설파하는 바를 실천하는 확실한 증거로 93세에 〈메리 포핀스 리턴즈〉에 출연해 팬들에게 큰 기쁨을 안겼다.[25]

나는 항상 최고의 결과를 얻으려면 몸을 움직이고 건강하게 먹어야 한다고 믿었다. 몸매를 유지하려면 뿌린 대로 거두는 '추수의 법칙'을 지켜야 한다. 균형 잡힌 자기 쇄신의 원칙을 실천하면서 매일 시간을 내어 "톱을 날카롭게" 가는 것이 중요하다. 나는 오랫동안 자전거를 타고 영감을 주는 책을 읽는 아침 일과를 유지하면서 이런 일과가 몸매 유지뿐 아니라 자기 자신을 개선하고 개인적인 목표를 달성할 동기를 부여한다는 사실을 깨달았다.

4. 불꽃은 성실함이 지속시킨다

수명 연구 프로젝트를 통해 몇 가지 놀라운 비밀이 밝혀졌다. 프리드먼은 "장수를 예측할 수 있는 핵심 요인은 우리가 전혀 예상하지 않았던 성실성이었다"라고 썼다. "연구 결과 지역 사회에 잘 통합된 성실하고 목표 지향적인 시민들로 구성된 사회가 건강과 장수에 중요한 요인인 것으로 나타났다. 이러한 변화는 수년에 걸쳐 전개되는 느리고 단계적인 변화를 포함한다." [26]

자신의 삶과 경력을 가꾸는 데만 성실한 게 아니라 중요한 관계에서도 성실한 경우 장수하는 것으로 나타났다. 프리드먼은 다음과 같이 덧붙였다.

> 저는 삶의 다음 단계에 무엇을 해야 할지 생각하는 것이 자연스러운 베이비붐 세대입니다. 다행히도 신중한 고려는 우리가 "순탄한 길"이라고 부르는 건강한 길의 핵심이 되는 부분입니다. 순탄한 길을 가는 사람은 성실한 사람으로 좋은 친구가 있고 의미 있는 일을하며, 행복하고 책임 있는 결혼 생활을 합니다. 이런 사람들은 경력

을 신중히 계획하고 관계를 인내로 다지고 어려움이 생겨도 마찬가지로 대처하기 때문에 수명은 자연스럽게 길어집니다. 아이러니하게도 안정적인 가정과 사회적 네트워크를 가진 신중하고 끈기 있고 성취도가 높은 사람들이 건강에 가장 많이 신경 씁니다. 그러나 그들은 이미 잘하고 있죠.[27]

5. 나이가 들어도 의미 있는 일에 관여한다

수명이 증가하고 베이비붐 세대가 노년기에 접어들면서 미국의 노인 인구는 미취학 아동 인구의 두 배를 넘었다. 국립창의적노화센터National Center for Creative Aging의 창립자인 수전 펄스테인은 고령자가 정서적 건강과 신체 건강을 유지하려면 공동체에 소속되어 사회 활동에 지속적으로 참여해야 한다고 말했다. "창조적인 활동을 하면 건강이 좋아집니다. 고령자 사이에 가장 흔한 정신 질환은 우울증입니다. 의미와 목적이 있는 일을 하지 않기 때문입니다."[28]

이 중요한 발견은 이번 장의 중심 내용을 뒷받침한다. 특히 인생의 후반부에 크레셴도 정신으로 사는 것은 삶의 목적과 의미를 찾는 것을 장려할 뿐 아니라 수명을 연장하며 삶의 질을 높인다.

1997년 64세에 양성 종양 제거 수술을 받아 성대가 영구적으로 손상된 줄리 앤드루스는 예전처럼 노래할 수 없었다. 그녀는 "우울증에 걸렸다. 나의 정체성을 잃어버린 기분이었다"라고 고백했다.[29] 목소리를 잃기 전에는 브로드웨이와 런던 웨스트엔드에서 4옥타브 음역을 넘나들었던 아름다운 소프라노이자 엔터테인먼트업계에서 전설적인 인물이었다. 할리우드를 대표하는 〈메리 포핀스〉와 〈사운드 오브 뮤직〉 등의 영화에도 출연한 그녀였다.

처음에는 현실을 부정했지만, 곧 뭔가 해야겠다는 생각이 들었다. "〈사운드 오브 뮤직〉에서 했던 대사는 진실이었어요. 문이 닫히면 창문이 열립니다." 창의성의 분출구가 필요했던 그녀는 딸 에마와 함께 어린이 도서를 쓰기 시작했다. 결국 둘은 20권이 넘는 어린이 도서를 공동 저술했고 그중 《요정 공주The Very Fairy Princess》는 〈뉴욕타임스〉 베스트셀러가 되었다. 아이들과 함께하면서 그녀의 삶은 완전히 다른 방향으로 흘렀고 그녀는 새로운 세대의 주목을 받게 되었다.

"목소리를 잃지 않았다면 이렇게 많은 책을 쓰지 못했을 거예요. 이런 즐거움은 결코 발견하지 못했겠죠." 그녀는 이전과는 다르지만, 만족스러운 새로운 정체성을 얻었다.[30] 그녀는 84세에 할리우드 시절에 관한 두 번째 회고록을 썼고 지금도 자기 앞에 놓인 중요한 일이 무엇인지 어디에 기여하면 좋을지 찾고 있다.[31]

> 행복의 한쪽 문이 닫히면, 다른 한쪽 문이 열린다.
> 하지만 우리는 닫힌 문만 계속 바라보느라
> 우리에게 열린 다른 문은 못 보는 경우가 많다.
> _ 헬렌 켈러

6. 탄탄한 사회적 관계망을 유지한다

장수의 가장 강력한 예측 변수가 무엇이냐는 〈뉴욕타임스〉 기자의 질문에 프리드먼은 분명한 답변을 내놓았다. 바로 탄탄한 사회적 관계망이다. 과부가 홀아비보다 오래 산다. 프리드먼은 "여성이 남성보다 탄탄한 사회적 관계망을 구축하는 경향이 있다. 유전자는 장수에 기여하는 요인 중 3분의 1을 차지한다. 하지만 나머지 3분의 2는 생활 방식, 우연과 관련이 있다."[32]

나는 70대, 80대, 90대에도 여전히 활동적이고 무언가에 기여하는 사람들이 우정을 가꾸고 성장하는 것의 중요성을 인지하고 있다는 사실을 알게 되었다. 초등학교 때부터 친구로 지내다가 고등학교 때 '우정 모임'을 결성한 나이 든 여성들의 이야기를 들었다. 그들은 매주 수요일 밤에 만나 서로의 생활을 나누고, 함께 식사하고, 공예품을 만들고, 봉사 활동을 했다. 건강 문제에서 배우자와의 사별까지 인생의 길흉화복을 함께하면서 이 모임은 그들의 생명줄이 되었다. 우정이 깊어졌을 뿐 아니라 계속 살아갈 이유도 생겼다.

줄리나 홀트-렁스테드와 티머시 스미스가 의학 저널 〈PLoS 매디슨Public Library of Science Medicine〉에 발표한 관계가 삶에 미치는 영향과 힘이라는 연구의 결과는 놀라웠다. 연구에 따르면 건강한 관계가 생존 확률을 50퍼센트 높이는 것으로 나타났다. 연구자들은 7년 반 동안 인간 상호작용의 빈도를 측정하고 건강 결과를 추적하고 종단적 연구 148개의 데이터를 분석했다. 연구 결과 활기찬 인간관계를 유지하지 않는 것이 하루에 담배 15개비를 피우거나, 알코올에 의존하는 것과 동일한 영향을 수명에 미치고, 운동을 하지 않는 것보다 해로우며, 비만보다 두 배 더 해롭다는 사실을 밝혀냈다.

스미스는 "이러한 효과가 노인들에게만 국한된 것은 아닙니다"라고 말했다. "관계는 모든 연령대에 걸쳐 일정 수준의 보호 작용을 합니다. 우리는 인간관계를 당연하게 여기지만, 지속적인 상호작용은 심리적으로 유익할 뿐 아니라 신체 건강에도 직접적인 영향을 미칩니다."[33]

프리드먼은 연구 결과를 이렇게 요약했다. "장수한 사람들에게는 다음과 같은 경향이 있었습니다."

- 상당히 높은 수준의 신체 활동
- 사회에 환원하는 습관
- 오래 지속된 성공적인 커리어
- 건강한 결혼 생활과 가족 생활

무언가에 참여하고, 열심히 일하고, 성공하고, 책임을 지는 사람들은 어떤 분야에 있든지 오래 살 확률이 높다.

제일 오래 산 사람들의 특징은 두 가지였다.

- 전 연령대와 삶의 단계에서, 그리고 나이가 들어서도 활동적이고 생산적인 상태를 유지했다.
- 사회적 관계를 유지했고 의미 있는 일에 참여할 방법을 찾았다.[34]

다시 말해, 장수하는 사람들은 영향력의 범위를 크게 확장하여 타인뿐 아니라 자기 자신에게도 긍정적인 영향을 주었다. 메릴린치와 리서치 회사 에이지 웨이브가 공동 수행한 연구 "은퇴 후의 일: 오해와 동기"는 미국 노인들이 어떻게 노동력에 대한 통계를 바꾸고 있는지 보여준다. 연구에 따르면, 과거에 '은퇴'는 일의 끝을 의미했지만, 이제 사람들 대다수가 은퇴 후에도 새롭고 다양한 방식으로 일하게 될 것이라고 한다.

오늘날 은퇴자 중 거의 절반(47퍼센트)이 은퇴 후 일한 적이 있거나 일할 계획이라고 한다. 은퇴해도 계속 일하고 싶다고 답한 50세 이상의 예비 퇴직자는 훨씬 더 많았다(72퍼센트). 노동통계국에 따르면, 2014년 9월 기준 55세 이상의 취업자는 3,270만 명으로 10년 전 같은 연령대의 취업자가 2,170만 명이었던 점을 고려하면 크게 증가한 수치다.

예전보다 노년에 일하는 사람이 많아진 이유는 다양하다. 노년기에 대한 인식이 바뀌면서 사람들이 "노년기를 재구상하기" 시작했기 때문이다. 기대 수명의 증가와 노년기의 전반적인 건강 상태도 좋아지면서 오래 일하는 것이 보다 실용적인 선택지가 되었다.

은퇴했지만 여전히 일하고 있는 1,856명과 예비 은퇴자 및 은퇴 후 일하고 있지 않은 사람 약 5,000명을 조사한 이 획기적인 연구는 은퇴에 관한 네 가지 중요한 오해를 풀어준다.

오해 1: 은퇴는 일의 끝을 의미한다

현실: 예비 은퇴자 열 명 중 일곱 명 이상이 은퇴 후에도 계속 일하고 싶어 한다. 내 예상대로라면 미래에는 노인들이 은퇴한 후에도 일하는 것이 더 일반적인 세상이 될 것이다.

오해 2: 은퇴는 쇠퇴의 시기다

현실: 일하는 은퇴자를 추구하는 새로운 세대는 '새로운 은퇴 후 활동New Retirement Workscape'이라는 참여적이고 활동적인 은퇴 생활을 개척하고 있다. 이는 은퇴 전pre-retirement과 경력 모색기career intermission, 재고용reengagement, 여가leisure 등 4단계로 구성된다.

오해 3: 사람들이 은퇴 후 일을 하는 이유는 돈이 필요하기 때문이다

현실: 연구자들은 은퇴자를 추진력 있는 성취자Driven Achievers, 배려하는 기여자Caring Contributors, 삶의 균형자Life Balancers, 성실한 근로자Earnest Earners 등 네 유형으로 분류했다. 돈을 벌 목적으로 일하는 사람도 있지만, 비금전적 이유로 일을 하는 사람이 더 많았다.

- 정신적 활동을 유지하기 위해(65퍼센트)
- 신체 활동을 유지하기 위해(46퍼센트)
- 사회적 소속감을 위해(42퍼센트)
- 정체성/자존감을 위해(36퍼센트)
- 새로운 도전을 위해(31퍼센트)
- 돈을 벌기 위해(31퍼센트)

오해 4: 새로운 일에 대한 야망은 젊은이를 위한 것이다

현실: 은퇴자 다섯 명 중 약 세 명은 새로운 분야에 뛰어들고 은퇴자

가 미은퇴자보다 사업을 할 확률이 세 배 더 높다.

많은 사람이 직장 생활을 하며 쌓은 전문성을 65세가 되었다는 이유로 사용하지 않고 썩히기는 너무 아깝다는 사실을 깨달았다.[35]

일반적인 정년을 넘겨도 일할 기회는 있지만, 기회를 잡으려면 계획을 세우는 것이 중요하다. 70대, 80대, 90대까지 일할 의욕이 있는 건강한 은퇴자는 많은 장점이 있고 평생 얻은 경험과 전문 지식으로 많은 일을 할 수 있다는 사실이 수명 연구 프로젝트와 메릴린치와 에이지 웨이브의 연구에서도 증명되었다.

섬김에는 은퇴가 없다

직장이나 일에서는 은퇴하더라도 섬김에서 은퇴해서는 안 된다. 가족, 이웃, 지역 사회에 기여하는 일, 교회, 학교, 자선단체에서 봉사하거나 자원봉사자가 필요한 사업을 지원하는 일에서는 결코 은퇴해서는 안 된다. 당신의 영향력이 미치는 범주 내에 도움이 필요한 사람들에게 도움을 주는 것에서 은퇴해서는 안 된다. 반드시 어딘가 먼 곳으로 가야 할 필요는 없다. 간단히 말해, 주위를 살펴보다 도움이 필요한 사람이 있으면 손을 내밀라!

헤스터 리피는 손주들을 자주 만나기 위해 77세에 텍사스에서 유타주 리하이로 이사했다. 그런데 새로운 동네에서 문해력 향상이라는 자신이 기여할 수 있는 대의를 찾았다. 그녀는 대의에 압도되어 자기 나이에 뭔가를 성취할 수 있을지 의심하지 않고 아이들이 잠재력을 발휘할 수 있도록 돕는 일에 집중했다.

헤스터는 동네 초등학생 중 약 30퍼센트가 동급생보다 수준이 낮은 책을 읽고 있다는 사실에 충격받았다. 그녀는 시장에게 의자, 책상, 컴퓨터를 달라고 요청했고 결국 지역 아트 센터에 있는 적당한 크기의 창고를 얻었다. 그녀는 책을 구입하기 위해 기금 마련 행사를 계획하고 자원봉사자를 모집해 어린이(및 성인)에게 무료로 책 읽기를 가르쳤다. 그녀의 끈질긴 노력으로 아이들은 학교 버스를 타고 센터로 올 수 있었고 고등학생과 자원봉사자들이 아이들을 가르쳤다.

헤스터는 읽고 쓰는 프로그램을 만든 목적을 달성하기 위해 열심히 일했는데, 시의회 의원들은 그녀가 회의에 참석하면 숨어버리겠다고 농담을 할 정도였다. 의원들은 "그녀는 안 된다는 대답을 받아들이는 법이 없다"라고 악의 없는 불평을 했다.

수년 뒤, 그녀의 노력과 시 정부의 지원 덕분에 시립 도서관 서쪽의 부속 건물에서 헤스터 리피 문해력 지원센터Hesther Rippy Literacy Center를 공식적으로 운영할 수 있게 되었다. 헤스터는 1997년부터 2014년까지 센터를 어린이와 성인이 무료로 책을 읽고 수학과 컴퓨터, 언어 능력을 향상할 수 있는 곳으로 만들었다. 문해력을 높이는 데 관심이 있었던 그녀는 "책을 읽는 자가 지도자가 된다"라는 발상으로 영감을 주었고 자원봉사자들에게 아이들의 학습을 도우면 도울수록 더 많이 아이들을 돕고 싶어질 것이라고 했다.[36]

그녀는 4,000시간 이상 봉사한 공로로 다른 많은 봉사상과 함께 미국 대통령 봉사상Presidential Volunteer Service Award과 로레알 파리의 가치 있는 여성상L'Oréal Paris Women of Worth을 받았다. 2003년에는 조지 W. 부시 대통령에게 "포인트 오브 라이트Points of Light"라는 자원봉사 공로상을 받는 영예를 안았다. 앨라배마와 다른 주의 도시와 초등학교는 그녀가 만든 문해력 지원센터를 모델로 삼고 그녀가 지역 사회에서 한 일을 따라 하려고 했다.[37]

2015년까지 헤스터 리피 문해력 지원센터의 (8세에서 80세에 이르는) 자원봉사자 150명은 일주일에 두 번 아이들 500명을 지도했다. 센터는 매년 여름 과외 프로그램을 운영하며 700명이 넘는 학생을 무료로 가르쳤다. 미취학 아동이 학교에 들어가기 전에 준비할 수 있도록 조기 읽기 중재 프로그램을 통해 읽기를 가르치기도 했다.

헤스터가 87세의 나이로 세상을 떠난 뒤에도 75~100명의 자원봉사자가 1년 내내 약 400명의 학생을 가르치며 그녀의 유산을 기리고 있다. 지금까지 30만 명이 넘는 사람이 센터의 도움으로 읽기를 배웠다.[38] 그녀는 의미 있는 일에 적극적으로 참여하고 기여하여 과도기적 인물이 된 아름다운 사례다.

그녀는 학생들이 깨달음을 얻어 글을 읽을 수 있게 되는 것이 자신에게 진정한 보상이라고 말했다. 그녀의 열정으로 수만 명이 도움을 받아 세대에 걸친 문맹의 악순환을 깨고 학문적 잠재력을 발휘할 수 있게 되었다. 그녀가 시작한 일은 그녀의 유산으로 남아 그녀가 세상을 떠난 뒤에도 이어지고 있다.

오고 있는 것이 지나간 것보다 낫다.
_ 아랍 속담

물론 한가한 휴식을 즐기는 것이 잘못되었다는 말은 아니며, 더는 전임으로 일할 필요가 없을 때는 더욱 그렇다. 인생의 후반부는 하고 싶었지만, 시간이 없어 하지 못했던 일을 하기에 완벽한 시기다. 앞서 말했지만 나는 휴식을 취하며 몸과 마음을 새롭게 하는 시간, 즉, "톱을 가는 시간"이 있어야 한다고 믿는 사람이다. 열심히 일하는 것도 중요하지만 열심히 노는 것도 중요하다. 우리 가족은 매년 일에 대한 압박이나 부담스러운 일정에서 벗어나 오두막의 아름다운 풍경을 배경으로 함께 긴장을 풀고 계획 없이 시간을 보내는 것을 좋아한다. 이 전통은 가족 관계를 풍요롭게 하고 우리를 충전시킨다.

하지만 시간이 없어 하지 못했던 일을 하는 동시에 타인에게 기여하고 기쁨을 주는 뜻깊은 프로젝트에도 참여할 수 있다. 당연히 균형을 잡기 위해 노력해야 하지만, 기여하는 삶에 초점을 맞추는 사람과 오로지 여가를 즐기려고 은퇴하는 사람 사이에는 상당한 차이가 있다. 지금까지 읽은 기여(크레센도) 정신으로 사는 사람들의 이야기와 은퇴 정신retirement mentality으로 사는 사람들의 이야기를 비교해보라. 여행 업계와 우리 사회의 많은 규범은 고령자는 수동적이므로 사회는 고령자에게 많은 것을 요구하거나 기대하지 않는다는 메시지를 던진다. 리조트들은 자랑스럽게 유혹하고 광고한다. "은퇴! 당신은 열심히 일했습니다. 자격이 있어요. 마침내 긴장을 풀 수 있게 되었습니다. 아무것

라르고와 아첼레란도, 인생의 후반부

도 하지 마세요!"

"겪어봐서 다 안다!"라는 말을 들어보았을 것이다. 당신은 사실 경력을 아주 잘 마무리했을지도 모른다. 그러나 당신에게는 여전히 해야 할 의미 있고 중요한 일이 있지 않은가? 누구도 당신이 여행하고, 휴식을 취하고, 가족이나 친구들과 방해받지 않는 시간을 보내기 위해 직장을 그만두는 것을 비난하지 않을 것이다. 그러나 이 새로운 생활 방식에 마음을 뺏겨 그것을 최우선순위로 삼는다면, 삶의 목적이 사라진 기분이 들더라도 놀라지 마시라. 골프에는 아무런 문제가 없다. 하지만 골프 말고도 할 수 있는 일은 훨씬 많다! 게다가 당신에게는 나눌 수 있는 시간과 경험, 기술, 지혜가 전보다 더 많다. 골프를 쳐도 되지만 의미 있는 일에도 관여하라.

전형적인 은퇴 정신과는 대조적으로 크레센도 정신으로 살기 위해서는 패러다임의 전환이 필요하다. 이런 사고방식은 경력 초기부터 형성해야 한다. 당신이 지금 인생의 어느 단계에 있든지 간에 이 새로운 패러다임을 통해 65세 이후의 삶을 시각화하면, 자기 잇속만 차리고 타성적으로 사는 게 아닌, 사회에 기여하고 보람 있게 사는 삶을 준비하고 기대할 수 있다. 당신은 자녀와 손주들에게 본보기가 된다는 사실을 기억하라.

다음 자료를 활용하여 아이디어를 떠올리고 크레센도 정신을 갖춰보자.

1. 필요/양심

헤스터 리피처럼 주변에 도움이 필요한 곳이 있는지 찾아보라. 또 이렇게 자문하라. 나는 어느 분야에서 변화를 일으킬 수 있는가? 삶이 내게 요구하는 것은 무엇인가? 그다음 양심의 소리에 귀를 기울이면 영감이 생겨 특정 프로젝트나 대의, 당신만이 도울 수 있는 사람을 찾을 수 있을 것이다. 어느 지역 사회든지 도움이 필요한 분야와 문제는 많으므로 관여하겠다고 결심하면 도울 방법이 생긴다. 주위를 둘러보고 당신을 필요로 하는 곳을 찾아 대응하라. 교사가 부족한 초등학교에서 아이들에게 책을 읽어주고, 지역 사회에 음식이나 옷을 기증하고, 선거 기간에 자원봉사를 하고, 동네의 방치된 구역을 미화하는 것을 도우라. 지역 사회에 적응하는 데 방향과 지원이 필요한 난민 가족은 없는가? 이혼으로 힘들어하고 있는 딸에게 직접 도움을 주고 손주들과 함께 있어주는 것은 어떤가? 세심한 관심을 기울이면 주변에 도움이 손길이 필요한 곳이 많고 누군가를 도울 기회도 많다는 사실을 알게 될 것이다. 이미 자신이 어디에 관여하는 게 좋을지 느끼거나 알고 있을 수도 있다. 이 시기에 당신을 안내해줄 당신만의 사명 선언문을 만드는 것도 도움이 될 것이다.

2. 비전/열정

당신의 비전과 열정이 절실히 필요한 이유는 당신의 인생 경험이 특별하기 때문이다. 가정을 꾸리고 사업을 하고 특정 분야에서 일하면서 무엇을 배웠는가? 당신은 평생 다양한 사람들을 만나고 온갖 문제에 대처하고 해결책을 찾고 인간관계를 관리하면서 비전과 통찰력을 얻었다. 당신이 얻은 것을 자신감이 부족하거나 방향을 잃은 사람, 멘토나 좋은 본보기가 필요한 사람과 공유해야 한다. 당신이 열정을 느끼는 곳, 당신이 소중하게 생각하는 것을 찾고 당신의 열정을 이용해 그곳에서 변화를 일으켜라. 당신이 아는 것과 믿는 것을 공유하면 많은 좋은 일을 할 수 있다.

3. 자원/재능

당신의 소중한 자원인 시간, 재능, 기회, 기술, 경험, 지혜, 정보, 돈, 열망을 활용해 차이를 만들어라. 당신에게 정말 중요하고 당신의 삶에 의미를 부여해줄 무언가를 성취할 좋은 기회다. 타인이 긍정적인 결과를 얻는 것을 지켜보는 기쁨 외에는 아무런 보상이 없는 봉사 활동을 할 기회를 잡는 건 어떤가? 얼마나 보람 있는 기회인가? 평생 일하며 배운 당신이 자원과 시간, 고유의 능력으로 타인을 섬긴다면 생각보다 많은 것을 나눌 수 있다. 당신을 필요로 하는 사람들을 위해 변화를 일으킬 수 있다.

4. 자원/결단력

당신이 현명하고, 문제의식이 있고, 행동하는 사람이라면, 인생 후반부에는 봉사할수록 더 많은 자원과 결단력을 얻게 될 것이다. 질문하고 도움이 필요한 곳을 조사하고 당신뿐 아니라 주변 사람들도 관여하는 현명한 해결책의 근원이 되는 것부터 시작하자. 창의적으로 생각하면 무궁무진한 섬김의 기회를 발견하게 될 것이다. 거동이 불편한 사람에게 식사를 가져다주고, 초등학교에 책을 기증하고, 어린이 병원에 기증할 담요를 만들고, 필요한 사람을 위해 익명으로 돈을 기부하고, 노인의 정원을 손질해주고, 친구를 찾아가고, 노숙자 지원 행사에 재능을 기부하고, 중독에 시달리는 가족에게 격려의 편지를 쓰고, 건강 문제가 있는 사람을 방문하고, 동네에 이사 온 가족을 환대하며 안내할 수 있다. 타인을 축복하고 섬길 기회는 무궁무진하고 흥미진진하다! 일단 시도하고 일을 벌여라! 당신이 가진 자원과 결단력으로 할수 있는 일들을 알게 되면 깜짝 놀라게 될 것이다.

> 하느님, 저를 사용하세요!
> 제가 누구인지, 누가 되고 싶은지, 제가 무엇을 할 수 있는지,
> 그리고 어떻게 하면 저의 재능을 저 자신보다 큰 목적을 위해
> 사용할 수 있는지 보여주세요.
>
> _ 오프라 윈프리

커리어를 좇는 삶에서 사회에 기여하는 삶으로의 전환은 인생을 뒤바꾸는 사고방식이며, 30대에서 60대에 이르기까지 삶의 어느 단계에서든 적용만 하면 60대나 90대에도 크레셴도로 살 수 있게 된다. 타인의 삶에 긍정적인 기여를 하고 얻는 보람과 행복은 인생 후반부에 축복이 될 것이다.

인간이 스스로 기회를 만들 수 있는 경우는 흔하지 않다.

> 그러나 기회가 왔을 때 준비가 되어 있는 형태로
> 자신을 만들 수는 있다.
>
> _ 시어도어 루스벨트

영국에서 빈곤한 어린 시절을 보낸 파멜라 앳킨슨은 불우한 사람들에게 깊이 공감하는 사람이 되었다. 그레이하운드 경주를 두고 도박을 하던 아버지가 결국 전 재산을 잃은 뒤 가족을 버리고 떠나자 어머니는 실내 배관조차 없어 쥐가 들끓는 끔찍한 집에서 혼자 다섯 자녀를 양육해야 했다. 교육을 받지 못한 어머니는 가족을 부양하기 위해 낮은 임금을 받고 길고 고된 노동을 해야 했다. 파멜라는 신문지를 사각형으로 잘라 휴지로 쓰고 판지를 잘라 신발에 난 구멍을 막았다.

열네 살쯤 되었을 때, 빈곤에서 탈출하게 해주는 열쇠가 학교에 있다는 것을 깨달은 그녀는 좋은 교육을 받아 높은 임금을 받고 어머니보다 많은 선택지를 얻으리라고 결심했다. 쉽지 않았지만, 그녀는 열심히 공부해 영국에서 간호사 자격을 취득하고 호주에서 원주민들과 함께 2년간 일했다. 그런 다음 미국으로 건너가 캘리포니아대학교에서 간호학 석사 학위를, 워싱턴대학교에서 교육학과 경영학 석사 학위를 취득했다.

그녀는 자신이 습득한 기술을 병원 행정부서에서 활용하다가 저소득층과 보험이 없는 사람들을 지원하는 인터마운틴 헬스케어Intermountain Healthcare에서 선교 봉사 담당 부사장이 되었다. 이곳에서 그녀는 가난한 사람들을 돕는 것을 개인적인 사명으로 삼았다.

그녀는 인터마운틴 헬스케어에서 은퇴한 뒤 자원봉사자로 가난한 사람들과 노숙자들을 도왔다. 그녀는 25년 넘게 지칠 줄 모르고 타인을 섬겼다. 여전히 그녀의 차는 필요한 사람을 만나게 되면 내어줄 침낭과 위생용품, 따뜻한 옷가지, 식량으로 가득하다. 그녀는 19개의 지역 사회 위원회에서 일했고, 입법 심의회 기간에는 주 의사당에서 의원들과 소외된 사람을 돕는 방법에 대해 의논했고, 주지사 세 명의 고문으로 활동했다. 그녀는 "하느님은 내가 다른 사람을 돕기를 원하신다"라며, 위원회에서 일하는 대가로 받는 돈을 약, 버스표, 겨울옷, 양말, 속옷, 공과금 등 타인을 돕는 데 쓴다.[39]

그녀는 아주 사소한 섬김이 타인의 삶을 바꿀 수 있다는 사실을 안다. 1년 동안 노숙자 무리와 함께 생활한 남자가 있었다. 파멜라는 몇 달 동안 매주 그를 찾아갔지만, 무리가 해체되자 결국 그와의 연락도 끊기게 되었다. 1년 후, 한 알코올의존증 치료센터에서 스포츠 재킷을 입은 단정한 용모의 남자가 그녀에게 말을 걸었다. 자신의 삶을 되찾은 남성이 그곳에서 중독을 이겨내려는 다른 사람들을 돕고 있었다.

"장갑을 가진 사람이 아무도 없었던 추운 겨울날을 기억하세요? 앳킨슨 씨가 가게에 가서 장갑 여섯 켤레를 사 오셨잖아요." 그가 말했다. 당시 자존감이 매우 낮은 상태였던 그는 그녀 덕분에 '나도 쓸모 있는 사람일 거야. 누군가 내게 새로운 장갑을 사주었잖아!'라는 마음을 갖게 되었다고 한다. 작은 친절이 그에게 삶을 바꿀 동기를 부여했고 그는 장갑을 간직하며 사람들이 자신을 진심으로 걱정한다는 사실을 상기했다. 파멜라는 "당신의 어떤 행동이 누군가의 삶에 영향을 미

칠지 절대 알 수 없습니다. 우리는 작은 배려의 힘을 절대 과소평가해서는 안 됩니다"라고 말했다.[40]

오랜 세월 동안 그녀는 종종 사람들의 눈에 보이지 않는 이들을 지원하는 방법에 대해 많은 것을 배웠다. 이제 70대인 그녀는 소위 '은퇴 연령'이 되었는데도 활동을 줄일 기미를 보이지 않는다. 그녀는 〈포브스〉에 실린 데빈 소프의 기사에서 자신의 영향력 범위 내에서 할 수 있는 중요한 일을 몇 가지 공유했다.

1. 사소한 것들이 차이를 만든다

수년 동안 가난한 사람들과 함께 일하면서 그녀는 차이를 만드는 데 거창한 섬김이 필요하지는 않다는 사실을 배웠다. 한번은 저소득 가정 집을 방문했다가 그 집 사람들이 물이 끊기고 비누, 샴푸, 세면도구가 없어서 낙담한 사실을 알게 되었다. 그녀는 교회에서 기부한 위생용품을 차에서 꺼내 전달했고 가족들이 따뜻한 물로 목욕할 수 있도록 가스를 다시 사용할 수 있게 도와주었다. 감사해하는 사람들의 모습을 보며 그녀는 종종 사소한 것이 큰 일이 될 수 있음을 배웠다.

2. 스킨십과 미소에 힘이 있다

수년 전 구세군에서 저녁 식사를 대접했을 때 그녀는 시장에게 "따뜻한 미소를 보이고 진심 어린 악수를 하라"는 말을 들었다. 시장은 그녀에게 어떤 노숙자들은 한 주 내내 아무런 스킨십을 하지 않았을 수도 있다고 했다. 그녀는 시장의 말을 잊지 않고 자신이 섬기는 사람들에게 다정한 인사를 건네고 진심이 담긴 미소를 짓고 적절한 스킨십을 했다. 그녀가 말했다. "관심의 힘을 절대 과소평가해서는 안 됩니다. 저는 포옹이나 미소 같은 아주 사소한 행동이 사람들의 삶을 바꿔놓는 경우를 봤습니다."

3. 자원봉사자가 차이를 만든다

시애틀에서 처음으로 성탄절을 맞아 노숙자들에게 저녁 식사를 대접하는 자원봉사를 할 때 그녀는 사람들이 감사해하는 모습을 보고 놀랐다. 그녀는 많은 프로그램을 운영하는 데 자원봉사자가 얼마나 중요한지, 그들의 기술과 돕고자 하는 열망이 얼마나 절실히 필요한지 알게 되었다. 그녀의 영향력은 고무적이며, 자원봉사에 대한 그녀의 비전은 전염성이 있다. 소년소녀 클럽Boys and Girls Club을 위한 모금 행사에서 그녀는 "타인의 삶을 바꿀 힘이 우리 안에 있다"라고 말했다.

4. 신앙을 긍정적 영향과 자원으로 사용하라

파멜라는 종종 신성한 존재로부터 인도와 지시를 받고 있다고 느끼며, 자신의 신앙이 일에도 큰 영향과 힘을 준다고 믿는다. 그녀는 "주님은 나를 위한 계획이 있으셨다"라고 고백한다. "저는 차이를 만들겠다는 강한 신념을 가지고 있습니다. 이것이 저의 운명입니다."

5. 협동이 핵심이다

파멜라는 섬김에서 중요한 조정coordinate, 협력cooperate, 협동collaborate

을 "3C"라고 이름 붙였다. 수년 전 그녀의 자원봉사 활동에 불을 붙인 첫 번째 봉사 활동 이후 그녀는 성탄절마다 노숙자를 위한 만찬 행사를 조직하여 수천 명을 섬기고 있다. 제일장로교회에서 장로로 섬기고 있던 어느 해에 그녀는 성 빈센트 드 폴 센터(가톨릭 지역 문화센터)에서 만찬 행사를 했는데, 이때 예수 그리스도 후기 성도 교회에서 800명이 먹을 수 있는 스테이크와 200개의 핫도그를 기증했다. 진정한 협동이었다!

6. 누구나 뭔가를 할 수 있다

파멜라는 사람들에게 할 수 있는 것을 하면 타인의 삶을 바꿀 수 있다고 장담했다. 한 나이 든 여성은 "저는 여든 살입니다. 집 밖에 거의 나가지 않고 수입도 제한적인데 나 같은 사람이 어떻게 차이를 만들 수 있나요?"라며, 그녀가 틀렸다고 했다. 파멜라는 이 여성에게 한 주에 수프 한 캔을 지역 푸드 뱅크에 기증할 수 있냐고 물었다. 눈을 감고 기부한 수프를 아이들에게 먹이는 가난한 미혼모와 배가 부른 채로 잠자리에 드는 아이들의 모습을 상상해보라고 했다. 자신의 기부가 그들의 삶에 도움이 되리라고 생각하는지 물었다. 이 말을 들은 여성은 매주 수프 한 캔을 기부하기 시작하더니 수년 뒤에는 수백 명분의 끼니를 제공했다. 이들은 여성의 도움이 없었다면 굶주렸을 것이다.[41]

어린 소녀였던 시절 두 자매와 함께 비좁은 침대에 누워 있던 파멜라는 부자와 결혼해 가난한 사람들과 관계를 맺지 않겠다고 다짐했다. 그녀는 빈곤의 악순환을 다음 세대에 물려주지 않고 자기 세대에서 끝낸 과도기적 인물이 되었다. 수십 년이 지난 지금 가난한 사람과 노숙자들에 대한 그녀의 애정은 그녀의 삶을 "풍부하게" 만들었다. 제자리로 돌아온 것이다.

이생에서 우리는 모두 연결되어 있기 때문에
타인의 삶에 변화를 일으킬 기회를 찾아야 합니다.
그렇게 하면 우리의 삶에도 변화가 생깁니다.

_ 파멜라 앳킨슨

일차적 위대함

나는 《성공하는 사람들의 8번째 습관》에서 **일차적 위대함**이라는 특성을 설명했다. 일차적 위대함은 인기, 직위, 지위, 명성, 영예를 일컫는 **이차적 위대함**과는 대조적으로 성품, 고결함, 내면의 동기, 열망 등 자신의 진정한 모습을 의미한다. 일차적 위대함은 관심의 중심에 있지 않은 경우가 많지만, 전 세계 '파멜라 앳킨슨'의 성품, 기여와 관련이 있다.

일차적 위대함은 일회성 사건이 아니라 삶의 방식이다. 그것은 사람이 무엇을 소유했는지가 아니라 그 사람이 누구인지에 대해 많은 것을 알려준다. 일차적 위대함은 명함에 적힌 직함보다 얼굴에서 우러나오는 선함에서 드러난다. 사람의 재능보다 동기, 거창한 성취보다 사소한 행동에 대해 많은 것을 알려준다.

일차적 위대함을 보여주기 위해 제2의 간디나 링컨, 테레사 수녀가 될 필요는 없다. 루스벨트는 일차적 위대함을 간결하게 표현했다.

<blockquote>
당신이 있는 곳에서 당신이 가진 것으로
당신이 할 수 있는 일을 하라.

_ 시어도어 루스벨트
</blockquote>

단순해서 좋아하는 발상이다. 다시 말해, 지금 당신이 주변 사람들을 위해 할 수 있는 일이 곧 그들에게 필요한 일이라는 뜻이다. 당신이 할 수 있는 걸 하면 된다. 그것으로 충분하다. 필요한 도구는 이미 당신에게 있으니 주위를 살펴보고 도움이 필요한 곳이 있으면 손을 내밀면 된다. 여기 삶의 후반부에 크레셴도 정신으로 타고난 기술과 재능을 활용해 봉사하고 타인을 섬기며 기쁨을 얻는 평범한 사람들의 사례가 있다. 이 사례들이 당신이 영향력 범위 내에서 무슨 일을 할 수 있을지 창의적인 아이디어를 떠올리는 데 도움이 되기를 바란다.

고아들을 위한 실내화

미미는 가만히 앉아 있지 못하는 사람이었다. 여든다섯 살의 나이에도 쉬지 않고 실내화를 만들어 가족과 친구들에게 나눠주었다. 종손녀인 섀넌이 여름 동안 루마니아의 고아원에서 자원봉사를 하겠다고 하자 100켤레가 넘는 실내화와 색색의 벽걸이 장식을 만들어줬다. 섀넌이 형형색색의 벽걸이를 걸자 칙칙하고 허름한 고아원 방은 금세 밝아졌고 아이들에게는 삭막하고 빈 벽이 아닌 흥미로운 볼거리가 생겼다.

섀넌은 자기 것이라고 할 만한 게 거의 없는 아이들에게 실내화를 나눠주며 즐겁게 시간을 보냈다. 열 살 어린 소녀는 선물받은 실내화를 가슴에 꼭 붙들고 눈을 반짝이며 말했다. "생일이 막 지났는데 아무것도 받지 못했어요. 이게 제 선물이네요!"[42]

바이크 맨

리드 팔머의 장례식장에 도착한 가족들은 교회 옆쪽에 줄지어 서 있는 어린이용 자전거를 보고 깜짝 놀랐다. 자전거는 지역 사회가 경의를 표한 사려 깊은 남자에 대해 많은 것을 말해주고 있었다. 리드 팔머는 동네 아이들에게 '바이크 맨'으로 알려져 있었다. 모든 어린이에게는 자기 자전거가 있어야 한다고 믿었던 리드는 오래된 자전거를 수리하거나 직접 새 자전거를 구매해 필요한 아이에게 주었다. 리드는 한 번에 한 대의 자전거를 한 명의 어린이에게 주었고 자신도 자전거를 받은 아이들만큼 기뻐했다. 친구이자 이웃이었던 얼 밀러는 "이 사실이 알려지면 수천 대의 자전거가 줄지어 서 있을 것"이라고 했다.[43]

> 아무리 작은 친절도 결코 헛되지 않다.
> _ 이솝

생명을 구하는 방

서빌 은퇴센터Seville Retirement Center에서 아침부터 때로는 오후까지 일하는 75~90세 여성들은 전 세계 어린이 수천 명의 삶을 풍요롭게 했다. 이들의 좌우명 "하느님은 손이 없으니 내 손으로(마더 테레사)" 는 매달 공지가 바뀌는 게시판 위에 걸려 있다. 개성과 추진력이 돋보 이는 87세의 노마 윌콕스는 2006년에 '선을 행하는 사람들do-gooders' 이라는 모임을 만들었다. 이들은 매일 봉사를 하고 일요일에는 아기 이불(한 달에 평균 35개), 담요, 봉제 동물 인형, 사람 인형, 원피스, 바지, 실 내화, 장난감 공 등을 만든다. 신생아용품을 준비하고 지역 인도주의 센터에서 주는 모든 임무를 수행한다. 1년에만 쿠바, 아르메니아, 남아 프리카공화국, 몽골, 짐바브웨 등 전 세계에 7,812개의 물품을 보냈다. 전부 그들이 결코 만날 일 없는 아이들을 위한 것이다.

"나는 너무 늙어서 아무것도 할 수 없다는 말을 들으면 우리는 화가 나요!" 노마가 말했다. "우리는 죽을 때까지 봉사하고 싶어요. 함께 프 로젝트 하는 도중에 죽은 사람이 얼마나 많았는지…. 그래서 저는 사 람들이 그런 말을 하는 걸 좋아하지 않아요! 남은 시간 동안 할 수 있 는 한 재미있게 지내고 싶어요."

그들에게 '재미'란 자신들이 자선사업을 위한 생산 라인으로 만든 센터 활동실에서 친구들과 열심히 바느질하며 수다를 떠는 것이다. 처 음에는 재료를 구입하기 위해 사비를 지출했지만, 프로젝트에 대한 소 문이 금세 퍼지자 사람들이 천을 기부했다. 지하실에 놔뒀다가 잊어버 린 재료를 가지고 나타나는 사람이 늘 있었기 때문에 재료가 부족할 때는 있었지만 떨어지는 법은 없었다. 노마는 서빌에 사는 사람이면 누구에게나 "함께 하실래요?"라고 물었다. 86세의 엘라 맥브라이드는 눈이 보이지 않았지만, 가지고 놀 장난감이 없는 아프리카의 아이들에게 보낼 장난감 공을 만들기 위해 합류했다.

노마는 대부분 여성으로 이루어진 100명 이상의 사람들이 수년 동안 자신들의 장대한 프로젝트를 도와주었다고 했다. "노마는 이 분야의 천재입니다. 관절염을 앓아 바느질을 못하면 자르는 일을 하고, 자르지 못하면 장난감 공의 속을 채워 넣었어요." 그녀와 10년간 함께 일한 친구 도라 피치의 말이다. "우리는 우리가 누구를 위해 일하는지, 우리가 만든 새로운 장난감과 담요, 원피스가 아이들에게 어떤 의미인지 생각하며 즐거움을 느낍니다."

좌우명에 충실한 그들은 필요한 아이들에게는 하느님의 손길이 미친다는 강한 확신을 지니고 있다. 80대 후반의 한 여성은 이렇게 말했다. "신생아용품을 만들 때 하느님께 제 통증을 완화해달라고 간구합니다. 하느님은 항상 제가 일을 마칠 수 있게 도와주십니다." 누군가 수술을 받거나 사망할 때마다 구성원이 바뀌지만, 늘 새로운 누군가가 자리를 채운다.[44]

활동을 감독하는 린다 넬슨은 이들이 성취하는 것을 보고 놀란다. "이렇게 활동적인 어르신들과 일해본 건 처음이에요. 이런 프로젝트에 관여하지 않는 분들은 말귀가 어둡고 그저 숨만 쉬고 있는 모습이죠. 이분들은 목적을 가지고 하루하루를 살아요. 자기 방에 가만히 앉아서 통증에 시달리며 나이를 체감할 수도 있겠지만, 신체 부위 대부분이 아직 작동하니 사회에 기여하고 싶어 하시죠. 저는 활동실을 '생명을 구하는 방'이라고 부르죠. 모든 것이 이분들의 태도 때문입니다. 사람들의 삶이 더 나아질 수 있게 돕고 싶어 하는 분들이 일하는 모습을 보

라르고와 아첼레란도, 인생의 후반부

기만 해도 저는 겸손해집니다."

은퇴한 사람들이 모인 양로원에서 크레셴도로 살 수 있냐고? 이들에게 양로원은 은퇴 후 가는 곳이 아니다. 이들은 자신에게 성취해야 할 중요한 일이 있다는 것을 알고 있고 그 일은 그들에게 기쁨과 목적을 준다. 노마는 미소를 지으며 말했다. "저는 쓰러질 때까지 일하고 싶어요. 바쁘게 일할 수 있으면 그것보다 더 좋은 것이 어디 있겠습니까? 이것은 하느님의 일입니다. 하느님께서 되게 하실 겁니다."[45]

최근 연구에 따르면 자원봉사를 하는 노인은 그렇지 않은 노인보다 신체적, 정신적으로 건강하고 사망 위험이 낮다고 한다. 미시간대학교의 심리학자인 스테파니 브라운은 5년 동안 연구를 진행한 결과 '베푸는 사람'의 조기 사망 위험이 '베풀지 않는 사람'에 비해 절반 이상 감소했다고 보고했다. 이 연구에서 말하는 '베푸는 사람'이란 다양한 일을 통해 정기적으로 다른 사람들을 돕는 65세 이상의 어르신을 뜻한다. 과학자들은 베푸는 행위와 타인을 섬기는 행위가 엔도르핀을 분비해 헬퍼스 하이helper's high[타인을 도우면서 느끼는 행복감이나 활력]를 유도한다고 주장한다. 다른 긍정적인 이점으로는 만족, 즐거움, 자부심이 있으며, 이는 나이가 들면서 느끼는 스트레스와 우울감을 해소한다.[46]

따라서 당신이 은퇴한 70대이거나 80대 또는 90대라면 바로 지금이 사회에 기여하기에 좋은 시기다. 인생의 후반부에 대한 영감을 주는 많은 사람들을 보면 인생은 은퇴할 때 비로소 시작되는 것 같다. 일차적 위대함의 조건이 사명, 자신보다 더 큰 목적, 지속적인 기여라는 사실을 기억하라.

익명으로 섬기라

인정받는 것에 신경 쓰지 않으면 놀라운 일을 할 수 있다.

_ 해리 트루먼

아버지가 좋아하는 영화 중 하나는 〈마음의 등불Magnificient Obsession〉이었다. 이 고전 영화에서 록 허드슨은 늘 한계에 도전하고 돈으로 문제를 해결하는 부유한 바람둥이 밥 메릭을 연기한다. 어느 날 그의 고속 모터보트에 사고가 발생하는데, 동네에서 유일하게 인공호흡기를 가지고 있었던 의사 필립스 박사가 그를 소생시키는 데 성공한다. 그러나 그 과정에서 필립스 박사는 심장마비로 사망하고 아내 헬렌(제인 와이먼 분)은 남편이 밥 때문에 억울하게 죽었다고 생각한다.

밥은 사과하려고 하지만, 헬렌은 그에게서 도망치다가 차에 치여 실명하게 된다. 필립스 박사의 죽음으로 겸손한 사람이 된 밥은 헬렌이 사고를 당하자 더 큰 죄책감을 느낀다.

밥은 삶의 의미를 찾기 위해 필립스 박사가 신뢰했던 그의 친구에게 조언을 구하고, 그 친구는 밥에게 다른 사람들을 위해 익명으로 봉사했던 필립스 박사의 비밀 생활을 이야기한다. 필립스 박사가 세상을 떠난 뒤, 많은 사람이 와서 자신이 가장 절실했을 때 어떻게 필립스 박사가 도움을 주었는지 말한다. 그의 도움을 받는 데는 두 가지 조건이 있었다.

- 아무에게도 말해서는 안 된다.
- 필립스 박사에게 어떠한 보상도 할 수 없다.

남자는 밥에게 익명으로 하는 봉사에 대해 경고했다. "익명으로 봉사할 방법을 찾으면, 거기에 묶일 겁니다! 집착하게 되죠! 장담하건대 그것은 웅대한 집착이 될 것입니다!"

밥은 헬렌을 찾아내고 둘은 사랑에 빠지지만, 눈이 보이지 않는 헬렌은 그가 누구인지 알아보지 못한다. 순식간에 (두 시간 미만의 영화이므로) 밥은 숙련된 의사가 되어 익명으로 봉사하는 "웅대한 집착"을 시작하고 인정이나 보상을 바라지 않고 타인을 돕는다. 그는 헬렌의 시력을 회복시키기 위한 치료법도 연구한다.

헬렌은 치료를 받기 위해 유럽으로 가지만 시력이 영구적으로 훼손되었다는 의사의 말을 듣고 몹시 실망한다. 밥은 예기치 않게 나타나 그녀를 위로하고 (그녀는 이미 그가 누군지 알고 용서했지만) 자신이 누구인지 밝히고 그녀에게 청혼한다. 헬렌 역시 그를 사랑하지만 그에게 동정받고 싶지 않고 부담을 주고 싶지 않아 예고도 없이 사라지고 밥은 비탄에 잠긴다.

밥은 필사적으로 그녀를 찾다가 결국 의사로 돌아와 계속 익명으로 봉사한다. 몇 년 후, 마침내 그는 헬렌을 찾고 그녀의 시력을 회복하는 데 성공한다. 헬렌이 깨어나서 가장 먼저 본 것은 밥의 얼굴이다.[47]

줄거리는 상당히 드라마틱하지만 영화의 메시지는 우리에게 영감을 주며, 영화의 모티브는 "사람에게 보이려고 그들 앞에서 너희 의를 행하지 않도록 주의하라"라는 성경 구절에서 따왔다.[48] 아버지는 익명으로 하는 봉사의 힘을 이렇게 설명했다.

포상에 구애받지 않고 타인을 섬기는 행위는 타인을 진정으로 축복하는 행위다. 익명의 봉사 활동은 아무도 알 수 없고 앞으로도 그럴 것이기 때문에 외부의 인정이 아니라 자신이 미치는 영향이 동기가 된다. 인정받는 것을 바라지 않고 익명으로 선행을 할 때마다 우리의 내재적 가치와 자존감은 높아진다. 익명의 봉사 활동에서 파생되는 멋진 부산물은 베푼 사람만이 보고 느낄 수 있게 돌아오는 보상이다. 그리고 그러한 보상은 종종 우리가 예상보다 많은 일을 하고 난 뒤에 전속력으로 우리를 찾아온다.

신시아 코비 할러

9

의미 있는 추억을 만들라

CREATE MEANINGFUL MEMORIES

나와 함께 늙어갑시다! 가장 좋은 날은 아직 오지 않았으니.

_ 로버트 브라우닝

부모님은 1956년에 결혼하셨을 때 신앙과 가족을 최우선순위에 두기로 정했다. 그 결정은 시간을 어떻게 보내고, 자원을 어디에 쏟고, 가족으로서 어떤 우선순위를 가치 있게 여길지 판단하는 데 영향을 미쳤다. 부모님은 여느 사람들이 그러하듯이, 인생을 돌아볼 때 가장 의미 있는 관계는 세대를 막론하고 가족 내에서 생기는 것이라고 믿었다.

아버지는 비즈니스·리더십 컨설턴트로 여러 해 동안 전 세계를 여행하며 다양한 세계 지도자, CEO, 기업 임원, 그리고 그들의 가족과 교류했다. 그러면서 그는 이들의 가장 크고 가장 지속적인 기쁨은 직업적으로 성취한 그 어떤 것이 아닌 가족과의 관계에서 나온다는 사실을 알게 되었다. 반대로, 가족 관계가 소원한 사람은 성공한 듯 보여도 고통스러워했고 후회했다. 결론적으로 사람들은 전 세계적으로 거의 같았다. 명성, 경력, 부, 세속적 성공은 사랑하는 사람들과의 사랑, 수용, 교제에 비하면 결국 희미해졌다.

누군가 내게 "추억이 재산보다 소중하다"라고 말한 적이 있다. 물론 돈은 생활의 기본 필수품을 사는 데 절대적으로 필요하지만, 생활을 유지하는 것을 넘어 삶을 풍요롭게 하고 궁극적으로는 당신의 일부가 될 경험과 추억을 만들기 위한 수단에 불과하다.

당신이 가족, 어린 시절, 아니면 자녀들의 어린 시절을 떠올리면 무엇이 생각나는가? 무엇이 기억나는가? 내게는 증조부모님의 오두막에서 시작되어 조부모님, 부모님, 나, 자녀, 손주들까지 이어지는 가족 전통이 있다. 우리 가족의 비전은 함께 시간을 보내고, 관계를 심화하고, 자연을 감상하고, 신앙과 인격을 가꾸고, 재충전하고, 멋진 추억을 만드는 것이다.

모든 가족이 오두막이나 특별한 장소를 가지고 있는 것은 아니며, 좋은 추억이 없거나 건강한 가족 문화 속에서 어린 시절을 보내지 못한 사람도 있다는 것을 알고 있다. 그러나 크레셴도 정신은 당신이 과거의 희생자가 아니며, 새로운 시작을 하고 당신만의 아름다운 가족 문화를 만들 수 있다고 말한다. 무엇을 하고 어디로 가는지는 사랑하는 사람들과 함께하고 함께 가족 전통을 만드는 한 중요하지 않다. 캠핑, 하이킹, 프로젝트, 취미, 여행, 봉사, 자연을 누리는 활동, 스포츠 등 무엇이 되었든 가족이 함께

라르고와 아첼레란도, 인생의 후반부

즐기면 재충전하고 단합을 이루고, 멋지고 즐거운 추억을 만들 수 있다.

이러한 가족 전통을 통해 안정성, 자신감, 자존감, 감사, 신의, 사랑, 인격을 고양할 수 있고 어려움을 함께 견디는 데 도움이 되는 가족 문화를 구축할 수 있다. 사랑하는 사람들과 의미 있는 추억을 만들면 결속력이 강화되고, 관계가 탄탄해지며, 그 추억은 삶의 토대가 된다. 당신은 즐겁고 잊지 못할 시간을 보낼 것이며 언제까지나 그 기억을 소중히 여기게 될 것이다.

> 신은 우리가 12월에도 장미를 볼 수 있게
> 우리에게 기억을 주셨다.
> _ J. M. 배리

지금은 부모님이 두 분 모두 돌아가셔서 함께했던 추억이 우리 가족에게 큰 기쁨이 되고 영감을 주는 본보기가 된다. 부모님의 결혼 생활이 완벽했다는 것은 아니지만, 우리는 부모님에게 관계가 최우선이라는 점을 알고 있었고 부모님은 관계에 시간과 노력, 사랑을 투자했다. 나이가 들면서 투자는 크레셴도로 커졌다. 부모님은 서로를 진심으로 사랑하고 응원했으며 서로의 독특한 개성을 즐겼다.

수년 전, 아버지는 자신이 어머니와의 관계에 부여한 가치와 어머니가 자신의 삶에 미친 영향을 잘 묘사한 셰익스피어의 아름다운 소네트를 발견했다. 아버지는 그 소네트를 외워 비즈니스 프레젠테이션에서도 자주 낭송했다. 소네트는 중요한 관계에서 아버지가 추구했던 것과 동일한 가치를 추구하도록 우리에게 영감을 주었기 때문에 아무리 들어도 질리지 않았다.

운명과 사람들의 눈 밖에 난 나는

버림받은 처지에 홀로 흐느껴 울고

귀 막은 하늘에 부질없이 외치고

나 자신을 돌아보며 운명을 저주하네.

나도 저렇게 희망이 가득했으면,

잘생겼으면, 친구가 많았으면,

재주가 있었으면, 능력이 있었으면 하고 바라지만

가장 즐거워하는 것에는 만족하지 못하네.

이런 생각에 내 자신을 경멸하다가도

문득 그대를 생각하면

동틀 무렵 컴컴한 대지에서 날아오르는 종달새처럼

천국의 문에서 찬양의 노래를 부르네.

그대의 달콤한 사랑을 떠올리면 풍요로워지네.

왕과도 내 처지를 바꾸지 않으리라.[49]

신시아 코비 할러

라르고와 아첼레란도, 인생의 후반부

가을: 가장 풍요로운 계절

인생의 전성기는 바뀌었다.
우리는 인생의 후반부를 꺼리는 것이 아니라 한껏 즐겨야 한다.
인생의 전성기는 가장 자유롭고, 가장 선택지가 많고,
가장 많이 알고, 가장 많은 것을 할 수 있는 시기로 정의해야 하며
그 전성기는 바로 지금이다! 65세는 새로운 45세다![50]

_ 린다·리처드 에어 부부

나의 좋은 친구이자 〈뉴욕타임스〉 베스트셀러 작가인 린다 에어와 리처드 에어 부부는 인생에서 진정으로 중요한 것들 사이에서 균형을 잡는 것에 대해 광범위하게 저술했다. 그들은 나이 듦에 대한 케케묵은 고정관념을 무시하고, 그 여정을 즐기며, 나이 듦의 장점을 감사하라는 현명한 조언을 한다. 그들의 낙천적이고 긍정적인 태도와 나이 듦을 바라보는 시선은 신선하다! 다음은 인생의 후반부를 즐기는 것에 관한 "나이 듦에 관한 케케묵은 고정관념은 무시하라"라는 두 사람의 기사에서 발췌한 글이다.

이 세상에는 많은 진부한 표현과 나쁜 은유가 있지만, 그중 최악은 황혼기에 있는 사람들을 부정적으로 표현한 "한물간over the hill"이라는 문구다. 사실 가을은 가장 좋은 계절이고 언덕 위just over the hill는 명당이다.
하이킹을 하거나 자전거를 타거나 달리기를 하는 사람이라면 누구나 언덕에 올랐다가 반대편으로 내려갈 때 그것이 자신이 그곳까지

올라온 목적이고 좋아하는 일이라는 것을 안다. 내리막길은 흥미롭고 빠르고 아름답다. 그리고 더 쉽다. 관성에 슬쩍 몸을 맡기는 것은 환상적이다! 그러면 당신은 더 집중하고, 더 주변을 인식하고, 자신이 어디에 있는지 더 잘 볼 수 있게 된다. 언덕 위에 있으면 삶은 더 아름답고 현실감 있게 다가오며, 시야도 넓어진다. 정상을 지나 만나는 언덕은 명당이다.

우리는 황혼기에 대한 거의 모든 은유적 표현이 부정적이고 잘못되었다는 것을 발견했다. 몇 가지 예는 다음과 같다.

빈 둥지:

새들의 빈 둥지는 더럽고 foul(말장난을 용서하기 바란다)[foul은 욕설로도 쓰인다] 악취가 난다. 하지만 자식들이 없는 우리의 빈 둥지에서는 그 어느 때보다 좋은 향기가 난다! 물론 우리는 자식들을 그리워한다. 하지만 이제는 자식들을 보러 갈 수도, 오게 할 수도 있고, 다시 돌려보낼 수도 있다!

느려짐:

우리는 그렇게 생각하지 않는다! 속도와 효율이 높아지기 시작하는 곳은 언덕 위다. 일을 처리하는 방법과 중요한 것이 무엇인지 알기 때문에 일이 전보다 수월하다.

외야수로 밀려남:

일은 대부분 마무리하고 빚도 다 갚았는데, 외야pasture보다 더 좋은 곳이 어디 있겠는가?

빠르게 기량이 떨어짐:

나이가 들면 신체적인 기량이 조금씩 떨어지지만, 그 속도는 그렇게 빠르지 않다. 사람들은 실제로 60세에서 80세까지 젊은 시절 20년 동안 변했던 것보다 덜 변한다. 자기 관리를 한다면 황혼기는 변화가 매우 천천히 일어나는 길고 평평한 고원이 될 수 있다.

마음만은 젊음:

일반적으로 젊은이들이 자신이 젊다고 생각하는(실제로는 젊지 않은) 고령자를 지칭할 때 애용하는 표현. 조너선 스위프트가 말했듯이, 사실 "(진정한) 현자 중에 젊어지고 싶어 하는 사람은 없다."

그러니 당신이 만약 우리처럼 황혼기나 회춘기에 있다면 이런 진부한 표현에 귀를 기울이지 말라. 귀에 들린다면 황혼기를 재정의하라. 황혼기는 인생의 가장 좋은 때다! 황혼기에서 가장 좋은 부분은 언급도 하지 않았는데, 바로 손주다![51]

에어 부부는 《충만한 삶: 수명을 연장하고 유산을 남기는 법Life in Full: Maximizing Your Longevity and Your Legacy》이라는 책에서 이 주제에

관해 썼다. 이제 70대가 된 부부는 그 어느 때보다 바쁘게 살고 있다. 둘은 25권이 넘는 책을 출간했는데, 그중 많은 책이 여러 자녀를 성공적으로 양육한 뒤에 쓰였고 수백만 권이 팔렸다. 그리고 〈오프라 윈프리 쇼〉 〈투데이〉 〈얼리 쇼〉 〈60분〉 〈굿모닝 아메리카〉와 다른 여러 프로그램에서 인기 있는 게스트로 출연해 가족과 삶의 균형, 가치, 육아, 나이 듦에 관해 이야기했다.[52]

우리 아이들이 모두 성인이 된 후에 함께 간 가족 휴가에서, 아들 데이비드가 인생 후반부에 있는 나와 샌드라를 매우 정확하고 유쾌한 방식으로 묘사했다.

우리 형제자매가 모두 결혼을 하고 아이들을 낳자 엄마 아빠에게 호수에서 가족 휴가를 즐기는 새로운 방법이 생겼다는 사실을 알게 되었다. 나는 부모님을 '날아다니는 새'라고 불렀는데, 부모님의 삶의 단계에 완벽하게 들어맞는 이름이었다. 나는 어떤 책임감도 느끼지 않고 원하는 대로 들락날락하는 부모님의 모습을 확인할 수 있었다. 부모님은 아홉 명의 자녀를 키우며 바쁘게 지내는 것을 매우 즐거워하셨지만, 이제는 하고 싶은 활동을 자유롭게 선택할 수 있었다. 손주들과 함께 몇 시간 동안 배를 타기도 하고, 혼다를 타고 드라이브를 하며 "이야기"를 나누기도 하고, 갑자기 찾아와서 함께 준비하지 않은 저녁을 먹으며 우리와 어울리다가 설거지는 하지 않고 재빨리 영화를 보러 시내에 나가기도 했다! 인정해야 한다. 부모님은 오랜 세월 자녀 양육에 책임을 다하고 이 시간을 얻어낸 것이다. 그리고

라르고와 아첼레란도, 인생의 후반부

이 새로운 인생 단계는 내게 확실히 재미있어 보였다.

나이는 마음의 문제다. 당신이 신경 쓰지 않으면 문제 될 게 없다!
_ 마크 트웨인

요 몇 해 동안 내내 샌드라와 나는 손주들과 증손주들에게 강한 유대감을 느꼈다. 우리는 다음 세대를 응원하기 위해 가능한 한 많은 활동, 축하 행사, 특별 행사에 참석하려고 노력했다. 우리는 또한 지역 사회, 자선단체, 교회를 섬기며 후손들에게 모범을 보이고 싶었다. 우리는 역할 모델과 멘토가 되어야 한다는 책임감을 느껴 자녀들, 손주들에게 관심을 보이고, 함께 양질의 시간을 보내고, 지원하고 격려하며, 좋은 가치와 인격의 본을 보이려 지속적으로 노력했다. 부모 노릇은 아무리 나이가 들어도 결코 그만둘 수 없으므로 우리에게 중요한 일이었다.

황혼기를 극대화하라. 나이 듦의 단점이 아닌 장점에 집중하라. 에어 부부의 조언대로 노년기에 대한 낡은 고정관념이나 낙인을 믿지 말고 자신의 한계를 스스로 정하지 말라. 할 수 없는 일이 아닌 할 수 있는 일을 생각하라. 사람들 대부분은 조부모가 되면, 자신들이 관여하거나 조언해서는 안 된다고 생각하고 물러서는 경향이 있다. 하지만 이 황혼기가 바로 일상의 책임에서 벗어나 여러 세대로 이루어진 가족의 삶에 즐겁고 긍정적인 변화를 일으킬 수 있는 때다. 마음을 열고 가족과 시간을 보내라. 그러면 교류할 기회는 자연스럽게 생긴다. 인생의 후반부에는 이전보다 더 많은 지혜와 경험을 얻게 된다. 나에게 제일 중요한 사람들의 삶에 자원과 도움을 줄 적절한 기회를 찾아라.

아이들에게는 조부모의 격려와 지혜가 필요하다.
부모는 자녀를 양육할 때 조부모의 도움과 지원이 필요하다.
조부모는 손주와 시간을 보내면서 에너지와 열정을 얻을 수 있다.
우리는 조부모 역할에 충실하지 않을 뿐 아니라
노력할 생각조차 없는 것 같다.
손주들은 여럿이 함께 만날 때보다 개별적으로 만나 소통할 때
강력한 영향을 미칠 수 있다는 사실을 기억해야 한다.[53]

_ 린다·리처드 에어 부부

어느 부부는 이 조언을 실천해 손주의 인생을 구하기도 했다. 조앤과 론 부부는 딸 로리가 마약중독에서 벗어날 수 있도록 최선을 다해 도왔다. 마약중독은 로리의 삶을 집어삼켰고, 로리는 두 살배기 아들 제임스는 고사하고 자기 몸도 돌보지 못했다. 조앤과 론은 어린 손주가 불안정한 어머니와 감옥을 들락날락하는 아버지 사이에서 어떻게 성장할지 두려웠다.

조앤은 전업주부로 매우 즐겁게 네 자녀를 키웠다. 하지만 친구들과 클럽에서 테니스를 치는 등 미뤄왔던 일들을 자유롭게 할 시기가 오기를 기대했다. 그러나 불안정한 상태인 로리를 고려해 50대 중반에 인생 계획을 과감히 조정하고 어린 손자를 키우기로 결심했다.

부부는 엄청난 패러다임의 변화를 겪어야 했다! 처음부터 다시 시작하는 것은 매우 어려운 일이었지만, 조앤과 론은 이타적으로 희생하며 어린 손자를 키우는 일이 그만한 가치가 있고 옳은 일이라는 것을

알았다. 부부의 사랑과 보살핌 덕분에 제임스는 훌륭하게 성장했다. 친구들이 클럽에서 테니스를 치며 여유 있게 점심 식사를 하는 동안 조앤은 쉰넷의 나이에 제임스를 돌봤다. 그 후 몇 년 동안, 이 자상한 조부모는 제임스에게 야구, 축구, 미식축구를 가르치고, 유치원에 등록시키고, 피아노 연습을 돕고, 교회에 데려가고, 바람직한 가치관을 심어주는 등 여느 부모들이 하는 모든 일을 했다. 그 와중에도 죽었는지 살았는지 1년에 한 번 소식을 듣는 것조차 힘든 로리는 부부의 가슴을 아프게 했다.

세월이 흐른 뒤 마침내 인생의 바닥을 치고 새로 시작할 준비가 된 로리가 집으로 돌아왔다. 그 후, 애정 어린 부모의 도움을 받은 로리는 노력 끝에 약물중독을 극복했고, 제임스도 로리의 오랜 부재에도 불구하고 조부모의 보살핌 덕분에 행복하고 정서적으로 안정된 아이로 성장했다. 손자를 키우기 위해 수년간 기꺼이 자신의 삶을 제쳐둔 이타적인 부모를 둔 것은 로리에게 축복이었다. 로리가 없을 때 조앤과 론은 제임스의 인격이 형성되는 시기에 제임스의 곁에 있어주었다. 조앤과 론의 결정은 말 그대로 제임스의 인생을 구했고, 동시에 딸 로리에게는 부모 노릇을 할 두 번째 기회를 제공한 셈이었다.

제임스는 이후 고등학교를 졸업하고 선한 청년이 되었다. 피아노뿐 아니라 다양한 스포츠에도 재능을 보이고 학교생활을 성공적으로 마친 제임스의 삶은 조부모의 헌신에 대한 감사의 표시였다. 제임스를 양육한 일은 테니스 클럽에 가는 것보다 장기적으로는 훨씬 보람 있는 일이 되었다.[54]

조앤과 론이 인생 후반부에 상처받기 쉬운 상태였던 손자를 양육하기로 결심하지 않았다면 상황은 달라졌을 것이다. 당시에는 몰랐지만, 그들은 크레셴도 정신으로 자녀들을 양육한 뒤에 가족에게 막대한 기여를 한 것이었다. 돌이켜 보면, 전보다 나이 든 상태에서 아이를 키우기가 쉽지만은 않았지만, 부부는 손자와 함께 있어줘야 한다는 것을 알고 있었다. 친구들의 합창에 맞춰 피아노 반주를 하는 제임스를 본 부부는 자신들의 노력이 맺은 결실에 흡족해했다. 위험에 취약했던 제임스를 도운 것은 큰 축복이었다. 이제 자신에게 주어진 두 번째 기회를 통해 밝은 미래를 창조하는 것은 제임스에게 달렸다.

> 100년 뒤에 내 은행 계좌에 얼마가 있었는지,
> 내가 어떤 집에 살았고 어떤 차를 몰았는지는 중요치 않을 것이다.
> 하지만 한 아이의 인생에 큰 영향을 미친다면
> 세상이 달라질 수도 있다.[55]
> _ 포레스트 위트크래프드

자녀가 아이를 돌볼 수 없는 상황이거나 돌볼 능력이 없어 부모의 역할을 대신 떠맡아야 하는 조부모가 많다. 부부가 재정적 어려움을 겪고 있거나 맞벌이를 해서 조부모가 부모 역할을 하며 손주와 함께 사는 경우도 있다. 양육이 쉽지 않은 노년에 부모 역할을 할 의사와 능력이 있는 조부모들에게 경의를 표한다.

육아 기회는 각별한 노력을 기울이는 성실한 조부모 앞에 다양한 방식으로 나타난다. 일부는 아이가 방치되지 않도록 학교로 데리러 오고, 학원이나 과외 활동에 데려가고, 오후에 먹을 간식을 만들어주고, 숙제를 도와주고, 부모가 직장에서 돌아올 때까지 안전하고 사랑이 가득한 장소를 제공한다. 손주의 집에서 함께 게임을 하거나, "할아버지 할머니와 함께하는 밤"을 보내거나, 그저 같이 있어줌으로써 자식과 손주를 보살피는 조부모도 있다. 어떤 조부모는 가족을 부양할 자금이 충분하지 않을 때 도와주기도 한다. 대학에 가거나, 해외에서 여름 방학을 보내거나, 인턴십을 하는 등 삶을 바꿀 만한 경험을 할 특별한 기회가 있을 때 자금을 지원해줄 수도 있다.

만약 당신이 어떤 식으로든 손주의 양육을 돕고 있다면, 그 노력은 값을 매길 수 없을 만큼 소중한 것이며, 당신이 생각하는 것보다 더 큰 축복으로 돌아올 것이다. 요청에 의해서든, 자발적이든, 베푼 것은 삶의 축복으로 돌아온다는 사실을 기억하라. 손주에게 들인 시간과 노력을 절대 후회하지 않을 것이다. 지금은 깨닫지 못할 수도 있지만, 당신의 관여는 다음 세대에 영향을 미치며, 그들은 당신의 선한 영향력을 삶의 여러 단계에서 느끼게 된다. 한발 더 나아가 후손들에게 방향을 제시하는 것은 이들의 삶에 안정과 사랑, 궁극적으로는 밝은 미래를 선사한다.

인생이 저물어가는 소위 "황혼기"에 후손들의 삶을 변화시키기보다 잠을 자고, 골프를 치고, 카드놀이를 하고, 테니스를 하고, 심지어 세상 구경을 하면서 여가를 보내려는 사람이 있다는 게 상상이 안 된다. 이타적인 섬김을 통해 가족을 축복하는 것은 크레셴도로 사는 삶의 전형적인 형태다.

국가와 인류를 위해 누구나 할 수 있는 가장 큰 봉사는
가정을 꾸리는 일이다.[56]

_ 조지 버나드 쇼

  가정과 가족은 아이가 인격과 강인함, 내면의 안정, 개성, 대인 관계 기술과 재능을 발전시키는 데 긍정적인 영향을 미치지만, 기관은 이를 대신할 수 없다. 다시 말해, 나는 인생에서 가장 의미 있는 경험 대부분이 가족과 함께 겪는 것이라고 확신한다. 모든 가족이 다르므로 당신의 가족이 전통적 가족의 형태가 아니거나 다른 가족과 똑같지 않을 수 있지만, 가족은 가족이며 그렇기 때문에 일반적으로 당신이 사랑하는 가족이 당신에게 가장 큰 기쁨을 줄 수 있다.

  나의 형 존은 가족과 함께 자신들이 소중하다고 생각하는 가치를 명시한 가족 사명 선언문을 만들었다. "빈 의자는 없다"라는 간단한 문구였다. 이는 본질적으로 가족 내에 모두의 자리가 있고, 모두가 소중하며 중요하다는 뜻이다. 서로의 필요를 파악하고 각자 최선의 방식으로 이타적으로 돕고 배려하고 보살피는 성실한 조부모, 숙모, 삼촌, 형제 자매의 가치를 담은 아름다운 선언문이다. 개인이나 가족 사명 선언문을 만들 것을 권한다. 그런 다음 그 선언문을 중심으로 하나가 되어 선언문을 실현하려 노력하라. 당신에게 가장 큰 기쁨이 될 것이다.

10

목적을 찾으라
DETECT YOUR PURPOSE

우리의 영혼은 명성이나 안위, 부, 권력에 굶주려 있지 않다.
우리의 영혼은 의미, 우리가 거쳐 간 세상이 조금이라도 달라지게
하려면 인생을 어떻게 살아야 하는지 알아내는 데 굶주려 있다.[57]

_ 랍비 해럴드 쿠슈너

뉴욕 로체스터에 있는 찰리와 도로시 헤일의 집에는 매일 성탄절인 것처럼 수많은 소포가 배달된다. 소포에는 파손된 악기가 들어 있다. 몇 년 전 악기 수리 수업을 듣고 나서 부부는 고장 난 악기를 수리하는 데 푹 빠졌다. 80대 중반의 은퇴한 화학자 도로시와 은퇴한 의사 찰리는 음악을 만드는 사람들에게 무료로 악기를 나눠주려고 열정적으로 악기에 새 생명을 불어넣는다. 단순히 몇 대의 악기를 수리한 게 아니라 2019년 12월 기준 로체스터 교육 재단Rochester Education Foundation을 통해 약 1,000대의 악기를 로체스터시에 있는 학교에 기부했다.

로체스터 예술학부Rochester Arts Department의 수석 교사 앨리슨 슈미트는 "두 사람이 다른 사람의 자녀들에게 그토록 많은 관심을 쏟아붓는 것이 놀랍다"라고 했다. 연구에 따르면 음악 교육은 학생들의 전

반적인 학교생활을 개선하는 데 지속적으로 영향을 미치기 때문에, 그녀는 헤일 부부가 지역 사회에 수리한 악기를 기부한 것이 큰 영향을 끼쳤다고 믿는다.[58] 잘 모르는 학생들을 위해 노력하는 부부는 진심 어린 관심을 갖는 사람들이 있다는 것을 보여주었다. 악기를 고칠 때마다 받는 사람을 생각하는 부부는 다른 사람들에게 기쁨을 안겨줄 뿐 아니라 자신들의 삶까지 풍요롭게 하는 삶의 목적을 찾았다.

저명한 라이프 코치이자 《파도치는 인생에서 다시 길을 찾는 법》의 저자 리처드 라이더는 목적의 중요성을 이렇게 설명했다.

> 목적은 기본입니다. 사치가 아닙니다. 목적은 우리의 건강, 우리의 행복, 우리의 치유, 우리의 장수에 반드시 필요한 요소입니다. 모든 인간은 어떤 방식으로든 족적을 남기고 싶어 합니다. 우리 세대는 이전 세대보다 오래 살고 있습니다. 우리 세대의 은퇴는 부모님 세대의 은퇴와는 다릅니다. 매일 아침 눈을 뜰 때마다 좋은 삶을 창조할 새로운 기회가 생깁니다.[59]

이 책의 시작 부분에서 언급한, 피카소의 통찰력이 담긴 원칙은 앞서 보았듯 크레셴도로 사는 인생에서 네 번의 중요한 시기에 걸쳐 확장된다. "인생의 의미는 당신의 재능을 찾는 데 있으며, 인생의 목적은 당신의 재능을 나누는 데 있다." 이 독특한 패러다임에 따라 우리의 은사와 재능을 발견하고 개발하고 확장하고 적용해 타인에게 도움을 주는 것은 필수적인 일이다.

우리 각자에게는 이 세상에 필요한 고유의 사명이 있으며, 여기에 타인을 섬기는 일이 포함되어 있다면 그것은 가장 의미 있는 일이다. 나는 항상 사명은 **만드는** 것이 아니라, **발견하는** 것이라고 믿었다. 마음에 귀를 기울이면, 무엇을 하고 누구를 도와야 하는지 알 수 있는 것처럼 인생의 고유한 사명을 파악하거나 발견할 수 있다. 인생의 어느 단계에서든 개인적인 목적과 사명을 적극적으로 추구하도록 영감을 주고 격려하는 것이 이 책의 궁극적인 목적이다. 나는 세상에 줄 수 있는 가장 큰 선물이 고유한 소명에 응답하는 것이라는 오프라 윈프리의 말에 동의한다.

사명을 찾는 과정에서 자기 쇄신이 필요할 수도 있지만, 스스로 의식하고 있다면, 사명을 발견할 수 있다. 나치 수용소에서 고통을 겪었던 빅터 프랭클은 "내가 삶에서 원하는 것이 무엇인가?"라고 묻는 대신 "삶이 내게서 원하는 것이 무엇인가?"라고 자문해야 한다고 말했다. 두 질문은 매우 다르다. 이 질문을 곰곰이 생각하면 그에 따른 목표와 계획을 세울 수 있다.

> 누구나 이루어야 할 구체적 임무인 인생의 소명이나 사명이 있다.
> 그러므로 누구도 대체될 수 없고 누구의 삶도 반복될 수 없다.
> 따라서 모든 사람의 임무는 그것을 구현할 기회만큼이나 고유하다.
> 결국 인간은 삶의 의미가 무엇인지 물을 게 아니라
> 자신이 이 질문에 답해야 한다는 것을 인식해야 한다.
> 자신의 삶에 책임을 져야만, 답할 수 있게 된다.[60]
> _ 빅터 프랭클

프랭클을 연구한 라일랜드 로버트 톰프슨은 프랭클의 가르침이 다음을 통해 삶의 목적을 발견하는 것이라는 결론을 내렸다.

1. 저작물을 창작하거나 행동한다.
2. 무언가를 경험하거나 누군가를 만난다.
3. 피할 수 없는 고통에 긍정적인 태도를 취한다.

인생의 사명을 발견해야만 목적을 달성할 때 느껴지는 평화, 즉 진정한 행복의 열매를 경험하게 된다.[61]

사명을 발견한 뒤에 할 수 있는 가장 중요한 일 중 하나는 사명을 전면에 내세우고 수행하는 것이다. 올리버 웬들 홈스는 "소명은 적극적으로 추구할 때 위대해진다"라고 했다. 사명을 주도적으로 좇아 다른 이에게 축복과 유익이 되게 하는 것은 당신의 몫이다.

당신이 다른 사람들을 아끼고 있다는 것을 보여주기 위해
할 수 있는 일을 하면 세상은 더 나은 곳이 될 것이다.
_로절린 카터

지미 카터와 영부인 로절린 카터는 1980년에 백악관을 떠나면서 자신들의 할 일이 끝났다거나 더 이상 기여할 바가 없다고 생각하지 않았다. 미국의 대통령으로 섬기고 성공의 정점이라고 불리는 지점에 도달하고 나면 평범한 사람들은 해먹과 좋은 책 한 권을 가지고 휴식을

취할 것이다. 미국의 전직 대통령들은 대부분 전국을 돌며 연설을 하고 자신의 이름을 딴 도서관을 세운다.

그러나 카터 부부는 늘 인도주의적 대의를 지원해왔다. 부부는 계속해서 사회에 기여하고 지위와 영향력을 이용해 주변에 절실한 도움이 필요한 문제들을 해결하고 싶어 했다. 부부는 백악관을 떠나고 1년 뒤에 전 세계의 인권 증진, 평화 증진, 고통 완화를 목표로 카터센터를 설립했다.

카터센터는 현재 70개 이상의 국가에서 사람들을 돕고 있다. 분쟁 해결, 민주주의 증진, 인권 증진, 경제적 기회 제공, 질병 예방, 정신 건강관리 개선, 작물 생산을 늘리는 교육에 힘쓰고 있다. 전 세계에서 궁핍한 사람들을 위한 주택 개조와 건축을 지원하는 비영리단체 해비타트Habitat for Humanity에서 자원봉사도 하고 있다. 지미 카터는 2002년 오슬로에서 "국제 분쟁에 대한 평화로운 해결책을 찾고, 민주주의와 인권을 증진하며, 경제와 사회의 발전을 촉진하기 위해 수십 년간 끊임없이 노력한 공로"를 인정받아 노벨 평화상을 받았다.

노벨 평화상을 수락한 카터는 자신의 인생 사명을 밝히고 미래 세대를 위한 행동을 촉구하는 소감을 발표했다.

우리의 끈끈한 인류애는 분열을 조장하는 우리의 두려움이나 편견보다 강합니다. 하느님은 우리에게 선택의 여지를 주셨습니다. 우리는 고통을 완화하는 편을 선택할 수 있습니다. 우리는 평화를 위해 함께 일하는 것을 선택할 수 있습니다. 우리는 이러한 변화를 이루

어낼 수 있고 또 그렇게 해야만 합니다.[62]

항상 "소외된 사람들을 옹호했던" 로절린 카터는 조지아주 주지사의 아내로서 조지아주의 정신 건강 시스템을 재정비하는 데 힘썼고 이후에도 방치된 정신 건강 문제를 해결하기 위해 계속 노력해왔다. 로절린은 인권과 분쟁 해결을 위해 남편과 함께 일하는 것 외에도 유아 예방접종을 옹호했고, 퇴역 군인을 돕기 위해 힘썼으며, 정신 건강과 돌봄에 관한 수많은 책과 자서전을 저술했다. 그녀는 국립 여성 명예의 전당National Women's Hall of Fame에 오르는 영예를 안았고, 10년 동안 헌신한 해비타트 활동을 포함해 지칠 줄 모르는 인도주의적 활동을 펼쳐온 공로로 남편과 함께 대통령 자유 훈장Presidential Medal of Freedom을 받았다.[63]

35년간 해비타트 활동에 시간을 할애하고 리더십을 발휘해온 로절린 카터와 지미 카터는 해비타트의 얼굴이 되었다. 지미 카터가 희귀암으로 치료를 받은 뒤에도 부부는 10만 명이 넘는 다른 자원봉사자들과 함께 전 세계 14개국에서 4,390채의 집을 짓고, 개조하고, 수리했다. 90대인 지금도 왕성한 활동을 이어가고 있는 카터 부부는 해비타트가 2019년 10월에 진출한 열다섯 번째 국가인 도미니카공화국에서 2020년에 주택 건설과 수리를 도왔다고 발표했다.[64]

카터 부부는 자신들의 크레셴도 정신을 반영한 《얻을 수 있는 모든 것: 남은 생을 최대한 활용하기Everything to Gain: Making the Most of the Rest of Your Life》라는 영감을 주는 책에서 주변의 필요를 알아차리고, 의미 있는 프로젝트에 참여하고, 섬김의 가치에서 기쁨을 얻는 것에 관해 이야기한다. 지미 카터는 40권이 넘는 책을 집필했는데, 한 권을 제외하고는 모두 대통령 임기가 끝난 뒤에 저술했다. 1998년에 그는 《나이 드는 것의 미덕The Virtues of Aging》이라는 책을 썼다. "나이 드는 것의 좋은 점이 무엇이냐?"라는 질문을 받자 그는 "글쎄요, 그 반대보다는 좋지요!"라고 유머러스하게 대답했다.

지미 카터는 미국 대통령으로 선출된 바 있지만, 많은 사람이 그가 백악관을 떠난 뒤에 수행한 인도주의 활동과 사회운동이 그의 가장 위대한 유산이며, 그를 미국 역사상 가장 생산적으로 살고 있는 전직 대통령이라고 믿는다.

삶에서 은퇴하지 않은 것이 분명한 카터는 일을 그만두고 은퇴할 기회에 대해 다음과 같이 썼다.

> 도움이 필요한 사람에게 '도움을 주는 것'은 큰 만족감을 준다. 바쁜 젊은이들도 할 수 있지만, 인생 '후반부'에 있는 우리는 무언가에 참여할 시간이 더 많다. 특히 수명이 연장되고 건강한 노년을 보낼 확률이 크게 높아지면서 봉사 활동에 많은 시간을 할애할 수 있는 은퇴 후라는 단계가 인생에 추가된 것이다. 은퇴자들의 재능, 지혜, 에너지는 지역 사회가 절실히 필요로 하는 것들이다. 적극적으로 무언가에 참여하는 퇴직자들은 하루를 풍요롭게 하는 힘의 원천인 자존감을 얻게 된다. 그리고 노화 속도도 느려진다.
>
> 도움이 필요한 일은 많으므로 타인을 돕는 일은 놀라운 정도로 쉬

워질 수 있다. 어려운 부분은 무엇을 할지 선택하고 시작하는 일, 새로운 것을 처음 시도하는 일이다. 일단 추진력이 발동되면, 전에는 할 수 없다고 생각한 일들을 할 수 있다는 사실을 종종 깨닫게 된다. 최근 몇 년간 타인에게 선한 영향력을 미치는 데 관여하면서 삶에 엄청난 변화가 생겼다. 배고픈 사람, 노숙자, 시각장애인, 신체장애인, 마약중독자나 알코올의존자, 문맹자, 정신 질환자, 노인, 수감자, 친구가 없는 외로운 사람들을 돕는 자원봉사자의 손길은 어디에서나 절실히 필요하다. 할 수 있는 일은 많으며, 무엇이든 서두르는 편이 좋다.[65]

당신이 인생의 어떤 면에서 이미 성공의 정점을 경험했고 지금 흥미진진한 후반부를 보내고 있더라도 여전히 지금은 다시 시작하고 이전의 삶과는 다른 새로운 무언가를 창조할 기회다. 당신이 전직 대통령이나 영부인이 아니더라도 지미 카터가 말했듯이 "서두른다면" 기여하고 도울 수 있는 일이 너무나 많다.

가치 있는 활동을 한 뒤 느끼는 피로감은 정신을 고양한다. 우리에게는 해비타트에서 일하는 것이 그랬다. 백악관에서 나온 뒤에 수행한 모든 활동 중에서 가장 고무적인 활동이었다. 집다운 곳에서 살아본 적 없고 자기 집을 가지는 꿈조차 꾸어보지 못한 사람들의 집을 짓는 것을 돕는 일은 큰 기쁨과 정서적 반응을 일으킨다.[66]

은퇴 이후에는 나만의 방식으로 변화를 불러일으킬 기회가 한 번 이상은 생길 것이다. 아직 은퇴 연령이 아니거나 인생 후반부에 접어들지 않았다면? 시기가 될 때까지 기다리지 말고 젊을 때 이 시기를 준비하는 것이 중요하다. 미리 계획하고 인생 전반부에 크레셴도로 살면 후반부는 훨씬 더 효과적으로 살 수 있다.

> 노년을 위한 준비는 10대 때 시작해야 한다.
> 65세까지 삶의 목적 없이 살던 사람이
> 은퇴한다고 해서 갑자기 삶의 목적이 생기는 것은 아니다.[67]
> _ 드와이트 L. 무디

당신이 지금 인생의 어느 단계에 있든 후반부를 준비하고 계획하면 이후에 훨씬 생산적인 삶을 살 수 있고, 변화를 보다 수월하고 자연스럽게 받아들일 수 있다. 한 설문 조사에 따르면 베이비붐 세대 중 3분의 2가 삶의 변화에 적응하는 데 어려움을 느끼는 것으로 나타났다. 이들은 여생에 의미와 목적을 부여할 방법을 찾고 있다. 그런데 삶의 목적, 사명, 의미가 쉽게 보이지 않는다면? 그렇다면 어떻게 삶의 목적을 찾아야 할까?

《인생의 기어를 바꾸는 법과 은퇴 후의 일Shifting Gears to Your Life and Work After Retirement》의 공저자인 마리 랭워시는 다음 질문을 해보라고 권한다.

- 나의 타고난 기질은 무엇인가?

- 나의 능력은 무엇인가?
- 나의 가치관은 무엇인가?
- 나의 관심사는 무엇인가?
- 세상에 무엇이든 기여할 수 있다면, 나는 무엇을 할 것인가?[68]

당신의 사명과 목적을 찾기 위해 크레셴도로 사는 것에 관한 일반적인 변명과 오해, 진실을 살펴보자.

인생 후반부에 크레셴도 정신으로 사는 것에 관한 변명과 오해

- 나는 변화를 일으키기에는 너무 늙었고, 지쳤으며, 에너지를 소진했고, 시대에 뒤처졌다.
- 나는 특별한 기술이나 재능이 없다.
- 나는 인생에서 많은 것을 이루었다. "이미 해봤고 다 안다!"
- 얼마나 많은 시간과 노력을 들여야 할지 걱정이 되고 무언가에 얽매이고 싶지도 않다.
- 나는 기술이 뛰어나거나 재능이 있거나 특별한 사람이 아니기 때문에 내가 하는 일이 다른 사람들에게 큰 변화를 가져오리라고 생각하지 않는다.
- 나나 우리 가족에게 영향이 미치는 것도 아닌데, 왜 내가 다른 사람을 돌보거나 자원봉사를 해야 하는지 모르겠다.
- 무엇을 해야 할지, 어떻게 도와야 할지, 어떻게 시작해야 할지 모

르겠다. 내 안전지대를 벗어나는 일 같다.

- 지역 사회에는 도움이 필요한 일이 너무나 많아 이에 관여하는 것은 감당하기 벅찬 일 같다.
- 전혀 모르는 새로운 일을 시도하는 것이 꺼려지거나 두렵다.
- 내 일도 아니고 내 책임도 아니다.
- 긴장을 푼 채로 휴식하며 여생이 끝나기를 기다리고 싶다. 스트레스를 받고 싶지 않다.
- 나는 평생 열심히 일했다. 은퇴 후 여가를 즐기는 것 외에는 아무것도 하고 싶지 않다.

인생 후반부에 크레셴도 정신으로 사는 것에 관한 진실

- 멋진 모험과 흥미진진한 기회가 기다리고 있다!
- 색다른 혹은 특별한 기술이나 지식은 필요하지 않다. 가진 것만으로 충분하다.
- 타인을 섬기는 일에 관여하면 보다 젊고 활력 넘치는 삶을 더 오래 살 수 있다.
- 의미 있는 프로젝트에 참여하면 능력과 역량이 향상된다.
- 더 많은 삶의 의미와 목적을 발견하게 되고 행복과 보람을 느끼게 된다.
- 세상을 바라보고 타인을 위해 봉사할 때 당신이 받은 축복에 더 감사하게 될 것이다.
- 당신에게는 이전보다 훨씬 더 많은 시간이 있다.

- 당신에게는 평생 갈고닦은 가치 있는 기술과 재능, 지식, 능력이 생각보다 훨씬 많다.
- 당신은 사람, 일, 사회에 대해 평생 습득한 경험을 가지고 있다.
- 당신의 친구와 동료, 자원으로 네트워크를 형성하고 함께 참여할 수 있다.
- 당신에게는 삶의 다양한 영역에서 수년 동안 얻은 지혜가 있다.
- 당신은 역할 모델이 필요한 사람에게 소중한 멘토가 될 수 있다.
- 당신에게는 타인을 섬기고 축복할 수 있는 절호의 기회가 있다. 당신의 선택은 가족, 친구, 이웃, 지역 사회, 나아가 세상에 선한 영향을 미칠 수 있다.
- 크레셴도로 사는 것에 도전하면 사랑하는 사람을 포함한 많은 사람의 삶에 놀라운 변화를 가져올 수 있다.
- 당신이 열망하고 찾는다면, 과거에 벌어진 일과는 상관없이, 가장 중요한 일과 기여할 수 있는 일은 당신 앞에 놓여 있을 것이다.

기다리지 말라. 시간은 어떻게든 흘러가는데, 당신이 열정을 느끼거나 가치 있고 중요하다고 생각하는 대의에 시간을 소비하는 것이 어떤가? 다양한 사례에서 보았듯이 당신은 이미 경험과 학습을 통해 좋은 일을 하는 데 필요한 것들을 가지고 있다. 살레르노 박사가 발견한 것처럼 비범한 일을 하기 위해 비범한 사람이 될 필요는 없다.

주디스 살레르노 박사는 은퇴했지만, 뉴욕 의학 아카데미New York Academy of Medicine의 회장을 맡고 있다. 코로나19가 닥쳤을 때 당시 뉴욕 주지사였던 앤드루 쿠오모는 은퇴한 간호사와 의사들에게 도움을 청했다. 살레르노 박사는 나이가 들었다는 이유로 고립을 자처하지 않고 주저 없이 병원으로 복귀했다. 그녀는 "처음 전화가 왔을 때 바로 신청했다"라고 말했다.[69]

> 60대가 일하기 적절한 나이는 아니지만, 세상에 필요하고 중요한, 단기간에 공급이 매우 부족해질 기술이 제게 있습니다.[70]
> 이곳 뉴욕시의 앞날을 내다보고 제 기술이 어떤 식으로든 도움이 된다면, 저는 기꺼이 나설 것입니다.[71]

의사이자 경영인인 살레르노 박사는 미국 의료계의 저명한 지도자로, 팬데믹이 발생하자 자원봉사에 나섰던 의료 전문가 8만 명 중 한 사람이다. 그녀는 말했다.

> 제 임상 기술은 녹슬었지만, 임상 판단은 꽤 괜찮습니다. 이런 상황에서는 제 기술을 다시 다듬어서 활용할 수 있으리라고 생각했죠. 일반 환자를 보고 팀원으로 일하는 것이라도 제가 할 수 있는 일이 많으니까요.[72]

당신이라면 은퇴와 재기renew 중 어느 쪽을 택하겠는가? 크레셴도로 사는 것과 디미누엔도로 사는 것 중 어느 쪽을 택하겠는가? 재기를 선택한다면, 낡은 사고방식을 거부하고 선택지가 많은 시기에 얻은 절호의 기회가 가져다주는 혜택과 장점을 활용할 수 있다. 이 인생 단계를 보다 생산적이고 사회에 기여하는 흥미진진한 과도기, 즐거움을 누리는 시기로 만들기 위해 미리 계획하라. 이미 많은 인생 경험을 했더라도 계속 호기심을 갖고 성취할 수 있는 것을 찾아라.

나는 은퇴 이후 단순히 여가를 즐기기보다 사회에 기여해야 한다는 스튜어드십stewardship[청지기적 사명감]을 항상 느꼈다. 나는 끊임없이 세상을 변화시킬 누군가를 위한 본보기가 되는 것이 내가 세상에 남길 가장 중요한 유산이라고 믿는다.

당신이 차이를 만들어낼 수 있다고 믿고 변화를 일으키는 데 도전하라. 변화를 실현하는 것은 당신 손에 달렸다! 당신은 무엇으로 기억되고 싶은가? 어떤 유산을 남기고 싶은가? 지금부터 크레셴도 정신을 추구하라. 은퇴 후를 기여하는 시기로 생각하고 성공하는 삶에서 의미 있는 삶으로 전환하기 위해 의식적으로 노력하라. 그렇게 하면 은퇴 후 달콤하고 보람 있는 삶을 살 수 있을 것이다.

그리고
남겨진 가족 이야기

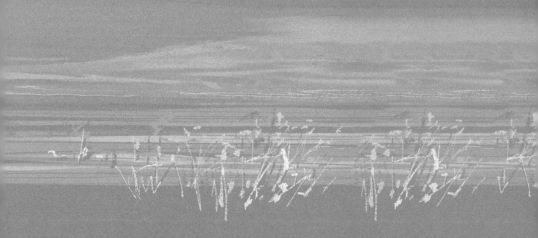

CONCLUSION BY CYNTHIA

크레센도로 사는 우리 가족의 여정

OUR FAMILY'S JOURNEY OF LIVING IN CRESCENDO

끝에 가까워질수록 나를 초대하는 세상의
불멸의 교향곡이 더 분명하게 들린다. 놀랍지만 간단하다.
반세기 동안 나는 산문과 시, 역사, 철학, 희곡, 로맨스,
전통, 풍자, 노래에 내 생각을 표현했다. 모든 것을 시도했다.
하지만 내 안에 있는 것의 천분의 일도 말하지 못한 것 같다.
무덤에 들어갈 때 남들처럼 '오늘 일과를 마쳤다' 할 수 있겠지만,
'평생의 과업을 마쳤다' 할 수는 없을 것이다.
내일 아침 또 다른 하루의 일과가 시작된다.[1]

_ 빅토르 위고

부모님께 바치는 마지막 헌사

크레센도 정신은 사실 아버지의 마지막 거대한 아이디어, 말하자면 그가 고대했던 "마지막 강의"였다. 나는 스티븐과 샌드라 코비의 아홉 자녀 중 맏이로 아버지와 내가 수년 전에 쓰기 시작한 이 책을 마무리하는 특권을 누렸다. 아버지는 크레센도로 산다는 개념이 그것을 받아들이는 사람의 삶을 변화시키고 풍요롭게 하는 강력한 아이디어라고 믿었다. 아버지는 인생의 어느 단계에 있든 "가장 중요한 일은 항상 자신 앞에 놓여 있다"라는 것을 굳게 믿었고, 스스로 그러한 마음가짐을

가지고 살려고 노력했다.

우리는 한 가족으로서 어려운 도전에 직면한 이들에게 희망과 격려를 주기 위해 아버지에 관해 잘 알려지지 않은 이야기를 나누기로 마음먹었다. 우리에게는 매우 사적인 일이지만, 너무나 많은 이들이 비슷하거나 더 큰 시련을 겪고 있음을 알기에 사랑하고 공감하는 마음으로 우리 가족의 이야기를 나눈다.

2007년에 어머니는 척추에 티타늄 막대를 삽입하는 수술을 받았다. 막대는 척추를 안정적으로 지탱하는 데 효과적이었지만 심각한 감염을 일으켜 어머니의 다리와 발 신경을 손상했다. 어머니는 4개월 동안 병원에 입원해 많은 수술을 받고 죽을 고비를 수차례 넘겼다. 이때 우리는 어머니가 퇴원하고 다시 정상적으로 생활할 수 있을지, 회복할 수 있을지 알 수 없었다.

실망스럽게도 어머니는 척추 신경이 손상되면서 휠체어에 갇혀 지내는 신세가 되었다. 한 번도 허리 문제로 고생한 적이 없었고 "평생 단 하루도 아파본 적이 없던 어머니"에게 이것은 끔찍한 일이었다! 어머니는 그 어떤 것도 놓치지 않는 사람에서 우리가 알아보기 힘든 사람으로 변했다. 전혀 걷지 못했을 뿐 아니라 24시간 내내 돌봄이 필요했다. 어머니와 할머니로서의 멋진 삶은 깨어 있는 모든 순간을 소모하는 복잡한 건강 문제로 하룻밤 사이에 뒤바뀌었다. 아주 짧은 시간에 독립적인 존재에서 완전히 의존적인 존재가 되었다. 매우 충격적이었던 이 시기에 우리는 가족으로서 서로에게 의지했으며, 상황이 개선되기를 신께 계속 기도했다.

어머니가 허리 수술을 받기 전, 아버지가 집에 있는 날이면 부모님은 혼다 90 오토바이를 타고 동네를 돌며 "이야기"를 나눴다. 그것은 부모님이 하루 중 가장 좋아하는 일과였고 둘의 관계를 활기차고 새롭게 해주었다. 자녀를 둔 성인이 된 우리는 부모님이 함께 오토바이를 타고 이야기를 나누는 모습을 보는 게 좋았고, 두 사람이 공유하는 친밀감에 감탄했다.

부모님은 때때로 다른 접근 방식을 고집해도 서로 균형을 이루고 가장 중요한 것은 공유하는 멋진 동반자였다. 두 사람은 아홉 자녀를 함께 키웠고 교회와 지역 공동체에서 리더십을 발휘했으며, 많은 것을 성취했다. 아버지는 컨설팅과 저술, 강연 활동으로 출장이 잦았고 자녀들이 장성한 뒤에는 어머니도 아버지와 함께 다니며 중요한 피드백을 해주거나, 강연 중에 발언을 하기도 하고, 노래를 부르기도 했다. 어머니는 노래에 놀라운 재능이 있었다. 두 분은 애정과 헌신이 담긴 결혼 생활의 모범을 보여주었다.

어머니가 여러 차례 수술을 받고 입원해 있는 동안 우리는 아버지의 리더십과 위로를 기대했다. 그러나 우리는 그즈음 아버지의 행동이 평소답지 않다는 것을 알아차렸다. 어머니와 함께 의사를 만날 때 주도적인 모습을 거의 보이지 않았고, 병원에 오면 복잡한 의료 결정을 내리는 데 도움을 주지 않고 바로 잠드는 날이 많았다. 무엇보다 공감을 잘하고 가정적이던 아버지에게서 거리감과 무관심이 느껴지기 시작했다.

아버지가 어머니의 건강 상태를 직면하는 데 어려움을 겪고 있는 것이 분명했다. 우리는 어린 시절 엉덩이 수술을 받은 뒤에 3년 동안 목발을 짚고 다녀야 했던 아버지가 병원을 싫어해서 그런 것이라고 생각했다. 그때부터 아버지는 병원에 오면 항상 얼굴이 창백해졌다.

길고 고통스러운 4개월이 지난 뒤, 어머니는 여전히 휠체어를 탔고 다른 사람에게 전적으로 의존했지만 퇴원이 가능할 만큼 회복되었고 우리 가족은 매우 기뻤다. 어머니를 사랑하고 여왕처럼 대했던 아버지는 어머니가 편하게 지낼 수 있게 24시간 어머니를 돌보면서 자신의 사랑을 표현했다. 아버지는 어머니의 휠체어를 실을 수 있는 밴을 샀고, 휠체어가 지나다닐 수 있게 집을 개조했으며, 어머니가 편안하게 생활할 수 있게 만들어주려고 노력했다. 아버지는 어머니가 곧 다시 걷게 되어 자신과 함께 정상적인 일상을 누릴 수 있기를 바랐다.

어머니의 상태는 모두에게 힘든 문제였지만, 가장 큰 영향을 받은 사람은 아버지 같았다. 아버지는 계속 내성적으로 변해갔다. 아버지는 사생활을 중시했다. 하지만 이제 간호사가 항상 집에 있었고 어떤 때는 어머니의 목욕과 옷 입는 것을 돕기 위해 한 번에 두 명이 오기도 했다. 아버지는 점점 더 초조해하고 불안해하며 삶에 무관심해지는 듯 보였다.

아버지에게 문제가 있는 것이 분명해지자 아버지는 검사를 받았고 전두측두엽 치매라는 진단을 받았다. 언제나 정신적, 육체적으로 매우 활동적이었던 아버지가 끔찍한 질병에 걸렸다는 사실에 우리는 큰 충격을 받았다. 아버지는 의사의 진단에 코웃음을 치며 현실을 완강히 부정했다. 하지만 아버지가 치매에 걸린 것은 분명한 사실이었다. 우리는 아버지의 성격이 점점 극적으로 변하는 것을 목격했다. 아버지는 사회적으로 부적절한 행동을 했고, 판단력과 자제력을 상실한 모습을

　　　그리고 남겨진 가족 이야기

보였으며, 방금 말한 이야기를 반복하고, 전혀 아버지답지 않은 말과 행동을 했다.

이 시점에서 우리는 하는 수 없이 아버지가 출장과 강연, 저술 등의 직업 활동을 하지 못하도록 말려야 했다. 모두에게 매우 슬프고 힘든 시간이었고, 그가 오랜 세월 이어온 놀라운 헌신의 끝이기도 했다.

마침내 우리는 한동안 아버지가 치매 초기였다는 사실을 알아차렸다. 치매의 증상은 파괴적이었고 우리는 비범한 삶을 살아온 가족의 가장이 쇠약해지는 모습을 눈앞에서 무력하게 지켜볼 수밖에 없었다. 우리는 유쾌하고 독특하며 외향적이었던 아버지가 알아보기 힘든 사람으로 변해가는 모습을 지켜보았다. 이따금 아버지의 눈에서 자신이 통제할 수 없는 일이 벌어지고 있는 상황에 대한 두려움이 보였다. 그러나 우리는 아버지의 위대한 사랑을 느꼈고 어려운 시기에 아버지를 응원하고 돌보고 싶었다.

가족으로서 우리는 슬픔에 잠겼다. 휠체어에 앉아 복잡한 건강 문제에 대처해야 하는 어머니의 상태도 감당하기 벅찬데, 동시에 아버지의 치매도 급격히 악화하고 있었다. 부모님 두 분 모두 없는 것처럼 느껴졌다. 우리 가족에게는 가장 어렵고 힘든 시간이었다.

그래서 우리는 함께 최선을 다했다. 번갈아 부모님을 모시며 서로에게 의지했고 평생 부모님에게서 받은 사랑과 관심을 되돌려주고 두 분이 행복하게 지낼 수 있도록 노력했다. 형제자매와 배우자, 손자와 손녀, 숙모와 삼촌, 사촌, 친구 등 모두가 함께했다.

그 과정에서 우리는 비교적 평온했던 시기에는 경험하지 못했던 축복을 경험했다. 슬픔을 함께 나누고 서로 돕고 의지하며 그 어느 때보다 더 형제, 배우자와 가까워졌다. 우리의 관계는 더욱 풍성해졌고 이제는 중요하지 않아 보이는 사소한 일은 용서했고 쉽게 서로를 판단하지 않게 되었다. 부모님을 섬기면서 참된 기쁨을 경험했다. 자녀들에게 더욱 다정해졌고, 우리의 닻이 되어 앞으로 나아갈 힘과 용기를 준 신앙에 감사했다. 좋았던 날들과 부모님이 행복하게 지내던 시간들을 떠올렸고 옛 추억을 회상했다.

처음에는 울기만 했던 우리는 부모님의 낙천적인 성격을 본받아서 다시 웃기 시작했다! 좋아하는 작품 중 하나인 〈요셉 어메이징Joseph and Amazing Technicolor Dreamcoat〉이라는 명곡을 함께 부르고는 했는데, 이 노래에는 우리가 느낀 감정이 담겨 있었다. "우리가 알던 가나안의 나날은 어디로 간 걸까? 어디로 가버렸나!"[2]

우리에게 "가나안의 나날"은 어머니의 수술과 아버지의 치매, 이 모든 극적인 변화가 찾아오기 전을 의미했고, 좋은 시절에 남긴 멋진 추억들은 너무나 감사하게 느껴졌다.

우리 가족은 영화를 좋아하는데, 그중 〈쓰리 아미고〉에 우리 상황에 들어맞는 대사가 있었다. 러키 데이(스티브 마틴 분)는 어려운 시기에 친구들을 격려하려 이런 말을 한다. "어떤 면에서는 누구나 마주해야 할 엘 구아포가 있어(엘 구아포는 악당이다). 엘 구아포는 우리를 죽이려는 덩치 크고 위험한 놈이지!"[3]

우리는 이 시험이 우리 가족의 엘 구아포임을 깨달았고, 우리 가족이 가장 즐겨 쓰던 "웃어봐"라는 말이 암울한 시기에 우리를 종종 구해주었다.

우리는 더욱 가까워졌고, 타인의 고난과 슬픔을 보다 깊이 이해하고 공감하게 되었다. 고통과 상실을 경험하는 것이 어떤 것인지, 부모님이 힘들어하고 쇠약해지는 모습을 무력하게 지켜보는 것이 어떤 것인지 알게 되었다. 다른 사람들이 고난의 시기에 어떤 일을 겪는지 훨씬 잘 이해하게 되었고, 그 결과 더 많이 공감할 수 있게 되었다. 상황을 헤쳐나가기 위해 우리는 아버지가 좋아하는 말 중 하나인 "힘든 시기에 강해지기"를 실천했다. 아버지가 치매와 힘들게 싸웠고 도저히 버틸 수 없을 때까지 크레셴도로 살기 위해 최선을 다했다는 사실을 점차 깨달았다.

우리는 곧 많은 사람이 우리 부모님을 진정으로 사랑했고 부모님이 평생에 걸쳐 많은 이들에게 가진 것을 나누고 사회에 기여했다는 사실을 알게 되었다. 오랜 친구와 친척들이 정기적으로 찾아와 아버지와 함께 점심을 먹었다. 그들은 경청하는 귀와 기댈 수 있는 어깨, 따뜻한 격려가 필요했던 어머니에게도 큰 사랑과 지지를 보냈다. 아버지의 가장 친한 친구였던 큰아버지 존은 정기적으로 아버지를 찾아왔고 예전 같지 않은 아버지를 대신해 우리에게 구명줄과도 같은 존재로서 힘이 되어주었다. 큰어머니 제인도 정기적으로 찾아왔는데, 그녀는 어머니에게 매우 소중하고 없어서는 안 될 진정한 친구였다. 우리는 어려운 시기를 함께할 이가 있는 것이 얼마나 큰 축복인지 깨달았다. 우리에게는 신경 써주는 친구와 가족이 있었고, 하느님도 우리를 지켜보고 계신다고 믿었다.

시간이 흐르면서 어머니는 놀랍고 과감한 방식으로 새로운 생활에 적응하고, 다시 우리의 삶에 관여했다. 어머니는 시간이 지나면서 점차 건강해졌고 곧 못 말릴 정도로 활발해졌다. 다시 많은 가족 행사를 주최하고 친구들과 교류하며, 휠체어에 앉아 행복하고 풍요로운 삶을 즐겼다. 그녀는 이 책에 소개된 다른 많은 사람처럼 시련과 좌절에 자신을 내맡기지 않고 믿음과 용기로 맞서고 다가올 일을 기대했다.

하지만 어머니는 아버지가 멋진 삶을 살도록 돕는 데 대부분의 시간을 할애했다. 아버지는 정신적, 육체적 능력이 급격히 약해져 어머니와 다른 사람들에게 의존해야 하는 상태가 되었다. 어머니는 매일 아버지와 함께할 수 있는 재미있는 일, 나들이나 의미 있는 활동, 오랜 친구나 가족과 시간을 보내는 일 등 아버지가 좋아하는 것으로 하루를 채우는 계획을 세웠다. 어머니는 가족과의 멋진 추억, 두 분이 함께 여행했던 곳, 즐거웠던 시간에 관해 이야기했다. 아버지는 말수가 점점 줄었지만, 어머니가 하는 말에는 귀를 기울였고 항상 어머니와 함께 있고 싶어 했다. 어머니에게 이 시기는 인생에서 가장 슬프고 외로운 시간이었지만, 어머니는 아버지를 안전하게 보호하고 돌보기 위해 할 수 있는 모든 일을 했다.

2012년 4월, 아버지는 집 근처에서 전기 자전거를 타고 있었다. 그것은 아버지가 여전히 즐길 수 있는 활동 중 그가 가장 좋아하는 활동이었다. 요양 보호사와 함께 있었지만, 언덕을 내려가다가 중심을 잃은 자전거는 인도에 부딪쳤고 아버지의 머리가 땅에 닿았다. 헬멧을 쓰고 있었지만 뇌출혈이 발생했다. 한동안 입원을 해야 했기 때문에 이때 우리는 아버지를 잃을지도 모른다고 생각했다. 그러나 몇 주 후 어느 정도 회복된 아버지는 집으로 돌아올 수 있었고 인지능력이 전보다 떨어졌지만 여전히 우리와 함께였다.

그해 여름, 우리는 몬태나에 있는 오두막에서 아버지와 함께하는 마지막 시간이 될 줄 몰랐던 나날을 즐겁게 보냈다. 7월 4일에는 멋진 바비큐 파티를 했고 모닥불 주변에서 이야기하고 노래하고 마시멜로를 굽고 스모어[크래커 사이에 구운 마시멜로와 초콜릿을 넣어서 만든 간식]를 만들어 먹었다. 세대를 뛰어넘어 사촌끼리 웃으며 함께 놀고 음악에 맞춰 신나게 춤을 추고 애국가를 부르고 불꽃놀이를 했다. 요약하자면 완벽한 여름밤을 보냈다. 아버지도 반응을 보였고 오랜만에 즐거운 시간을 보내는 듯했다. 아버지는 수년 전에 그런 밤을 상상하며 오두막을 짓고 "유산Legacy"이라는 적절한 이름을 붙였다. 아버지는 우리가 가장 좋아하는 아름다운 '큰 하늘의 나라[몬태나주의 별명]'에서 가족이 함께 즐길 수 있도록 오두막 부지를 한 곳 한 곳 신중하게 계획했다. 불과 몇 주 뒤에 아버지가 돌아가시면서 아름다운 오두막과 부지는 아버지의 진정한 유산으로 남았고, 우리는 마법 같았던 그 날 밤을 애틋한 마음으로 회상하고는 한다.

7월 15일, 머리에서 예상치 못한 출혈이 다시 시작되는 바람에 아버지는 구급차에 실려 병원으로 이송됐다. 아버지가 위독하다는 소식을 듣고 아홉 명의 자녀와 배우자 모두 각자 있던 곳에서 차를 타고 아버지 곁으로 달려왔다. 기적적으로 우리 모두 제시간에 도착해 작별 인사를 할 수 있었고 아버지는 원하던 대로 아내와 가족에게 둘러싸여 7월

16일 월요일 이른 아침에 평화롭게 세상을 떠나셨다. 이는 영적인 경험이었다. 아버지가 돌아가실 때 우리는 벅찬 사랑의 감정을 느꼈고, 우리가 늘 기억하고 소중히 여길 깊은 평화를 경험했다. 아버지는 우리가 예상했던 것보다 훨씬 이른, 여든 살 생일을 불과 몇 개월 앞둔 시점에 세상을 떠났다. 우리 가족은 아버지와 다시 만날 수 있다고 굳게 믿는다.

그 후 몇 주 동안 우리는 멋진 아버지가 너무나 그리웠지만, 아버지가 질병이 주는 육체적, 정신적 제약과 그로 인한 고통에서 벗어난 것에 감사했다. 아버지는 마지막 무렵에 치매 증상으로 말을 거의 하지 못했다. 남다른 표현과 아이디어로 다른 사람들에게 강연을 하고 영감을 주면서 그토록 많은 사람을 축복한 아버지의 위대한 재능이 맨 마지막에 사라진 것이 아이러니하다고 생각했다. 아버지는 원점으로 돌아간 것이다.

끝났다고 울지 말고, 이미 일어난 일이니 그냥 웃자.
_ 작자 미상

이 책을 보고 크레셴도로 사는 것에 대해 영감을 받고 도전하고 싶은 마음이 들기를 바란다. 정신적 건강이나 육체적 건강, 통제할 수 없는 상황이 발생할 가능성은 논하지 않았다. 자신이 처한 현실에서 할 수 있는 최선을 다하면 된다.

아버지가 크레셴도 정신으로 사는 것이 불가능한 순간까지 그렇게 살려고 노력하며 그 모범을 보였다고 우리는 생각한다. 아버지는 치매

징후가 나타나기 전까지 이 책을 포함한 여러 책을 집필하며, 자신이 흥미를 느끼는 많은 사업에 관여하고 있었다. 아버지와 할아버지 역할을 톡톡히 하면서 가족을 단단하게 결속하는 데 도움이 되는 많은 활동과 여행을 계획했다. 가족이 모이거나 개인적으로 전화를 할 때마다 자신이 경험한 것과 배운 것, 쓰고 있거나 가르치고 있는 새로운 아이디어를 공유했다. 그렇다. 아버지는 모든 일에 열정적으로 관여했고 정신 기능이 감퇴하기 전까지 자신이 할 수 있는 가장 위대한 일이 자기 앞에 놓여 있다고 굳게 믿었다.

이 책이 완성되기 직전에 크레셴도로 사는 삶의 본보기였던 어머니 샌드라 메릴 코비 또한 예기치 않게 그러나 평화롭게 돌아가셨다. 생의 마지막 12년간 휠체어에 앉은 채로 생활했지만, 매일 크레셴도 정신을 실천하고 코비 가족의 가장으로서 충만한 삶을 살았다. 어머니는 마지막 순간까지 모두를 놀라게 했고 귀감이 되었다.

어머니의 장례식에서 우리 아홉 남매는 평생 목격한 어머니의 성품에 대해 짧게 경의를 표했다. 나는 어머니의 거침없는 성격과 목적 있는 삶에 대한 적극적인 태도(카르페 디엠)를 보여주는, 내가 가장 좋아하는 일화를 소개했다. 몇 년 전 프랑스에 갔을 때 하루 동안의 관광을 마친 어머니는 필사적으로 화장실을 찾았다. 어느 식당에 들어갔는데, 주인이 닫힌 표지판을 가리키며 손을 저었다. 어머니는 끈질겼다.

어머니는 주인에게 부탁했다. "화장실이 정말 급해요."

그러나 주인은 단호했다. "영업 끝났어요!"

어머니는 어깨너머로 "아직 안 끝났어요!"라고 외치며 다급하게 계단을 내려갔다.

허락도 없이 들어온 어머니에게 화가 난 주인이 일부러 불을 끄자 어머니는 낯선 지하실에서 비틀거리며 화장실을 찾았고 어둠 속에서 더듬거리며 계단을 올라왔다. 잠시 후 마침내 지상으로 올라와 주인과 마주친 어머니는 의기양양하게 팔을 들고 "프랑스여 영원하라VIVE LA FRANCE!"라고 크게 외친 뒤 밖으로 나왔다!

"아직 안 끝났어요!"라는 말은 어머니가 어떻게 살아왔는지 보여주는 말이었다. 어머니는 크레셴도로 살았다! 수술을 받고 회복한 뒤에도 포기하지 않고 예전의 삶을 되찾기 위해 열심히 싸웠고 건강에 문제가 있었는데도 많은 활동을 했다. 휠체어를 타게 됐을 때도 과거를 돌아보거나 자기 연민에 빠지지 않고 늘 가족 모임, 큰 행사, 삶의 다음 단계를 준비하며 다가올 일을 기대했고 항상 뭔가를 더 하고 싶어 했다.

어머니는 휠체어를 타고 일상생활을 해야 했는데도 사교 클럽을 즐기고, 독서 동호회를 이끌고, 교회에 가고, 봉사 활동에 참여하고, 지역 대학의 총장협의회에서 일하고, 축구와 농구 경기에서 좋아하는 팀을 응원하고, 손주들의 활동을 지원하고, 친구들과 나들이를 즐겼다. 휴일은 가능한 한 많은 사람과 함께 보냈다.

성 파트리치오 축일에는 이웃에 토끼풀 쿠키를 나눠주고 만우절에는 사람들에게 장난을 치고는 박장대소했다. 다양한 사회 집단의 사람들을 포용하려 노력하고 잘 모르는 이웃과 그 가족을 초대해 모닥불을 피워놓고 스모어를 구워 먹을 때도 많았다. 선거 기간에는 다양한

그리고 남겨진 가족 이야기

사람들을 집으로 초대해 정치적 현안을 토론하고, 보수와 진보 성향을 가리지 않고 친구들을 불러 편안한 환경에서 관점을 공유해달라고 요청했다.

돌아가시기 불과 3주 전에는 딸 콜린에게 성탄절 선물 60개를 사서 포장해달라고 부탁했다. 어머니는 막내 조슈아와 우리에게 밴을 타고 다니면서 친구와 이웃의 집 앞에 준비한 선물 60개를 직접 전하게 했다. 어머니는 연중 내내 카르페 디엠으로 살았다.

수년 전 생긴 건강 문제가 계속되었지만 지역 사회에 공헌하는 것을 멈추지 않고 유타주 프로보에 예술 회관을 짓겠다는 평생의 꿈을 이뤘다. 수년간 예술 회관을 설립하는 프로젝트를 전담하는 위원회의 의장으로서 시 공무원과 시민들의 참여를 유도하고, 리모델링할 건물을 찾고, 결실을 이루기 위해 모금 활동을 펼쳤다. 현재 (어머니의 이름을 따 지은) 코비 예술 회관Covey Center for the Arts은 오페라, 발레, 연극, 공연, 문화 및 엔터테인먼트 행사를 주최하며 1년에 300일 이상 사용되고 있다.

무엇보다 계속해서 성장하는 대가족의 가장 역할을 포기하지 않았다. 어머니는 말 그대로 기력이 다하기 직전에 병원에서 회복되고 수명이 연장되는 "기적"을 여러 번 경험했다.

어머니는 후손들이 모이는 특별 행사를 놓치는 법이 없었다. 출산, 돌잔치, 세례, 졸업, 결혼식, 생일, 휴일, 손주들의 스포츠 경기와 공연 등 중요한 행사에 빠짐없이 참석했다. 마지막까지 가족 모두에게 직접 생일 카드를 보냈는데, 9명의 자녀와 그 배우자, 손주 55명과 증손주 43명까지 합하면 정규직 근무나 다름없는 일이었다! 가족 모두가 어머니의 사랑을 받았고 어머니와 연결되어 있다고 느꼈으며 정기적으로 어머니 댁을 방문했다. 어머니는 자신의 손주, 증손주와 특별한 관계를 맺고 있었고, 아이들은 그런 어머니를 애정을 담아 "미어 미어Mere Mere!"라고 불렀다. 아버지의 표현을 빌리자면 "위대한" 어머니라는 뜻이다!

장례식 날 어머니의 요청대로 손주와 증손주가 함께 서서 어머니의 인생 사명이 담긴 노래 〈사랑으로 세상을 채우소서Fill the World with Love〉를 부르며 그녀의 유산에 경의를 표했다.

사랑하는 우리 어머니를 세상을 사랑으로 채운 분이었다고 말할 수 있어 기쁘다. 어머니는 자신에게 닥쳐온 어려움에도 크레셴도로 사는 것을 선택했고, 마지막까지 "강하고 용감하고 진실하게" 살았다. 어머니는 우리에게, 어머니를 알고 사랑하는 모든 이에게 영감을 주었다. 그래서 우리는 가족으로서 자랑스럽게 선포한다. "샌드라여, 영원하라VIVE LA SANDRA!"

당신이 어떤 상황에 있는지 알 수 없지만, 어떤 상황에서든 크레셴도로 살 수 있기를 바라는 마음으로 개인적인 통찰을 나누었다. 부모님은 더 이상 볼 수 없는 사람이 되었지만, 두 사람이 남긴 유산은 후손들과 두 사람에게서 영감을 받고 크레셴도로 사는 이들을 통해 이어지고 있다.

떠나온 이들의 마음속에 살아 있다면 죽은 것이 아니다.

_토머스 캠벨

희망을 나누는 레이철 코비 재단
BRIDLE UP HOPE: THE RACHEL COVEY FOUNDATION

희망을 선택하면 모든 것이 가능하다.

_ 크리스토퍼 리브

아버지가 돌아가시고 나서 두 달 뒤에 나의 예쁜 조카 레이철 코비가 우울증의 영향으로 21세의 나이에 세상을 떠났다. 내 동생이자 레이철의 아버지인 숀과 그의 아내 레베카는 레이철을 보내고 많이 힘들어했다. 아버지를 잃은 직후라 더 힘들었을 것이다. 레이철은 여덟 남매 중 장녀였고, 양가 식구들의 조카이자 사촌이었다. 그녀를 사랑했던 모두가 그녀의 죽음에 큰 충격을 받았다.

레이철은 '일차적 위대함'과 중요하고 놀라운 재능을 가진 사람이었다. 그녀는 친절하고 사려 깊고 세심하고 재미있고 사랑스럽고 창의적이고 이타적이고 모험심이 많고 관대했다. 우리에게 자신의 웃음을 전염시켰고 아이들을 사랑했고 말들에게 남다른 열정과 애정을 보였다. 우리는 하느님의 위로를 받았고 아버지가 레이철보다 먼저 세상을 떠난 것이 우연이 아니라고 믿었다.

손과 레베카는 우울증으로 힘들어하는 이들을 돕기 위해 레이철의 이야기를 부고에 싣는 용감한 선택을 했다. 슬픔에 잠긴 부부의 관대한 결정은 비슷한 고통을 겪고 있는 이들에게는 축복이었다. 많은 사람이 두 사람을 찾아와 눈물을 흘렸고 자기 자신의 경험이나 가족의 경험을 나누며 치유의 길을 열었다. 다시 뭉친 우리 가족과 친인척, 친구들이 손과 레베카, 레이철의 형제자매를 껴안았다.

동생 손에게 레이철이 세상을 떠나며 남긴 마음의 구멍이 평생 남을 것이라는 말을 선한 의도로 한 이웃이 있었다. 이 말을 듣고 크게 동요한 손은 곰곰이 생각하다가 가슴속 구멍을 그대로 두지 말고 새로운 근육을 만들자고 결심했다. 이후 손과 레베카가 보여준 회복의 여정은 모두에게 귀감이 되었고 우리를 깜짝 놀라게 했다. 매우 어려운 시기였지만, 둘은 신앙과 용기를 가지고 앞으로 나아가는 쪽을 선택했다. 식구들의 유대 관계는 전보다 탄탄해졌으며 아주 잘 지내고 있다.

25마일 승마 대회에 출전하는 것을 좋아했던 레이철은 첫 대회를 마치고 손과 레베카에게 "내 목소리를 찾았다"라고 열정적으로 말했다. 레이철이 세상을 떠난 뒤 그녀의 친구들이 손과 레베카를 찾아와 힘들었던 시기에 레이철이 말 타는 법을 가르쳐주었노라고 말했다. 둘은 여전히 슬픔에 잠겨 있었지만, 이 말에서 영감을 받아 다른 젊은 여성들이 승마를 통해 기쁨을 되찾을 수 있도록 재단을 세워 딸을 기리기로 했다.

재단을 설립했을 때 레베카는 말했다. "마음 한구석에서 '재단도 싫

그리고 남겨진 가족 이야기

어, 레이철만 돌아오면 돼! 말을 탄 레이철을 보고 싶어. 레이철의 웃는 얼굴을 보고 싶다'라는 말이 들렸어요. 하지만 한편으로는 '알아. 하지만 레이철은 여기 없어. 그러니까 힘들어하는 아이들이 자신감을 얻어 어려움을 극복할 수 있도록 외양간으로 데려와 말 타는 법을 가르쳐주자'라는 생각이 들었죠."

그렇게 승마 훈련을 통해 슬픔에 잠긴 젊은 여성들에게 희망과 자신감을 심어주고 회복력을 강화하는 것을 사명으로 하는 '희망을 품어라: 레이철 코비 재단'이 탄생했다. 재단은 낮은 자존감, 불안, 우울증으로 힘들어하거나, 트라우마나 학대를 경험했거나, 희망을 잃은 12~25세 소녀들에게 14주간의 특별 프로그램을 제공한다. 소녀들은 재단 목장에서 말을 타며 말들과 유대감을 형성하는 법을 배우고, 생활에 필요한 기술을 익히고, 봉사 활동을 하며 균형감을 되찾는다. 많은 소녀가 스스로 능력이 부족하고 성공할 수 없다고 느끼는 세상에서 재단은 소녀들이 자신의 가치와 잠재력을 인식하고, 자신감을 키우고, 개인적인 어려움을 극복할 수 있게 돕는다.

손은 아버지의 7가지 습관과 동일한 원칙을 토대로 10대를 위해 저술한 세계적인 베스트셀러 《성공하는 10대들의 7가지 습관》의 저자다. 재단은 자체 프로그램에서 7가지 습관을 학습하고 적용하는 법을 반드시 가르친다. 프로그램에서 삶의 교훈을 습득한 소녀들은 말을 다루고 타는 데 필요한 자신감을 얻을 뿐 아니라 학교생활도 잘하고, 또래의 압력에 대처하고, 올바른 선택과 결정을 내리고, 중독성 물질을 피하고, 봉사로 보답하고, 10대들이 필연적으로 마주하게 되는 기복을 헤쳐나갈 수 있게 된다. 숀과 레베카는 한 소녀를 구하는 일이 다음 세대를 구하는 일이라고 믿는다!

재단의 프로그램을 이수한 학생이 최근 자신의 이야기를 공유했다.

프로그램에 참여하기 전에 1년 넘게 상담을 받았지만, 마음을 잡는 데 어려움을 느꼈다. 내가 겪은 트라우마와 거기서 파생되는 문제에 내가 아는 방식으로 대처해보려고 노력했지만, 인생이 망가져버린 듯한 기분이었다. 과연 내가 다시 행복해질 수 있을지, 다시 뭔가를 성공적으로 해낼 수 있을지 의심이 들었다. 지난 수년간 삶의 희망이 보이지 않았는데, 바로 이곳에서 희망을 되찾았다. 말들과 멋진 강사님들을 통해 희망의 힘을 활용하는 7가지 습관을 배운 나는 마침내 앞으로 나아가기 시작했다.

내가 배운 가장 강력한 개념은 개인의 책임이었다. 내 잘못이 아닌 일에 죄책감을 느끼지 않으면서 내 치유와 현재의 삶을 책임지는 것은 까다로운 일이었다. 나는 말과 함께하면서 경계를 설정하고 유지하는 방법, 그 경계를 타인에게 명확하게 전달하는 법을 배웠다. 시간이 지나면서 원하는 삶을 창조하는 힘을 되찾은 기분이 들었다. 7가지 습관을 실천하는 방법을 배우고 트라우마 이전에 바랐던 삶을 살 수 있다는 믿음은 희망이 사라진 듯 느껴지던 시기에 찾아온 인생 최고의 축복이었다.

재단은 지금까지 1,000명이 넘는 소녀들의 삶을 변화시켰고 여러

그리고 남겨진 가족 이야기

주와 국가로 사업을 확장했다. 재단의 비전은 유방암 인식 향상을 나타내는 세계적인 상징이 된 핑크 리본처럼, 언젠가 재단의 상징인 분홍색 말발굽을 젊은 여성의 희망을 나타내는 세계적인 상징으로 만드는 것이다. 재단은 전 세계 수천 곳에 재단의 지부를 설립해 궁극적으로는 소녀 수만 명의 삶에 영향을 미칠 계획을 세우고 있다.[4]

10대 중에서도 특히 소녀들의 불안과 우울증은 세계적인 유행병이 되었다. 소녀들은 자신이 충분히 멋지지 않고 똑똑하지 않으며 예쁘지 않고 날씬하지 않다고 느끼는데, 소셜 미디어가 이를 부추기고 있다. 불가능할 정도로 완벽한 기준에 부합해야 한다는 강박감은 소녀들의 정신 건강을 위태롭게 하고 있다. 그 결과 재단의 프로그램에 대한 수요는 기금이 모이는 속도보다 빠른 속도로 증가하고 있다. 그래서 숀과 레베카는 재단 운영을 위한 자금과 소녀들을 위한 장학금을 마련하기 위해 '희망을 품어라 숍'이라는 온라인 상점을 열었다. 온라인 상점은 후드 티, 운동복, 긍정적인 문구가 새겨진 티셔츠, 액세서리 등을 팔고 있으며, 모든 상품에는 승마 관련 상징이 들어가 있다. 뉴먼스 오운의 제품들과 마찬가지로 수익은 100퍼센트 재단 지원금으로 사용된다.[5]

레이철이 세상을 떠나고 3년이 조금 지난 시점에 숀은 최근에 가까운 사람을 잃은 이들을 위해 개최된 콘퍼런스에서 연설했다. 레이철의 죽음을 공개적으로 언급한 적이 없었던 숀에게 쉽지 않은 임무였다. 그는 이런 말로 연설을 시작했다.

저는 여러분을 고치기 위해서가 아니라 함께 슬퍼하기 위해 이 자리에 나왔습니다. 아마 경험하셨을 텐데, 여러분의 치유를 도우려고 사람들이 한 선의의 말들이 배려 없는 말처럼 느껴지실 겁니다. 슬픔에서 빠져나오는 지름길은 없습니다. 견뎌내야 합니다. 여러분이 느끼는 상실감을 저는 알고 있습니다. 이해합니다.

그런 다음 숀은 지난 3년 동안 자신이 겪은 슬픔과 회복에 대해 용감하게 이야기했다. 그는 레이철이 세상을 떠난 뒤 발견한 것들에 대해 말했다.

비극이나 삶을 송두리째 바꿔놓는 상황에 직면했을 때 할 수 있는 선택에는 기본적으로 세 가지가 있습니다. 첫째, 그것이 당신을 파괴하게 놔두는 것입니다. 둘째, 그것이 당신을 규정짓게 놔두는 것입니다. 셋째, 그것이 당신을 단련하게 만드는 것입니다.

그가 한 일 중 가장 힘든 일이었지만 그는 세 번째를 선택했다. 그는 시간이 지난다고 마법처럼 아픔이 치유되는 것은 아니라고 인정하면서 자신과 가족이 단단해지고 앞으로 나아가는 데 도움이 되었던 몇 가지 아이디어를 공유했다.

기억하고 싶은 내용을 적는다

숀과 레베카는 특별한 일지에 잊고 싶지 않은 경험, 감정, 기억을 기록했다. 가족이나 다른 사람들에게서 받은 기록도 있다. 그들은 레이철이 세상을 떠난 뒤에 일어난 작은 기적들과 레이철이 미친 영향에 대해 다른 사람들이 한 말을 기록했다. 레이철과 함께 있고 싶을 때, 가족이 함께 기록물을 읽으며 레이철을 추모했다.

의미 있는 날을 축하한다

레이철이 죽은 날에 집중하고 싶지 않은 숀과 레베카는 레이철의 생일을 자녀들 또는 대가족과 함께 축하한다. 레이철에 대한 이야기를 하고, 우스웠던 일화를 나누며 웃고, 추억을 되살리고, 레이철이 만들었던 맛있는 바나나 빵과 살사소스를 함께 만든다. 그리고 레이철이 가장 좋아했던 수박을 내놓는다. 레이철의 생일날 레이철의 삶을 축하하기 시작하면서 레이철의 생일은 견디기 힘든 날이 아니라 함께 보내기를 고대하는 의미 있는 시간이 되었다.

자신의 목소리를 찾고 지난 일을 계기로 좋은 것을 만든다

이것이 숀과 레베카가 '희망을 품어라: 레이철 코비 재단'을 설립한 이유다. 그들은 재단의 활동을 통해 사람들의 삶이 매일 달라지는 것을 보고, 비슷한 어려움을 겪고 있는 다른 사람들을 도우며 레이철을 기리고 있다. 숀은 "재단을 통해 레이철이 온 세상으로 뻗어나가고 있다"라고 표현했다.

"자신의 목소리를 찾고 다른 사람들이 목소리를 찾는 것을 도우면" 상실감을 극복하는 데 도움이 된다. 타인을 축복하면 자기 자신이 치유되고 행복을 되찾게 된다.

손은 애도에 정해진 시간은 없다고 인정하며 말을 마쳤다. 애도에 필요한 시간은 사람마다 다른 것이다. 그의 마지막 메시지에는 희망이 담겨 있었다.

하느님의 보살핌 아래 삶은 계속됩니다. 언젠가 여러분도 저처럼 다시 온전해지고 행복을 느낄 수 있게 될 것입니다. 약속합니다.[6]

그리고 남겨진 가족 이야기

가장 중요한 일은
언제나 당신 앞에 놓여 있다

YOUR MOST IMPORTANT WORK IS ALWAYS AHEAD OF YOU

내가 (아버지와 함께) 이 책을 쓰면서 즐거웠던 만큼 당신도 이 책을 즐겁게 읽었기를 바란다. 이 책이 당신이 패러다임을 바꾸고 열정을 불태우는 데 도움이 되었기를 바란다. 지금 당신이 나이가 몇 살이든, 삶의 어느 단계에 있든 크레셴도로 살 수 있다는 사실을 깨달았기를 바란다.

이 책을 완성하는 일은 내게 성스러운 사명이었고, 몇 년 전 아버지와 작업을 시작할 때 그가 내게 맡긴 임무였다. 길고 힘든 여정이었지만, 전 세계에서 찾은 수많은 사례에서 많은 것을 배웠고 진정으로 영감을 받았다.

나이나 사회적 지위에 상관없이 사회에 기여하는 것에는 끝이 없다. 삶에서 항상 더 높고 더 나은 것을 추구하는 것이 좋다. 과거의 성취에 안주할 수도 있지만, 사회에 기여할 기회가 늘 당신 앞에 있다. 관계를 쌓고, 지역 사회에 봉사하고, 가족 관계를 강화하고, 문제를 해결하고, 지식을 습득하고, 위대한 작품을 창조할 수 있다. 당신이 중년의 위기 속에 있든, 성공의 정점을 지났든, 삶을 송두리째 뒤바꾸는 좌절에 부딪혔든, 인생의 후반부에 있든, 어떤 어려움에도 불구하고 **가장 위대하고 중요한 일은 당신이 선택하기만 한다면, 당신 앞에 놓여 있다**는 사실을 기억하라.

결론에 적은 것처럼 크레셴도로 사는 법을 배우는 우리 가족의 여정은 우리 개개인이 어려움을 겪었을 때 새로운 의미를 갖게 되었다. 이 책에서 내가 공유한 수십 가지의 고무적인 사례는 인생의 어느 단계에서든 크레셴도 정신을 성공적으로 적용하고 삶을 풍요롭게 할 수 있다는 증거다.

당신이 나눌 수 있는 모든 재능, 실천할 수 있는 선한 행위, 축복할 삶들, 이를 통해 느낄 기쁨을 생각해보라. 지금 당장 당신만의 놀라운 유산을 만들기 시작하라! 스스로를 의심하지 말라. 당신에게는 그렇게 할 힘과 능력이 있으며, 당신이 가진 역량은 더욱 확장될 것이다. 나는 당신의 은사gift와 재능, 삶을 변화시키는 공헌이 당신 자신과 가족, 지역 사회, 나아가서 온 세상을 밝힐 것이라고 확신한다.

감사의 말

이 책의 집필과 출판을 가능하게 해준 많은 분께 깊이 감사드린다. 10년이 넘는 긴 프로젝트였던 이 책을 완성하는 과정에서 많은 사람이 베풀어준 엄청난 지원에 감사하다.

나와 책에 변함없는 사랑과 아낌없는 지원을 보내준 나의 42년 지기 단짝이자 남편인 캐머런 할러에게 평생 감사할 것이다. 남편은 내 자신감을 북돋고 내게 최선의 방법으로 이 책을 완성할 능력이 있다는 믿음을 주었다. 그의 통찰력과 비판, 지혜, 판단은 항상 적중했고, 내가 낙담하고 좌절할 때 나를 지탱해주었다.

옆에서 응원해준 여섯 명의 멋진 자녀와 그 배우자, 로렌과 셰인, 섀년과 저스틴, 캐머런과 헤일리, 미첼과 세라, 마이클과 에밀리, 코너와 해나에게도 고마움을 전한다. 이들은 내게 격려와 지지뿐 아니라 유용

한 피드백을 해주었고, 내가 글을 쓰느라 바쁠 때도 인내하며 응원해
주었다. 막내아들 코너는 친절하게 다음과 같이 상기해주었다. "금방
끝낼 수 있어요! 엄마는 제 생의 절반에 가까운 기간 동안 이 책을 써
오셨잖아요!" 스물한 명의 사랑스러운 손주들도 내게 끊임없이 "크레
셴도로 살 기회"를 주었다.

처음부터 나와 이 책을 믿고 편집, 계약, 홍보 등 집필에서 출판까지
전 과정을 도와준 동생 숀에게 특히 감사하다. 이 책의 초안을 읽고 격
려해준 여덟 명의 동생에게 고맙다. 마리아는 편집을 도와주었고 스티
븐은 책의 홍보를 지원해줬다.

필요할 때마다 전화를 통해 격려해준 존 삼촌, 관심과 지원을 아끼
지 않은 가족과 친구들, 특히 초기에 중요한 공헌을 한 캐럴 나이트,
수년 동안 여러 초안을 읽고 귀중한 조언을 해준 그렉 링크에게도 감
사드린다.

프랭클린 코비 재단, 특히 책의 홍보를 위해 심혈을 기울인 데브라
룬드, 적극적인 지원을 아끼지 않은 스콧 밀러, 애니 오스월드, 레이니
호스, 잭 체니에게 감사드린다.

처음부터 "크레셴도로 산다"라는 개념을 믿었던 나의 대리인 잰 밀
러와 그녀의 동료 섀넌 마이저-마벤에게도 빚을 졌다. 전문 기술로 책
내용과 디자인의 품질을 높여준 데이브 플라이러와 로버트 아사히나,
이렇게 훌륭한 편집자들이 있다는 사실이 얼마나 감사한지 모른다. 두
사람은 아버지와도 함께 일하며 《성공하는 사람들의 7가지 습관》도
편집했다. 원고 준비와 출판까지 책 제작의 전 과정 동안 편집자인 스

테파니 프레리히와 사이먼 앤드 슈스터 팀, 새내기 저자인 나를 이끌어준 에밀리 시몬슨, 마리아 멘데즈와 함께 일할 수 있어 행운이었다.

이 책은 아버지의 "마지막 강의"나 다름없었고, 2008년에 아버지가 구상하고 우리가 함께 시작한 이 책을 완성하겠다는 약속을 지켰을 때 나는 아버지에게 인정받는 기분이었다. 모든 집필 과정에서 아버지의 영향력을 느낄 수 있었고 "살고 사랑하고 유산을 남긴" 위대한 아버지이자 영감을 주는 지도자였던 그에게 경의를 표한다. 나의 어머니 샌드라 코비는 모든 면에서 아버지와 동등했다. 어머니는 평생 우리 가족을 믿고 긍정했다. 훌륭한 부모 밑에서 성장할 수 있었던 것은 너무나 큰 선물이다!

마지막으로, 하느님의 선하심과 영향력이 내 삶에 영향을 미쳤다는 사실을 인정하지 않는다면 나는 배은망덕한 사람일 것이다. 온 마음을 다해 그분의 인도와 영감에 대해 깊은 감사를 표하며, 이 엄청난 작업을 수행할 용기와 자신감, 완수할 능력을 주신 데 깊이 감사드린다.

봉사 활동 추천 목록

볼런티어 매치
volunteermatch.org.

비영리단체와 자원봉사자를 연결해주는 세계 최대 규모의 데이터베이스.

저스트 서브
justserve.org.

지역 사회에서 도움이 필요한 곳과 자원봉사자를 연결하는 국제 서비스.
자신이 사는 지역 인근 자원봉사처를 쉽게 검색할 수 있다.

크리에이트 더 굿
createthegood.org.

미국 은퇴자 협회AARP에서 후원하는 비영리단체. 자원봉사 관련 데이터
베이스를 제공해 자선단체와 자원봉사자를 연결한다.

빅 브라더 앤드 빅 시스터스
bbbs.org.

"젊음의 힘과 약속에 불을 지피는 일대일 멘토링 관계를 구축하고 지원
하는 것"을 사명으로 하는 비영리단체.

앙코르
encore.org.

50세 이상의 사람들이 의미 있는 일을 하며 새로운 목적을 찾도록 돕는
단체. 노년의 봉사자들이 젊은 봉사자들의 멘토 역할을 맡는다.

유나이티드 웨이
unitedway.org.

미국에서 가장 존경받는 유서 깊은 자원봉사 단체.

두잉 굿 투게더
doinggoodtogether.org.

배려하고 공헌하는 어린이를 양육한다는 사명으로 부모와 자녀가 이타
적인 봉사 정신을 가지고 협력하는 것을 돕는다.

포인트 오브 라이트
pointsoflightengage.org.

지역 사회와 자원봉사자를 잇는 세계 최대의 온라인 자원봉사 네트워크.
도움이 필요한 곳에서 새로운 봉사 프로젝트를 직접 시작할 수도 있다.

캐치 어 파이어
catchafire.org.

긴급한 문제를 해결하고 지역 사회를 개선하기 위해 함께 일하는 자원봉사자와 비영리단체, 기금 제공자를 위한 네트워크.

글로벌 볼런티어스
globalvolunteers.org.

학생, 가족, 개인, 전문가, 퇴직자에게 자신이 지지하는 문화권 또는 사람들과 교류할 수 있도록 전 세계의 자원봉사 기회를 제공하는 곳.

아메리코
americorps.gov.

회원과 노인 자원봉사자들이 비영리단체와 협력해 미국이 직면한 가장 시급한 과제를 해결한다.

전국재난자원봉사단체연합 National Voluntary Organizations Active in Disaster
nvoad.org.

재난의 영향을 완화하고 피해 지역에 서비스를 제공하는 단체 70곳 이상이 참여하는 연합체.

해비타트

habitat.org.

미국 전역과 70개국의 지역 사회에서 주거 환경을 개선하기 위해 노력하는 국제 비영리단체.

미국 적십자사

redcross.org.

자원봉사자와 기부자의 협력으로 긴급 상황에 발생하는 고통을 예방하고 완화한다.

그 밖에 지역 사회에서 할 만한 봉사 활동

푸드 뱅크, 노숙자 보호소, 동물 보호소, 병원, 공원 청소, 식사 배달 봉사, 요양 시설, 독서 지도 및 방과 후 개인 지도, 코칭 등.

주

서론

1 https://www.goodreads.com/quotes/1368655-two-things-define-you-your-patience-when-you-have-nothing.

1부

1 신시아 코비 할러, 개인 인터뷰, 2017년 8월.

2 Frances Goodrich, Albert Hackett, and Frank Capra, *It's a Wonderful Life* (Liberty Films, 1946).

3 Phil Vassar, "Don't Miss Your Life", RodeoWave Entertainment, lyrics mode.com, 2012, used by permission.

4 Clayton Christensen, hbr.org/2010/how-will-you-measure-your-life.

5 신시아 코비 할러, 개인 인터뷰, 2018년 5월.

6 신시아 코비 할러, 개인 인터뷰, 2019년 10월.

7 goodreads.com/quotes/273511.

8 Kenneth Miller, "Don't Say No", readersdigest.com, 2008.

9 "Middle School Principal Drops Weight and Inspires Students", ksl.com, March 18, 2008.

10 Tiffany Erickson, "Glendale's Big Losers: Principal Drops 173 Pounds; Staff Also Slims Down", deseretnews.com, January 2, 2007.

11 신시아 코비 할러, 개인 인터뷰, 2018년 5월.

12 John Kralik, *A Simple Act of Gratitude: How Learning to Say Thank You Changed My Life* (Hyperion, 2010).

13 Carol Kelly-Gangi, editor, *Mother Teresa: Her Essential Wisdom* (Fall River Press, 2006), p. 21.

14 신시아 코비 할러와의 대화, 2015년 7월.

15 burritoprojectslc.webs.com.

16 Heather Lawrence, "Engineer Returns to Thank Engaging Churchill Science Teacher", *Holladay Journal*, November 2020.

17 신시아 코비 할러와의 대화, 2010년 4월.

18 Lawrence, "Engineer Returns."

19 신시아 코비 할러와의 대화, 2018년 5월 20일.

20 신시아 코비 할러와의 대화, 2020년.

21 신시아 코비 할러와의 대화, 2020년

22 신시아 코비 할러와의 대화, 2016년

23 brainyquote.com/quotes/marian_wright_edelman.

24 goodreads.com/quotes/15762.

25 신시아 코비 할러, 개인 인터뷰, 2019년 10월.

26 Tennessean.com/story/entertainment/music/2019/11/20/garth-brooks-exploded-like-no-country-star-before-him-cma-entertainer-year-4226820002.

27 dailymail.com.uk/tvshowbix-3030642/Garth-Brooks-chose-family-fame-walked-away-music-14-years-article-3030642.

28 usatoday.com/story/entertainment/music/2019/11/22/garth-brooks-bled-reclaim-top-spot-country-music/42707530021.

29 usatoday.com/story/entertainment/music/2020/03/29/coronavirus-garth-brooks-trisha-yearwood-announce-cbs-live-show-2935608001.

30 Netflix. *"The Road I' On",* 2019.

2부

1 Brian Williams, rockcenter.nbd.news.com, December 6, 2012.

2 Kent Atkinson, "Peter Jackson Gives $500,000 for Stem Cell Research", Nzherald.co.nz, July 15, 2006.

3 Susan Strongman, "Sir Peter Jackson Rescues Beloved Church", nzherald.co.nz, August 12, 2015.

4 칩 스미스가 신시아 코비 할러에게 전한 말, 2012년 7월 23일.

5 Aleksandr Solzhenitsyn, *At Century's End: Great Minds Reflect on Our Times*

(Alti Publishing, 1997).

6 Carol Kelly-Gangi, editor, *Mother Teresa: Her Essential Wisdom* (Fall River Press, 2006), p. 101.

7 Henry Samuel, "Millionaire Gives Away Fortune Which Made Him Miserable", telegraph.co.uk, February 2010.

8 E. Jane Dickson, "Nothing But Joy", *Readers Digest*, October 2010, pp 142 – 146.

9 *The Quiltmaker's Gift*, Text copyright ©2000 by Jeff Brumbeau. Reprinted with permission of Scholastic Inc.

10 Alena Hall, "How Giving Back Can Lead to Greater Personal Success", *Huffington Post*, June 2014.

11 Neal Tweedie, "I Have No Use for Money; This Is God's Work", telegraph. co.uk, January 18, 2013.

12 David Rensin, "The Rotarian Conversation: Bill Gates", *Rotarian*, May 2009, pp. 45 – 53.

13 gatesfoundation.org/Who-We-Are/General-Information/Letter-from-Bill-and=Melinda-Gates, Annual Report, 2018.

14 Bill and Melinda Gates, "We Didn't See This Coming", gatesnotes.com/2019-Annual-Letter.

15 Melinda Gates, *The Moment of Lift: How Empowering Women Changes the World* (Flatiron Books, 2019), pp. 14, 15, 38.

16 위와 같음, p. 11.

17 cnbc.com/2017/10/24/bill-gates-humanity?-will-see-its-last-case-of-polio-this-year.

18 Sarah Berger, "Bill Gates Is Paying Off This Country's $76 Million Debt", cnbc.com.

19 Rensin, "The Rotarian Conversation."

20 Gates, *The Moment of Lift*, pp. 19, 118 – 121.

21 위와 같음, pp 50 – 53.

22 givingpledge.org.

23 위와 같음.

24 Laura Lorenzetti, "17 More Billionaires Join Buffett and Gates' Giving Pledge This Year", fortune.com, June 1, 2016.

25 Buffet, Warren, "My Philanthropic Pledge", givingpledge.org.

26 Brendan Coffey, "Pledge Aside, Dead Don't Have to Give Away Half Their Fortune", bloomberg.com, August 6, 2015.

27 신시아 코비 할러와의 대화, 2018년 6월.

28 cnbc.com/2017/02/07/ruth-bader-ginsburg-says-this-is-the-secret-to-living-a-meaningful-life.html.

29 신시아 코비 할러, 개인 인터뷰, 2012년 7월.

30 Kenneth H. Blanchard and Spencer Johnson, *The One Minute Manager* (William Morrow & Co, 1982).

31 goodreads.com.

32 Kim Lacupria, "Single Mom at Pizza Hut Amazed When Stranger Pays Tab", Inquisitr.com, October 28, 2013.

33 위와 같음.

34 Stephen R. Covey, "Affirming Others", *Personal Excellence*, August 1996, p. 1.

35 Will Allen Dromgoole, "The Bridge Builder", *Father: An Anthology of Verse* (EP Dutton & Company, 1931).

36 신시아 코비 할러와의 대화, 2018년 10월.

37 신시아 코비 할러와의 대화, 2020년 4월.

38 coachwooden.com/the-journey.

39 John Wooden and Don Yaeger, *A Game Plan for Life: The Power of Mentoring* (Bloomsbury USA, 2009), pp. 3-4.

40 위와 같음, p. 13.

41 coachwooden.com/favorite-maxims.

42 Don Yaegar, success.com/article/mentors-never-die, August 27, 2010.

43 John Wooden and Don Yeager, *A Game Plan for Life*, p. 4.

44 The Abolition Project, "John Newton (1725-1807): The Former Slaver & Preacher", abolition, e2bn.org/people.

45 nfl.com/manoftheyear.

46 teamsweetness.com/wcpf.html.

47 Andie Hagermann, "Anquan Boldin: Named 2016 Payton Man of the Year", nfl.com, February 2016.

48 위와 같음.

49 John Connell, W.E. *Henley* (Constable, 1949), p. 31.

50 위와 같음.

51 "The Good Guy", *People* Tribute Commemorative Issue—Paul Newman, 1925 – 2008, pp. 82, 88, 89.

52 newmansownfoundation.org (about-us, history, and mission).

53 holeinthewallgang.org/about.

54 "The Good Guy", p. 80.

55 Natasha Stoynoff and Michelle Tauber, "Paul Newman 1925 – 2008: American Idol", *People*, October 13, 2008, p. 63.

56 newmansownfoundation.org/about-us/timeline.

57 newmansownfoundation.org/about-us/total-giving.

58 newmanitarian.org.

59 newmansownfoundation.org에 방문하면 자선 활동에 관한 이야기, 재미있는 캠프 경험, 동영상 후기를 통해 영감을 얻을 수 있다. 자신의 고향 도시나 주에서도 관심 분야에 시간이나 기술, 돈을 나눌 기회를 쉽게 찾을 수 있다.

60 *People* Tribute Commemorative Issue, p. 96.

61 "Meet the New Heroes", PBS, New York, July 1, 2005.

62 "Muhammad Yunus ~ Biographical", nobelprize.org, 2006.

63 "Meet the New Heroes."

64 "World in Focus: Interview with Professor Muhammad Yunus", *Foreign Correspondent*, March 25, 1997.

65 Jay Evensen, "Muhammed Yunus Still Saving People One at a Time", *Deseret News,* March 13, 2013.

66 "Muhammad Yunus—Facts", nobelprize.org, 2006.

67 "Meet the New Heroes."

68 Evensen, "Muhammed Yunus Still Saving People."

3부

1 Jane Lawson, "Stephenie Nielson of NieNie Dialogues: Sharing Her Hope", ldsliving.com, July/August, 2012.

2 Shana Druckman and Alice Gomstyn, "Stephanie Nielson's Story After Tragic Crash, Mom of Four Nearly Lost All", abcnews.go.com, May 12, 2011.

3 nieniedialogues.com.

4 Stephanie Nielson, *Heaven Is Here* (Hyperion, 2012), p. 308.

5 Lawson, "Stephanie Nielson of NieNie Dialogues."

6 위와 같음.

7 eji.org/cases/anthony-ray-hinton.

8 Anthony Ray Hinton with Lara Love Hardin, *The Sun Does Shine: How I Found Life, Freedom, and Justice* (St. Martin's Press, 2018), pp. 104, 145.

9 위와 같음, p. 147.

10 위와 같음, p xvi.

11 위와 같음, pp 291 – 294.

12 abcnews.go.com/nightline/video/30-year-death-row-inmate-celebrates-days-freedom-30548291.

13 위와 같음.

14 Greg, McKeown, *Essentialism: The Disciplined Pursuit of Less* (Currency, 2014), p. 36.

15 goodreads.com.

16 Doug Robinson, "The Comeback Kid: After a Devastating Accident, Anna Beninati Finds Happiness", *Deseret News*, October 2012.

17 "Teen in Tragic Train Accident: 'I Remember Thinking I Was Going to Die'", today.com, January 27, 2012.

18 goodreads.com.

19 elizabethsmartfoundation.org.

20 Elizabeth Smart with Chris Stewart, *My Story* (St. Martin's Press, 2013), pp.

25 – 50.

21 위와 같음, pp. 60, 61.

22 위와 같음, p. 275.

23 Elizabeth Smart, keynote speaker, Crimes Against Children conference, 2011, elizabethsmartfoundation.org.

24 Smart, *My Story*, p. 53.

25 goodread.com/quotes/80824-one-of-the-things-i-learned-when-i-was-negotiating.

26 "Biography of Nelson Mandela", nelsonmandela.org.

27 William Ernest Henley, "Invictus", Poetry Foundation.

28 Viktor Frankl, Man's Search for Meaning (Simon & Schuster, 1984), pp. 84, 85, 88.

29 Marcus Eliason and Christopher Torchia, "South Africa's First Black President Known for Role as Peacemaker", *Deseret News*, December 6, 2013.

30 "Top 10 Nelson Mandela Quotes", movemequotes.com.

31 Eliason and Torchia, "South Africa's First Black President."

32 Dominic Gover, "Four Acts of Forgiveness That Sowed South Africa Path Away from Apartheid", ibmtimesco.uk, December 6, 2013.

33 Eliason and Torchia, "South Africa's First Black President."

34 "Nelson Mandela Dead: Former South Africa President Dies at 95", *Huffington Post*, January 23, 2014.

35 Nelson Mandela, *Long Walk to Freedom* (Back Bay Books, 1995).

36 Smart, *My Story*, pp. 285 – 286.

37 "Elizabeth Smart Relieves Kidnapping Ordeal at Mitchell Hearing", ksl.com (full court testimony).

38 Smart, *My Story*, p. 302.

39 daveskillerbread.com.

40 daveskillerbread.com/about-us.

41 신시아 코비 할러, 개인 인터뷰, 2019년 10월.

42 "His Tragic Loss Helps Others Gain Sight", cnn.com, cnn heroes, August 15,

2008.

43 "Dr. Chandrasekhar Sankurathri: A Real Hero", global1.youthleader.org.

44 "His Tragic Loss Helps Others Gain Sight."

45 srikiran.org/about-us.

46 srikiran.org.

47 "Dr. Chandrasekhar Sankurathri: A Real Hero."

48 Viktor Frankl, *Man's Search for Meaning*, (Simon & Schuster, 1984), pp. 84, 85, 88.

49 위와 같음.

50 "Does Every Cactus Bloom?", homeguides.sfgate.com/cactus-bloom-62730.html.

51 elizabethsmartfoundation.org.

52 Michael J. Fox, *A Funny Thing Happened on the Way to the Future* (Hyperion, 2010).

53 Amy Wallace, "Michael J. Fox's Recipe for Happiness", readersdigest.com, May 2010, p. 83.

54 Chris Powell, "The Incurable Optimist", *Costco Connection*, November 2020, pp. 48–49.

55 위와 같음.

56 신시아 코비 할러, 개인 인터뷰, 2016년 6월.

57 위와 같음.

58 goodreads.com/quotes/14830-these-are-the-times-in-which-a-genius-would-wish.

59 *Dead Poets Society* (Touchstone Pictures, 1989).

60 littlefreelibrary.org/ourhistory.

61 Smith, Russell C, Foster, Michaell. "How the Little Free Library is Re-inventing the Library." huffpost.com/entry/little-free-libraryb_1610026, June 21, 2012.

62 littlefreelibrary.org/about.

63 littlefreelibrary.org/todd-notice.

64 daysforgirls/history.org.

65 daysforgirls/ourimpact.org.

66 *Camelot* (Warner Bros., 1967).

67 Danica Kirka, "Malala's Moment: Teenage Nobel Laureate Gives Primer in Courage and Peace", startribune.com., December 10, 2014.

68 biography.com/activist/malala-yousafzai.

69 Baela Raza Jamil, ElenaBaela Raza, Matsui, Elena, and Rebecca Winthrop, Rebecca. "Quiet Progress for Education in Pakistan", brookings.edu, April 8, 2013.

70 "Malala Yousafzai's Speech at the Youth Takeover of the United Nations", theirworld.org, July 12, 2013.

71 nytimes.com/2014/10/31/world/middleeast/malala-yousafzai-nobel-gaza-school.html.

72 amberalert.ojp.gov/statistics.

73 Elizabeth Smart with Chris Stewart, *My Story*, St. Martin's Press, 2013, Epilogue.

74 elizabethsmartfoundation.org.

75 radKIDS.org/2018/07/2018-radKIDS-at-a-glance.

76 Elizabeth Smart with Chris Steward, *My Story*, p. 303.

4부

1 Winston Churchill, *The Second World War* (Houghton Miflin, 1951).

2 Hans Selye, *The Stress of Life* (McGraw Hill, 1978), pp. 74, 413.

3 Suzanne Bohan and Glenn Thompson, *50 Simple Ways to Live a Longer Life* (Sourcebooks, Inc., 2005), p. 188.

4 Dan Buettner, "Find Purpose, Live Longer", *AARP The Magazine,* November/ December 2008.

5 Bohan and Thompson, *50 Simple Ways*.

6 Albin Krebs, "George Burns, Straight Man and Ageless Wit, Dies at 100", *New York Times*, March 1996.

7 Shav Glick, "Hershel McGriff Finishes 13th at Portland", Espn.go.com, July

2009.

8   "Nominees Announced for Hall of Fame Class", hometracksnascar.com, February 2015.

9   Glick, "Hershel McGriff Finishes 13th."

10   Buettner, "Find Purpose, Live Longer."

11   Robert Lee Hotz and Joanna Sugden, "Nobel Physics Prize Awarded to Trio for Laser Inventions", *Wall Street Journal*, October 2018.

12   Allen Kim, "John B. Goodenough Just Became the Oldest Person, at 97, to Win a Nobel Prize", cnn.com, October 2019.

13   Bill Gray, "Making Deals, Irma Elder: The Businessperson", *AARP The Magazine*, November/December 2007.

14   Bill Gray "They Got Game", *AARP The Magazine*, November/December 2007, p. 58.

15   신시아 코비 할러, 개인 인터뷰, 2021년 5월.

16   Cindy Kuzman, "Barbara Bowman's Tips for Living to 90", chicagomag.com, January 28, 2019.

17   위와 같음.

18   goodreads.com/quotes/649680-this-is-the-true-joy-in-life-being-used-for.

19   Warren Bennis, "Retirement Reflections", *Personal Excellence*, July 1996.

20   신시아 코비 할러, 크로퍼드와 조지아 게이츠와의 인터뷰, 2015년.

21   Laura Landro, "How to Keep Going and Going", *Book Review*, March 2011년.

22   Beth Dreher, "For a Long Life, Watch Your Attitude", *Health Digest*, summary by readersdigest.com, March 2011.

23   Amy Norotney, "The Real Secrets to a Longer Life", *Monitor. American Psychological Association,* December 2011.

24   "Secrets to Longevity: It's Not All About Broccoli", author interviews, NPR Books, npr.org, March 24, 2011.

25   Elbert, Sarah, "Step in Time", Renew, November 2016.

26   Dreher, "For a Long Life."

27　Norotney, "The Real Secrets."

28　Marjorie Cortez, "Activities, Art Aid Senior's Health", dn.com., November 2007.

29　Julie Andrews, "I Went into a Depression ~It Felt Like I'd Lost My Identity", *AARP: The Magazine*, October/November 2019.

30　Alynda Wheat, "Julie Andrews: Losing My Voice Was Devastating", people. com, March 20, 2015.

31　Andrews, "I Went into a Depression."

32　Katherine Bouton, "80 Years, a Longevity Study Still Has Ground to Cover", *New York Times*, April 18, 2011.

33　National Science Foundation, "Staying Alive: That's What Friends Are For", usnews.com, July 29, 2010.

34　Bouton, "80 Years."

35　"Work and Retirement: Myths and Motivations—Career Innovations and the New Retirement Workscape", imagespolitico.com, June 4, 2014.

36　Cathy Allredd, "Lady of Legacy: Lehi-Rippy Family Literacy Center Founder Dies", heraldextra.com, February 15, 2014

37　"Hesther Rippy", Pointoflight .org, December 17, 2003.

38　lehi-ut.gov/recreation/literacy/about-us.

39　Lois Collins, "Pamela Atkinson Is Welcomed Among Kings and Paupers", *Deseret News*, October 2, 2010.

40　Kim Burgess, "Pamela Atkinson", *Community Magazine*, 2010.

41　Devin Thorpe, "13 Lessons from a Great Social Entrepreneur", forbes.com, September 20, 2012.

42　신시아 코비 할러, 로마나와의 개인 인터뷰, 2014년 5월.

43　Tonya Papanikolas, "A Show of Love", dn.com, February 6, 2007.

44　Andrew Marshall, "Group Sews Humanitarian Items for Kids", *Deseret News*, 2010.

45　신시아 코비 할러, 개인 인터뷰, 2010년 10월.

46　Suzanne Bohan and Glen Thompson, *50 Simple Ways to Live a Longer Life*

(Sourcebooks, Inc., 2005), pp. 43-44.

47 *Magnificient Obsession*, Universal International Technicolor, 1954.

48 마태복음 6장 1절.

49 William Shakespeare, Sonnet 29, *The Complete Works of William Shakespeare* (Avenel Books), p. 1196.

50 Linda and Richard Eyre, *Life in Full: Maximizing Your Longevity and Your Legacy* (Famillus, LLC, 2015).

51 Linda and Richard Eyre, "Ignore Those Old Clichés About Aging", *Deseret News*, October 21, 2015.

52 theeyres.com.

53 Linda and Richard Eyre, "Ignore Those Old Clichés About Aging."

54 신시아 코비 할러, 개인 인터뷰, 2019년 10월.

55 passion.com/inspirational-quotes/4244-a-hundred-years-from-now-it-will-not-matter.

56 brainyquote.com/quotes/georgebernardshaw103422.

57 Harold Kushner, *When All You've Ever Wanted Isn't Enough: The Search for a Life that Matters* (Fireside, 1986), p. 18.

58 Steve Hartman, "Couple Who Restores Musical Instruments Has Given Away Hundreds to Rochester Students", cbsnews.com, December 13, 2019.

59 "Why Keep Going?" Question and Answer, Renew by UnitedHealthcare, 2015.

60 Frankl, *Man's Search for Meaning*, p. 113.

61 Robert Ryland Thompson, "In Search of a Logo", *Personal Excellence*, November 1996, p. 2.

62 biography.com/us-president/jimmy-carter.

63 biography.com/us-first-lady/rosalynn-carter.

64 "Rosalynn and Jimmy Carter Center: 2020 Habitat for Humanity Work Project to Take Place in Dominican Republic", habitat.org, October 11, 2019.

65 Jimmy and Rosalyn Carter, *Everything to Gain: Making the Most of the Rest of Your Life* (Thorndike Press, 1988).

66 위와 같음.

67 azquotes.com/quote/203937.

68 Nanci Hellmich, "How to Make a Smooth Transition to a New Life", *USA Today*, May 19, 2015.

69 nyam.org/news/article/nyam-president-dr-judith-salerno-discusses-covid-19-response-inside-edition.

70 nyam.org/news/article/dr-judith-salerno-discusses-covid-19-response-goo-morning-america.

71 Salena Simmons-Duffin, "States Get Creative to Find and Deploy More Health Workers in COVID-19 Fight", npr.org, March 25, 2020.

72 Simmons-Duffin, "States Get Creative."

결론

1 quotefancy.com/quote/926564/Victor-Hugo-The-nearer-I-approach-the-end-the-plainer-I-hear-around-me-the-immortal.

2 genius.com/Andrew-lloyd-webber-those-canaan-days-lyrics.

3 rottentomatoes.com/m/1021312 three amigos/quotes?#:LuckyDay%3A In a way, who wants to kill us.

4 bridleuphope.org.

5 bridleuphope.org/shop.

6 신시아 코비 할러, 숀 코비와의 개인 인터뷰, 2015년 11월.